JN015461

なぜ、DXは失敗するのか？

Digital transformation

WHY DIGITAL TRANSFORMATIONS FAIL
THE SURPRISING DISCIPLINES OF HOW TO TAKE OFF AND STAY AHEAD

「破壊的な変革」を成功に導く5段階モデル

トニー・サルダナ Tony Saldanha〔著〕
EYストラテジー・アンド・コンサルティング〔監修〕
小林啓倫 Akihito Kobayashi〔訳〕

東洋経済新報社

@saldanhaclan（アーネスト、ベロニカ、ジュリア、ララ、レネ）に。
こんなに素晴らしい家族はいない。

勤勉は幸運の母である。

——ミゲル・デ・セルバンテス、『ドン・キホーテ』より

WHY DIGITAL TRANSFORMATIONS FAIL:
THE SURPRISING DISCIPLINES OF HOW TO TAKE OFF AND STAY AHEAD
by TONY SALDANHA

Japanese translation rights arranged with Berrett-Koehler Publishers,
Oakland, California through Tuttle-Mori Agency, Inc., Tokyo

はじめに

２０１５年の春、私はP＆G（プロクター・アンド・ギャンブル）の同僚で、親友でもあるブレント・デュエルシュと共に、ある一流のコンサルティング会社との電話会議に参加し、どうやって破壊的な変革に取り組むかを話し合っていた。会議が終わり、ブレントは電話を切るためにテーブルの向こう側に手を伸ばしながら、「私たちが何か見落としているか、彼らが真のデジタルトランスフォーメーション（DX）に取り組んでいないかのどちらかだな」と言って苦笑いした。それは大規模な変革を成功させたか、あるいはその方法について実績のあるフレームワークを持っていると思われる組織との間で行われた、３日間で10回目の電話会議だった。

ブレントと私は、私たちのグローバル・ビジネス・サービス部門（GBS）の破壊的な変革を成功させ、それを持続可能で拡張性のあるものにするための具体的な方法論をまとめようとしていた。このような会議を通じて得られるヒントはあったものの、探していた答えを見つけることはできないかもしれないと気付き始めていた。

それから4年後の今、私は当時の状況が、現在の世界でよく見られることに気付いた。経営幹部やビジネスオーナー、公共部門のリーダー、学者、そして企業の新入社員でさえも、今日の世界におけるデジタル・ケイパビリティの破壊的な力を十分に認識している。彼らはそれが、私たちの世代における破壊的な脅威であり、同時に最大のチャンスであることを知っている。彼らは本当に、仕事と生活を変革したいと願っているのだが、「ではどうすれば良いのか？」と悩んでいるのだ。

おそらく皆さんは、すでにDXに時間とお金をつぎ込み、個人的な信頼性を寄せているリーダーだろう。しかしあなたは、何かが間違っているのではないかという疑念を抱いている。具体的な成功例を目にしても、それが自分のビジネスモデル全体に大きな影響を与えるものではないからだ。一方で時間は刻々と流れており、ビジネス、産業、社会、個人の生活において、破壊的変革が絶え間なく生まれている。シアーズ、メイシーズ、ニーマン・マーカス、ティファニー、ハーレーダビッドソンなどの有名企業ですら苦戦を続けている。一生に一度のチャンスに組織が屈するか、それとも勝利するかは、リーダーである皆さんに懸かっている。

私はすべての変化がチャンスであると強く信じていて、だからこそ現在が歴史的な大チャンスだと考えている。P＆Gでの27年間のキャリアを通じて、私はアフリカの一部地域での販売をデジタル化したり、世界中のサプライチェーン業務の一部を自動化するためにＡＩを活用したりするなど、さまざまな経験を積むことができた。また業界をリードする数十億ドル規模のアウトソーシング案件で先頭に立ったり、ジレットのＣＩＯを務めていた際には、１００億ドル規模のシステムをＰ＆Ｇに統合するという大胆な組織変革に取り組んだりすることもできた。こうした経験は、「業務の中核を完全にデジタル化する」という企業にとって最大の変革にどう取り組むべきかという問題について、私に独自の視点を与えてくれた。

そこでブレントと私は、会議から良い知見が得られなかったと落胆するのではなく、むしろそれを追求することにした。そして業界アナリストや戦略的パートナー、研究機関、大学、同業他社、ベンチャーキャピタル（ＶＣ）、アクセラレーターなど、その後の数カ月間で１００社以上の企業とディスカッションを重ねた。これらの組織から得られた情報と、Ｐ＆Ｇが長年にわたって培ってきた経験を組み合わせることで、いくつかの明確な知見が浮かび上がってきた。

第１に、変革にはさまざまな可能性があり、混乱の時代にあっても、完全で持続可能な変革を目指して入念に取り組む必要がある。第２に、ＤＸの70パーセントが失敗するという驚くべき状況の原因は、規律の欠如にある。そして第３に、航空業界の統制されたチェックリスト・モデルのような、失敗を減らす効果が実証済みのアプローチを適用することで、ＤＸの成功率を大幅に向上させることが可能である。

あなたがビジネスリーダー、ビジネスオーナー、経営者、管理職、マネージャーであるならば、企業、政府、学術、または非営利セクターで働いているならば、ＤＸが私たちの世代の究極の課題であり、問題は「取り組むかどうか」ではなく「どのように取り組むか」であると信じているならば、あるいは世代を超えて、他の組織や人々がこの問題にどう取り組んだかを聞くことに興味があるならば、本書に興味を持ってくれることだろう。

２０１５年以降、Ｐ＆ＧのＤＸをめぐる旅を続ける中で、ブレントは私たちのアプローチを記録した方がいいのではないか、と冗談を言い続けた。「本を書くんだ！」と彼は言った。私はその言葉を面白がって、「私が？」と答えた。「私は本を書くつもりはないよ」

どうやらそれは早計だったようだ。

本書の読み方

本書はＤＸの緊急性を十分に理解し、このテーマに関する悲惨な成功率を乗り越えることに興味を持っている人々のための一冊だ。デジタルが企業の「生きたＤＮＡ」となる、ＤＸの正しい最終目標を設定するのに役立つだろう。さらに、そこに到達するためにはどうすれば良いのかについて、体系的なチェックリストを用いたアプローチを提供している。

本書の構成は、ＤＸの成熟度の５段階モデルに従っている。まず第１部では、永続的なＤＸを推進するためにＰ＆ＧのＧＢＳが直面したジレンマについて説明し、次に、ＤＸの５段階モデルと、成功を実現するために使用できる具体的なチェックリストのステップを紹介する。続く第2部では、DXの5段階（5つのステージ）について詳しく解説する。各ステージについて2つの章を使い、成功のために必要な2つの最重要分野について説明している。最後の第3部では、第4次産業革命の脅威に体系的に対処するために、これらすべての原則をどのように組み合わせることができるかを示している。

私の最終的な目標は、DXを成功させる方法について、実用的で実際に検証済みの信頼できるツールとアイデアを提供することだ。巻末には、「規律のチェックリスト」と「5つの指数関数型テクノロジーの使い方」といういくつかのツールを用意しており、皆さんの役に立ってくれるだろう。ただし、本の形や大きさには限界がある。私のウェブサイトwww.tonysaldanha.comも併せてご覧いただきたい。そこではフォローアップのために、私への連絡方法に加えて、さらなる事例、ツール、資料を用意している。

推薦の言葉

「トニー、CNNのピーター・アーネットはブリーフケースに衛星アンテナを入れて、イラク侵攻を世界に向けて放送しているのに、どうして私たちの倉庫とフィリピンの物流システムとの間で通信できないんだ？」と私は尋ねた。

私がフィリピンのP&Gでゼネラルマネージャーになったのは、すでに湾岸戦争が始まっていた1991年半ばのことだ。P&Gは1935年に買収を通じてフィリピンに進出していた。しかし私がゼネラルマネージャーになったときには、その潜在能力を発揮できていなかった。フィリピンを構成する7000以上の島々に倉庫が点在しており、すべての注文に対して出荷することができずにいたのである。倉庫の間でも、工場との間でもうまくコミュニケーションが取れない。当時はフィリピンの電話会社に固定電話を設置してもらうのにも何年もかかり、携帯電話はまだ信頼できるものではなかった。そこで私は、新しい情報技術に詳しい著者のトニー・サルダナに、テクノロジーを使ってこの問題を飛躍的に解決できないのかと尋ねたのだ。

私は常に、デジタル技術が競争優位性にもたらす利点を信じてきた。高校時代には、ＩＢＭ３６０コンピューター用の二進化十進数（ＢＣＤ）プログラムを書いていた。陸軍士官学校では、選択可能だったすべてのコンピューターソフトウェアとハードウェアのコースを受講し、ハネウエル製メインフレームコンピューター用にFortran ⅣをＢＣＤに変換するためのアセンブリプログラムの一部を書いた。その後私は、Ｐ＆Ｇの最高経営責任者に就任し、同社のデジタル化を推進した。

『ＣＩＯ』誌の２０１２年4月～6月号によれば、Ｐ＆Ｇはフォーチュン50社の中で最初に「会社を端から端までデジタル化した」企業となった。マッキンゼー・アンド・カンパニーはこのことを、「世界で最もテクノロジーに対応した企業の創造」と表現している。これはＰ＆Ｇ内のすべての社員が、自分のコンピューター上にカスタマイズされたダッシュボードを持ち、リアルタイムでさまざまなデータを表示し、必要に応じてブランドや国ごとにドリルダウンして、今何が起きているかを理解し、競争優位性を生み出すための対策が打てるようになることを意味した。私たちはこのイニシアチブを「プロジェクト・シンフォニー」と名付け、トニー・サルダナが主導した。

１９８０年代から90年代にかけて、Ｐ＆Ｇは急速なグローバル化を進め、私は幸運にもその一翼を担うことができた。そしてタイドのような当社最大のブランドや、カナダ、フィリピン、日本、ベルギーなどの複数の国際的な拠点、そして地域をまたいだ主要なカテゴリーや事業の担当を任されたことで、テクノロジーに関する知見を収集し、それを広範囲に展開することに競争上の優位性をもたらすのだと理解した。この可能性を活用するには、競合他社よりも先にデジタル化しなければならない。ただ今日では、それはむしろ時代錯誤のように思えるだろう。もはや問題は「変革するかどうか」ではなく、「どのように変革するか」だからだ。トニーによる本書は、彼の長年の経験と世界中で行われた試行に基づいて、変革の成功率を高めるための貴重なガイドを提供してくれている。

私が米退役軍人省（米連邦政府で国防総省に次ぐ規模を持つ組織）の第8代長官に就任したとき、デジタル技術を使って組織を変革するという同じ課題に直面した。実際、私が長官になったのは、職員が前任者に嘘をついて帳簿をごまかしたために、退役軍人たちがアリゾナ州フェニックスで適切な医療を受けられない事態に陥っていた頃だった。

私は上院で承認を受けた後にフェニックスに向かったのだが、そのときスケジュール管理に使用したPCベースのシステムが1985年製で、まるでグリーンスクリーンのMS-DOSを操作しているようなものであることに気付いた。それだけではない。私たちは1850億ドル以上もの予算を、COBOLを使って管理していたのである。COBOLは私がウエストポイント（陸軍士官学校）時代に使っていた、メインフレーム用のコンピューター言語だ。

そこで私はジョンソン・エンド・ジョンソンやデルでＣＩＯを務めていた人物を雇い、デジタル化による退役軍人省の変革を支援してもらった。例えば私たちは、人間中心設計の原理を用いて、１０００以上もあった退役軍人向けのウェブサイト（そのほとんどが固有のユーザー名とパスワードを必要としていた）を置き換え、１つのサイトに統合した。

トニーはその経験から、ＤＸの専門家として活躍している。フィリピンとアジアでは、代理店（小売業者が小規模で分散しているため、Ｐ＆Ｇの従業員が直接サービスを提供するのが難しい状況において、Ｐ＆Ｇの販売・物流能力を代替する企業）をデジタル化するための新しいモデルを構築した。前述したように、彼はＰ＆Ｇのグローバル全体でプロジェクト・シンフォニーを率い、無数のデータをリアルタイムの意思決定に変え、時間を短縮することによる競争優位性を実現するための取り組みを行った。

Ｐ＆Ｇの中欧・東欧、中東、アフリカ部門では、「リアルタイム・ディストリビューター・コネクト・イニシアチブ」によって、Ｐ＆Ｇと物流業者の間の連携をさらに完璧にした。これにより、例えばナイジェリアでは、小規模小売店舗の売り上げや在庫をリアルタイムで把握することが可能になり、その速さは米国のウォルマートの店舗を上回るほどだった。トニーは次第にＰ＆Ｇ内で重要な職に就くようになり、その優れたＤＸのスキルを全社に展開した。

私は本書を、すべての読者に心から推薦する。トニーの30年分の深い経験と、航空業界からインスピレーションを得たチェックリストシステムの使い方は、非常にユニークなものだ。この本は、トニーと私が犯してしまった失敗を防ぎ、ＤＸの失敗率70パーセントを乗り越え、企業に競争優位性をもたらしてくれるだろう。

ロバート・Ａ・マクドナルド
元プロクター・アンド・ギャンブル・カンパニー会長
兼社長兼最高経営責任者
第８代退役軍人省長官

なぜ、DXは失敗するのか？ 目次

Part 1

なぜDXは失敗するのか、それにどう対処するのか

第1章 産業革命をどう生き残るか

第2章 DXの5段階を進むための規律

Part 2

DXの5つのステージ

ステージ1　基礎

第3章　献身的なオーナーシップ

第4章

反復

ステージ2　個別対応　

第5章

権限強化

第8章 戦略の充足性

Part 3

DXで勝者となる

第14章 DXの成功に向けて

Part 1

なぜＤＸは失敗するのか、それにどう対処するのか

第1章

産業革命をどう生き残るか

「買い物なんて大嫌いだ!」。故郷シンシナティのダウンタウンにある、シャッターの閉じたメイシーズの店舗を絶望の眼差しで見つめながら、私は独り言を呟いた。はっきり言って、私はどんなに調子が良いときでも買い物は好きではない。しかし今回の出来事は、その何倍もひどいものだった。私の表情は、ちょうど映画『レイダース/失われたアーク《聖櫃》』の中で、インディ・ジョーンズが見せるものと一緒だった。彼は「魂の井戸」を発見し、そこに降りようと火の付いた松明を投げ込む。するとその床が何千匹もの蛇で覆われ、動いていることに気付く。「蛇だって?」と彼は言う。「なぜ蛇がいなくちゃいけないんだ?」。その場面の表情を、私はしていたのである。映画の中では、インディアナの相棒のサラーが、「エジプトコブラだ。危険な蛇だよ。君が先に行ってくれ」と何の気休めにもならないことを言う。妻と買い物に行くとき、私はサラーと同じように、妻を先に行かせようとする。彼女も同じくらい買い物が嫌いなのだ。

しかしその日は、この「すぐ後から付いて行くよ」アプローチが使えなかった。彼女に記念日のプレゼントを買うという使命があったのである。そこでたまには、買い物をすべて自分で管理してみることにした（少なくとも管理できていると思うことにした）。私は以前、シンシナティのダウンタウンにあるメイシーズで、ちょうど良さそうなギフトを見つけていた。彼女がそれを気に入りそうだと思ったのである。さらに悪いことに、私はそれが記念日のプレゼントになりそうだというヒントを彼女に与えてしまっていた。その日がちょうど記念日だったし、私は帰り道にそれを買おうと計画していた。

ところがメイシーズに到着したとき、店は閉まっていた。閉店していたのである。そこで私はようやく、数カ月前にメイシーズが全米で数百以上の店舗を閉鎖する予定であると発表し、シンシナティの店もその中に含まれていたことを思い出した。私はお目当てのギフトが他の小売店にもあるのではないかと思い、必死にオンラインで検索してみた。そしてそれが入手可能なことを発見したのだが、これぞオムニチャネルの世界と言うべきか、実店舗には在庫がなかった。オンラインで注文し、それを実店舗に取りに行かなければならなかったのだが、手に入るのは5営業日後だった。「お客様に時間通りの配送をお約束します」とウェブサイトはうたっていた。そこに時間ぎりぎりの買い物をしている私も含まれていたら良かったのに！

記念日のギフトを注文したことを証明するプリントアウトを手に、私は車で家に帰った。そのとき私は、「小売業の終焉」[1]という言葉を思い出していた。これは北米で小売業の実店舗が大量に閉鎖されていることを表現するためにメディアがつくった言葉で、それまでこの問題にまったく無関心だった人物の一人である私に、現実を突き付けてきたのである。

小売業の終焉：第4次産業革命の症状

不動産会社のクッシュマン・アンド・ウェイクフィールドは、2018年には米国で1万2000店の小売店が閉店し、2017年の9000店の閉店数から増加すると予測している。そこには2018年に破産を申請したシアーズ、マットレス・ファクトリー、ブルックストーン、ロックポート、サウスイースタン・グローサーズ、ナインウェスト、ボントンなどの有名チェーンが含まれている[2]。それ以前の2年間にも、トイザらスやペイレス・シューソース、HHグレッグ、ザ・リミテッド、エアロポステール、スポーツオーソリティ、ラジオシャックといった企業が閉店している。小売業はエネルギー部門と並び、米国で倒産が多い業界のリストの上位にランクインし続けている。インベストペディア（金融サービスのレビューを提供している米国のウェブサイト）は2018年を「小売業倒産の年」と呼んでいる[3]。

現在、米国、そして世界中の多くの業界に、破壊的な変化が訪れているが、小売業もその1つだ。ご存じのように、メディア、電気通信、ホスピタリティ、自動車、金融、ヘルスケア、消費者向け製品、教育、製造、物流などが変革の波にさらされており、さらに多くの業界が続いている。さらに俯瞰して見ると、私たちの生活や仕事、コミュニケーションの方法を変える大きなトレンドが見えてくる。それが第4次産業革命だ。

第4次産業革命では、デジタル技術が物理的な世界だけでなく、バイオや化学、情報の世界を変え、それらを融合しようとしている。それは利便性（オンラインショッピングなど）や健康増進（バイオテクノロジーなど）から、個人の安全（デジタルホームなど）、食料安全保障（アグロテックなど）に至るまで、社会が重視するあらゆる分野において、大きなチャンスを生み出す原動力となっている。デジタル技術は、労働者を退屈な仕事から解放し、より付加価値の高い仕事へと移行させる。

あらゆる強力な技術に言えることだが、デジタル技術にも破壊的なアプリケーション（兵器やデザイナーベビー、プライバシーの喪失、ソーシャルメディア上の衝動的な行動の利用など）を生み出す可能性も確かに存在する。良い影響が悪い影響をどの程度上回るかは私たち次第であり、まだどうなるか分からない。しかし確実に言えるのは、それが劇的な変化をもたらすということだ。

これまでの3度の産業革命と同様に、個人や社会は大きな影響を受け、企業は変革か撤退かのどちらかを迫られる。そこで本書の出番だ。

産業革命の時代でどう成功するか

本書は、より大きな目標を達成する手段であるはずのDXが、なぜ失敗してしまうのかを解説する。その根底にあるのは、5つの重要なポイントだ。

- 産業革命の中で、企業は自らも変革するか、撤退するかしかない。
- DXは、第4次産業革命を前にした私たち世代の変革の試みだ。
- DXの70パーセントが失敗する。
- なぜDXが失敗するかという問いに対する驚くべき答えは、DXを軌道に乗せ、継続させる正しいステップを定義し、実行するための規律が欠けているからというものだ。
- 70パーセントという失敗率を改善するために、航空および医療の分野で効果が実証された、チェックリスト方式を適用することができる。

第4次産業革命で成功するための戦いは、楽ではないが勝利することは可能だ。私がP&G

で行ったように、現在の70パーセントという失敗率(4)(5)よりもはるかに良い結果を出すことができる。そしてその目標は、目指すだけの価値がある。賭けられているのは、個々の企業の存続だけでなく、製品を開発し、従業員や消費者の自尊心に影響を与え、社会を改善し、世界をより良い場所にする力である。まずは前述の5つのポイントについて詳しく説明しよう。

産業革命がもたらす混乱

現在の小売業をはじめとした業界における混乱は、産業革命時の典型的な傾向だ。変化の原動力となる技術は異なるものの、それは以前の産業革命でも起きている。多くの企業が産業革命の間に倒産する。しかし、彼らが戦わずして死ぬことはない。高い評価を受け、先見の明があり、革新的な考えを持つリーダーが最善の努力をしても、しばしば企業は倒れてしまう。後ほど解説するように、それは以前の産業革命でも起きていた。少数の成功した企業は存在するものの、残念ながらほとんどがそうではない。

DXの70パーセントが失敗

前述の通り、DXとは、第4次産業革命がもたらす「デジタル技術による破壊的変化」という脅威を生き抜くための戦いである。フォーチュン500にランクインしている企業の半数が、今後10年間で入れ替わるだろうといわれている。今まさに、大規模な混乱が起きようとしているのだ。クレディ・スイスによれば、[6]今日のS&P500社の平均寿命は20年で、1950年代の60年から減少し、急速に低下している。起業家や取締役会、経営幹部、公的機関は、この問題を乗り越えようと積極的に取り組んでいる。しかし現実には、すべてのDXの70パーセントが失敗するというわけだ。この確率を84パーセントと見積もっている調査もある。[7]いずれにしても、衝撃的な数字と言えるだろう。もっとうまく取り組まなければならない。

言葉がDXの邪魔をする理由

破壊的な変化が訪れている時代に、変革の成功率がここまで低いというのは興味を引かれる状況だ。問題の一部は言葉の使い方にある。ほとんどの人々は、デジタル革命が第4次産業革命であることを理解していない。「デジタル」というのは非常に広い意味を持つ言葉だ。私たちは1970年代にデジタル時計を身に着け、数十年間デジタル電話とデジタル体温計を使ってきた。DXなんて、別に目新しくない話ではないか?

「DX」という言葉の定義をより明確なものにするためには、産業革命の概念を通じて、それを私たちの社会に影響するより大きな変化の文脈の中で捉える必要がある。

【第1次産業革命】

18世紀から19世紀にかけての社会の進化は、主に農業から産業、都市への発展だったが、それは主に蒸気機関のような機械的イノベーションによって推進された。

【第2次産業革命】

　1800年代後半から第1次世界大戦までの産業の爆発的成長。これは大量生産技術、電力、内燃機関によって推進された。

【第3次産業革命】

　電子技術の発展を背景に、1980年代に始まったパソコンとインターネットによる広範囲な変化。

【第4次産業革命】

　今起きている、物理的空間、デジタル、バイオ技術の融合。それを推進している主な要因は、巨大なコンピューティング能力を、無視できるほど小さいコストで利用できるようになったことだ（そのコストは現在も下落を続けている）。かつては物理的だったものがデジタルになり（小売店での買い物がオンラインショッピングになったように）、伝統的な生物学的知識に基づいて行われていたものがバイオテクノロジー化されている（伝統医学が遺伝子治療になったように）。

　この文脈で考えると、「デジタル技術による破壊的変化」および「DX」という用語を定義することが容易になる。

【デジタル技術による破壊的変化（Digital disruption）】

　第４次産業革命がビジネスと公共部門に与える影響。急速に普及しつつある安価なデジタル技術は、産業、経済、社会の変化を広い範囲で引き起こしている。この爆発的な変化が起きたのは、ここ10〜20年くらいのことだ。

【ＤＸ（Digital transformation）】

　第３次産業革命から第４次産業革命への企業および社会の移行。これは企業にとって、デジタル技術を新しい製品、サービス、運用方法、ビジネスモデルの基盤にすることを意味する。


　これらの定義に基づいて考えることで、私たちは過去の産業革命を再確認し、なぜ変革（トランスフォーメーション）が失敗したのかを学ぶことができる。

変革に失敗したジョン・スティーブンソン・カンパニー

　由緒正しいジョン・スティーブンソン・カンパニーは、第２次産業革命で衰退した馬車産業の主役だった。彼らだけでなく、当時の馬車メーカーで生き残っている企業はほとんどない。輸送手段が馬車から自動車へと切り替わったことは、第２次産業革命の事例研究の中で最もよく文書化されているものの１つであり、そのため興味深い洞察を提供してくれている。

１８００年代、馬と馬車産業は個人の移動手段であっただけでなく、産業輸送（物品の輸送）、情報通信（新聞や手紙の輸送）、関連産業（馬の飼料の販売など）の基盤となっていた。１８８０年には、ブルックリンとマンハッタンだけで２４９の馬車メーカーがあった。[8] それが破壊的変化に見舞われたのだから、混乱は相当なものだった。

１８９０年ごろ、ニューヨークのタイムズスクエアは馬車の販売と修理が行われる場所だった。馬車屋のすぐ隣で、鍛冶屋が客を獲得しようと張り合っていたのである。１９１４年、米国には推定で４６００の馬車メーカーが存在していた。それに続く11年間で、その数はたった１５０にまで落ち込んでいる。[9] 残念ながら、ジョン・スティーブンソン・カンパニーは生存者の中には入っていなかった。

ジョン・G・スティーブンソンが事業を始めたのは、１８３１年のことだ。彼の事業はその後の数十年間で急速に拡大し、馬車、乗合馬車、荷馬車、路面電車、さらに南北戦争中には砲車や平底船まで製造している。さらに馬車はメキシコ、キューバ、南米、欧州、東ロシア、日本、東インドにまで輸出された。

他の多くの企業と同様に、ジョン・スティーブンソン・カンパニーも経済の影響を受けて盛衰を繰り返した。しかしスティーブンソンの確固たるリーダーシップのもと、馬車市場において堅実なビジネスを築き上げていた。しかしそれも、20世紀が始まるまでのことだ。第２次産業革命によって、輸送業そのものが激動の時代に突入したのである。同社は破産に追い込まれ、

1904年にフィラデルフィアのJ・G・ブリル・カンパニーに買収された。それで終わりではない。最終的に、1919年8月にスティーブンソンの工場は売却され、会社は清算されるに至った。

ジョン・スティーブンソン・カンパニーのような企業が産業革命による混乱を避けようとした努力から、いくつかの教訓が得られる。彼らの終焉をもたらしたのは、現在とは異なる技術（つまりデジタルではなくピストンエンジン）だが、産業革命の間に失敗した変革にはいくつかの共通点がある。

例えばジョン・スティーブンソン・カンパニーの倒産は、現在のビジネスモデルの中で成功しているイノベーターと、産業革命中の新しいモデルへの転換を区別するのに役立つ。スティーブンソンは馬車産業の中で非常に革新的な存在だった。彼は米国で初めて、レールの上を走る路面電車をつくったのである。彼は少なくとも、18件の特許を取得している。彼の会社は、乗合馬車から線路を走る馬車、電気路面電車に至るまで、何度も経営と製品のイノベーションに成功した。結局のところ、問題はジョン・スティーブンソン・カンパニーが馬車の時代にイノベーションを起こせるかどうかではなかった——それは内燃機関時代への転換ができなかったことである。馬車産業から自動車産業へと進化しようという、規律のある変革への取り組みは行われなかった。

産業革命の時代における変革には、既存のビジネスモデルにおけるイノベーションとは異なるゲームプランを必要とする。

産業革命が促す変革を軌道に乗せるためには、従来とは異なる、新しいビジネスモデルに向けた規律のあるゲームプランが必要となる。これは大部分の馬車メーカーが頭を悩ませた問題だった。とはいえ、新たなビジネスモデルを構築するために新たなゲームプランを練ることは、競争の舞台に立つための参加費にすぎない。次のストーリーで説明するように、新しいゲームプランの規律ある実行も同様に重要となる。

変革を継続できなかったスチュードベーカー

クラシックカーのコレクターにとって、スチュードベーカーは特別な意味を持つ。同社の車は、彼らの時代におけるアップル製品だった——特徴的なデザインと優れた品質を持ち、現在のアップル製品以上に高価だった。１９５０年代のスチュードベーカー車は、今でも史上最高の車の1つと考えられている。

スチュードベーカーはまた、馬車の製造から自動車の製造へと直接移行することに成功した、唯一の大手馬車メーカーだった。

スチュードベーカーは、1897年にはすでに自動車のエンジニアを雇っており、1900年代初期には自動車と馬車の両方を製造していたことが知られている。同社は電気自動車と内燃機関自動車の両方を試し、最終的には後者に落ち着いた。馬車の生産は1920年に終了し[10]、その後スチュードベーカーは自動車事業に注力した。

しかしご存じの通り、今スチュードベーカーは車を製造していない。スチュードベーカーは明らかに自動車時代への移行に成功し、最高の製品を持っていたが、利益を拡大し持続させるビジネスモデルを確立できなかったのである。同社は1960年代まで自動車を作り続けたが、カナダ・オンタリオ州ハミルトンの工場が1966年に閉鎖され、114年の歴史を持つスチュードベーカーの歴史に幕が下ろされた。

スチュードベーカーは自動車産業に参戦できたものの、その中で勝利を収めることはできなかった。顧客に対するバリュー・プロポジション（価値提案）を継続的に実現する、長期的な計画を持たなかったのである。例えば、同社の取締役会は一貫して、工場の近代化に再投資する代わりに株主に多額の配当金を支払うことを選択した[11]。GM（ゼネラルモーターズ）やフォードといった競合企業は、効率化や価格の引き下げにはるかに積極的であったため、市場において優勢となった。[12]

真の変革には、長期にわたって競合企業の先を行くための能力を構築することが含まれなければならない。

産業革命の時代に、自社の変革を成功させるのはもちろん良いことだ。しかし市場において継続的にリーダーとなるためには、さらに一歩踏み込む必要がある。持続可能なビジネスモデルを構築するのだ。絶え間ない進化を見据えて新しいビジネスモデルを構築できなければ、変革は不完全なまま終わってしまう。

産業革命の時代にいかに成功し、それを維持するか

ジョン・スティーブンソン・カンパニーの変革は軌道に乗せることができず、スチュードベーカーは成功を維持できなかった。長い目で見た場合、企業にとって重要なのはたった１つの能

力である。それは私が「ステージ5」DXと呼ぶ、まるで禅の境地のような、永続的イノベーションのリーダーとなる力だ。DXの5段階モデルについては、本書で詳しく解説する。それは変革を成功させる規律であり、本書の構成自体が、この5段階に沿ったものになっている。ただ現時点では、変革のステージ5（あらゆる変革の最も望ましい結果である、持続的な成功）に至るための、意識的な目標設定の重要性を強調しておくにとどめる。たった一度の変革では、産業革命の時代に繰り返される混乱を乗り切ることはできない。変革の成功と、その維持を区別することが重要だ。

- 変革の成功：ある産業革命において成功していたビジネスが、次の産業革命において成功するビジネスへと転換すること。飛行機に例えると、企業のオペレーションモデルが、「地上の走行」という状態から、「飛行」という別の状態へと移行する時点のことを言う。ジョン・スティーブンソン・カンパニーは、この移行に失敗して倒産した。
- 成功の維持：再び飛行機に例えると、離陸が成功しても、飛行を維持できなければ意味がない。スチュードベーカーはこの段階で失敗した。成功は短期的には良いものだが、急速に変化する時代においては、それは存在を継続できることを保証するものではない。たった1つのテクノロジー、1つの製品、1つの環境変化によって、自分が破壊される側に回ることになってしまうのだ。

DXが失敗するパターンには2種類ある。最初に、規律の欠如による離陸の失敗。次に、成功の勢いを維持できなかったことによる墜落である。

2015年、私はP&Gの中で最も優秀な部門だったグローバル・ビジネス・サービス（GBS）を意図的に破壊しようとしたとき、この2つの問題を常に意識していた。

破壊的変革に取り組むP&Gのグローバル・ビジネス・サービス部門

私がP&Gに在籍して24年目となった、2015年初めのことだ。巨大なグローバル・ビジネス・サービス部門（GBS）を担当する副社長として、私は幸運にも、この業界をリードするGBSの形成に関わることができた。GBSは人事、財務、製造システム、マーケティング／セールス・システム、その他ITシステムに至るまで、広範な業務を全世界のビジネスユニットに提供している。P&GのGBSは、同業他社における類似組織に大きく先行しており、GBS産業の形成にも影響を与えてきた。しかし第4次産業革命の時代においても勝利を収められるという保証はなかった。次の章において、私たちが自ら積極的に破壊的変革に取り組むことを決断するに至った経緯と、それに向けた私たちのアプローチを解説する。この経験が、DXを成功させるためにはどうすれば良いかという洞察をもたらしてくれた。

私の頭の中に当初からあった最大の問題は、永続的な変革をどのように実行するかということとだった。ＧＢＳでは、それまでも破壊的イノベーションを推進しようとする試みが何度か行われていた。そうした試みは、いくつかの素晴らしいイノベーションをもたらしたが、組織全体の永続的な変革を推進するレベルには達していなかった。私たちは先手を打つだけでなく、それを維持することにも成功しなければならなかった。

ＤＸに成功し、それを維持するための意外な答え

卓越したイノベーションを広く展開するという挑戦は、私に貴重な洞察をもたらしてくれた。とはいえ、私は単に飛行機に夢中になっていただけなのだが——告白すると、私は飛行機オタクなのである。私はＰ＆ＧのＧＢＳ部門のＤＸを成功させるために設計されたステップが、航空機の離陸を成功させるために必要なステップに似ていることに気付いた。

これは私の独自で、素晴らしい洞察だと思いたいところだが、実際にはそうではない。数カ月前、私はアトゥール・ガワンデ博士の著書 *The Checklist Manifesto: How to Get Things Right*（『アナタはなぜチェックリストを使わないのか？』、晋遊舎）を紹介された。これは画期的な一冊で、医療業界におけるミスの軽減に大きく役立っている。ガワンデ博士の主張はまさにその通りで、チェックリストを活用することで、複雑な取り組みに繰り返し成功することが可能になる。航空会社が使うチェックリストによる安全管理のモデルを、他の分野に適用して失敗を減らすと

いうアプローチは、目新しいアイデアではないことが分かった。その一方で、DXの分野でもそれが可能であることを私は確信した。

永続的な変革を実現するための意外な答えは、離陸の際も飛行中も、規律を守ることだった。

GBSの変革イニシアチブが開始されてからの3年間で、永続的なDXを実現するという問題に対する答えが、規律を持ってタスクを遂行することであることがはっきりした。航空業界や医療業界における信頼性の問題に対する解決策は、DXの失敗率を減らすことにも役立つのである。

これは理にかなっている。『エコノミスト』誌によれば、航空機の離陸成功率は99・99999パーセントだ[13]。しかしDXの成功率は30パーセントである。DXへの取り組みは、より多くの判断を伴うという意味で、本質的により複雑なのだろうか？　確かにその通りだ。とはいえ、離陸成功率99・99999パーセントという数字は、航空業界の黎明期には夢物語にすぎなかった。何十年にもわたって多大な労力が費やされた結果、判断に基づくタスクが、より単純なルーティンに構造化されたのである。そうしたタスクの多くを自動化するために、さまざまなテクノロジーが適用された。また自動化されていないものは、予測可能な実行を実現するためにチェックリスト化されている。

第1章の終わりに

第4次産業革命は、これまでの産業革命と同様に、さまざまな業界を劇的に変化させることは間違いない。歴史が証明しているのは、破壊的変化を乗り越えられなかった組織は、必ずしも不意打ちを食らったわけではないということである。ジョン・スティーブンソン・カンパニーやスチュードベーカーのように、それを予見していた企業も多い。一度や二度、変身に成功したところもある。しかし最終的に、変革を成功させることも、成功を維持することもできなくなってしまうのである。DXの7割が失敗に終わる根本的な原因は、十分な規律の欠如にある。DXの成功とその維持には、規律が求められるのだ。

チェックリスト・アプローチを取ることで、この状況に対処できる。これは航空業界や医療分野で成功を収めているのと同じ方法論だ。チェックリスト・アプローチを実行するために、本書ではDXの成功に向けた5段階のロードマップを提示する。これは第4次産業革命において勝利する力となるだろう。

［注］

（1）Caletha Crawford, "Cushman & Wakefield's Retail Predictions for 2018 Are Not What You Want to Hear," Sourcing Journal, January 10, 2018, https://sourcingjournal.com/topics/business-news/retail-apocalypse-2018-cushman-wakefield-prediction-76866［accessed December 19, 2018］.

（2）CB Insights Research, "Here Are 40 Casualties of the Retail Apocalypse and Why They Failed," October 17, 2018, https://www.cbinsights.com/research/retail-apocalypse-timeline-infographic［accessed December 19, 2018］.

（3）Rebecca McClay, "2018: The Year of Retail Bankruptcies," Investopedia, August 3, 2018, https://www.investopedia.com/news/year-retail-bankruptcies-looms-m/［accessed December 19, 2018］.

（4）Michael Bucy et al., "The 'How' of Transformation," McKinsey & Company, May 2016, https://www.mckinsey.com/industries/retail/our-insights/the-how-of-transformation［accessed December 19, 2018］.

（5）Nadir Hirji and Gale Geddes, "What's Your Digital ROI? Realizing the Value of Digital Investments," Strategy&/PwC, October 12, 2016, https://www.strategyand.pwc.com/report/whats-your-digital-ROI［accessed December 19, 2018］.

（6）Michael Sheetz, "Technology Killing Off Corporate America: Average Life Span of Companies Under 20 Years," CNBC, August 24, 2017, https://www.cnbc.com/2017/08/24/technology-killing-off-corporations-average-lifespan-of-company-under-20-years.html［accessed December 19, 2018］.

（7）Bruce Rogers, "Why 84% of Companies Fail at Digital Transformation," Forbes.com, January 7, 2016, https://www.forbes.com/sites/brucerogers/2016/01/07/why-84-of-companies-fail-at-digital-transformation/#14f3cddc397b［accessed December 19, 2018］.

（8）Art & Architecture Quarterly, "Long Island Museum: The Carriage Collection," http://www.aaqeastend.com/contents/portfolio/long-island-museum-carriage-collection-finest-collection-of-horse-drawn-vehicles/

[accessed December 19, 2018].

(9) Park City Museum, "Transportation in America and the Carriage Age," September 2007, https://parkcityhistory.org/wp-content/uploads/2012/04/Teacher-Background-Information.pdf [accessed December 19, 2018].

(10) Kent C. Boese, "From Horses to Horsepower: Studebaker Helped Move a Nation," Smithsonian Libraries, http://www.sil.si.edu/ondisplay/studebaker/intro.htm [accessed December 19, 2018].

(11) Richard M. Langworth, *Studebaker 1946–1966: The Classic Postwar Years* (Minneapolis, MN: Motorbooks International, 1993).

(12) Boese, "From Horses to Horsepower."

(13) B.R., "A Crash Course in Probability," *The Economist*, January 29, 2015, https://www.economist.com/gulliver/2015/01/29/a-crash-course-in-probability [accessed December 19, 2018].

第2章 DXの5段階を進むための規律

2015年1月、P&Gのグローバル・ビジネス・サービス部門（GBS）のヘッドに就任したばかりのジュリオ・ネメスは、皮肉な問題に頭を抱えていた。彼が引き継いだ組織はすでに、あらゆるベンチマークに照らし合わせて、シェアードサービス業界の中で最高クラスに達していたのである。前任者のフィリッポ・パッセリーニは、GBSを世界中からの羨望の的となる組織へと育て上げ、シェアードサービス業界そのものを形成してきた。

ネメスの直面した問題はシンプルなものだ——すでに業界をリードしているビジネスモデルをどう改善するか、である。既存のP&Gモデルが見事に機能していることは明らかだったため、外部コンサルタントのアドバイスは「今とほぼ同じことをする」だった。しかしイノベーターである彼は、名声に甘んじるよりも、自分が強みを持つポジションから手を引く方が常に望ましいことを知っていた。

シェアードサービス業界の状況

ネスメスが直面したジレンマを理解するために、シェアードサービス業界とP&Gのグローバル・ビジネス・サービス部門（GBS）事業部について簡単に触れておこう。

シェアードサービスとは、財務や会計、サプライチェーン管理、人事システム、ITサービス、カスタマー・リレーションシップ・マネジメントなどの社内サービスを、企業内や企業グループ間で共有することによって、規模による効率化を推進できるようにする仕組みである。シェアードサービス組織は企業内でのサービスプロバイダーとなり、他の事業部に対して、コスト、品質、適時性を大幅に改善した形で各種サービスを提供する責任を負う。彼らが採用する一般的な戦略は、これまで各事業部に設置されていた共通のサービス（給与計算など）を統合して、そのプロセスを単純化・標準化・集中化・自動化するというものだ。

シェアードサービスの進化

この30年間、多くのシェアードサービス組織は3つの段階を経て進化してきた。通常の場合、出発点となるのは断片的なシェアードサービスで、この段階ではサービス内容や地域が限定されている（財務会計サービスだけを提供するなど）。それが成熟すると、すべてのサービスを提供する、あるいはグローバルでサービス提供するステージ2へと入る。そして成熟のステージ3が、GBSである。この段階でシェアードサービス組織は、低コストの「サービスプロバイダー」であるだけでなく、企業に対して積極的に変革を促すエージェントともなる。これはガバナンス機能の強化（例：すべての事業部に共通するプロセス標準の定義）や、ビジネス変革サービスの先導（例：事業部のデジタル化の支援）、トップラインの価値の創出（例：アナリティクスの活用による売上促進）を通じて行われる。

P&GのGBSは、10年以上前にこのステージ3に達した。それが業務の対象としている範囲は非常に広く、おそらく世界で最も広い範囲をカバーしているシェアードサービスの1つだろう。同事業部は100カ国以上のP&Gの事業部に約160の「サービス」を提供している。そうした「サービス」の一例を挙げると、ビルなどの施設管理や給与計算、販売分析などである。これらのサービスは、ITサービス、財務シェアードサービス、サプライチェーンシェアードサービスなどの「サービスライン」にグループ化されていた。

シェアードサービスにも第4次産業革命の波

ネメスはシェアードサービスの進化がステージ3で終わるとは思っていなかった。デジタル革命の破壊力を知っていた彼は、GBSを新しい、進化のステージ4へと進めることが可能ではないかと考えた。それはP&Gだけでなく、業界全体に当てはまるだろう。彼は私をこの取り組みに参加させ、私たちはシェアードサービスにおける次の破壊的変化を発見し、自ら実行するための組織「ネクスト・ジェネレーション・サービス（NGS）」を立ち上げた。

私は当時、P&Gでの勤続24年目を迎えていた。この期間で私は6つの国に住み、P&Gで10以上の役割を担い、世界のすべての地域でP&GのGBSとITを管理する特権を与えられていた。私はGBSモデルそのものを変革する機会が得られたことを喜んだ。

次世代シェアードサービスを発明する

私たちは単純な問いからスタートした――あらゆる業界に影響を及ぼしていた、テクノロジーが主導する破壊的変化の波が、なぜシェアードサービス業界を破壊していないのだろうか？シェアードサービスは情報とデータの処理で構成されているため（会計、給与、ITなど）、他の業界よりも速く、そして深く破壊されていてもおかしくなかった。

DXへの旅が始まって4年、私たちはシェアードサービスのステージ4があると確信している。NGSチームの活動の結果、私たちは業務のパフォーマンスを10倍以上にする（つまりトップラインやボトムラインを10倍以上にする、あるいは従業員を中心に考えた機能を実現する）サービスを開発することができた。その過程で、ＤＸを成功に導く方法について多くのことを学んだのである。私たちが直感と試行錯誤によって成し遂げたことは、すぐに成文化された。そして得られた教訓は、ＤＸの中で成功し、前進し続けるための規律の基盤となっている。

しかし２０１５年当時、ＧＢＳのＤＸがシェアードサービスをステージ４に進めるというのは、単なる仮説にすぎなかった。そこで私たちは、それを肯定する、あるいは否定する証拠を外部で探すことにした。そして出会ったのが、シンギュラリティ大学の創設者兼専務理事であり、*Exponential Organizations*（『シンギュラリティ大学が教える飛躍する方法』、日経ＢＰ社）の著者でもあるサリム・イスマイルだった[1]。

ＧＢＳの潜在的な最終形態「飛躍型組織」

シェアードサービスの次の進化を模索していたとき、Ｐ＆ＧのＧＢＳリーダーシップチームは、シンギュラリティ大学でサリム・イスマイルの講演を聴いた。テーマは「飛躍型組織（Exponential Organization）」だった。２００８年にピーター・ディアマンディスとレイ・カーツワイルによって設立されたシンギュラリティ大学（Singularity University、SU）は、人工知能からバイオテクノロジーに至るまで、破壊的なテクノロジーが世界をどのように変えていくかを考える世界最高峰のシンクタンクだ。サリムはその後ＳＵを離れたが、彼と私は今でも、先見の明のあるリーダーであればSUを訪問して、自社のビジネスがいかに劇的に変化する可能性があるかを学ぶべきだと確信している。

私はサリムの講演に心を揺さぶられたが、同時に恐ろしくもなった。彼が語ったのは、新世代のテクノロジーが引き起こす、指数関数的なペースでの急激な変化だった。それに不安を覚えたのは、この新たな破壊的変化がどれほど身近に存在しているかを実感させられたからだった。GBSは早く変化しなければならないという信念を、私たちはさらに強く抱くようになった。

サリムは聴衆の不安をあおっただけではなかった。彼は著書*Exponential Organizations*に基づいて、彼の言う「飛躍型組織」とはどのような存在なのか、優れた知見を与えてくれた。それが私たちの取り組むジグソーパズルの、重要なピースとなった。P&GのGBSは、飛躍型組織への変革を迫られていたのだった。私たちはGBSの次の進化型を想像するために、サリムを雇うことにした。

Column

飛躍型組織はいかに世界を変えるのか

サリムは飛躍型組織を、「指数関数型テクノロジー（サリム・イスマイルらが定義した言葉で、デジタル技術を活用することで、指数関数グラフのような急カーブを描いて性能が急速に向上する破壊的技術を指す）を活用した新しい組織運営手法を使うことで、似たような組織と比べて、パフォーマンスを極めて大きく（少なくとも10倍以上に）することに成功した組織」と定義している。

指数関数的な特性と考え方を持つ組織は、来るべきデジタル時代に成長するチャンスを手にしている。それは飛躍型組織が、従来の指揮統制型の組織と異なり、デジタルで情報をベースとした組織だからだ。従来型の組織の場合、彼らが所有する各種リソースの希少性によって、その行動が制約を受けてしまう。しかし飛躍型組織は、周囲にあるより大きなエコシステムが持つ豊富なリソースを利用することで、大きく成長することができるのである。従来型の組織は、細心の注意を払って行動する。飛躍型組織は柔軟で適応力があり、迅速な対応を取ることが可能で、他の業界に進出する際の参入障壁になるものがなく、従って爆発的に成長する。

なぜ飛躍型組織が求められているのか

私たちは指数関数型テクノロジーが持つ変革力を頭では理解しているが、脅威がどのくらい近くまで来ているのか、それが企業にどの程度の影響を与え得るかを見過ごしてしまいがちだ。

いくつか例を挙げよう。

●1000ドルで手に入るコンピューターの処理能力は、指数関数型の上昇を見せている。2023年までに、人間の脳が持つ処理能力と同等の能力を、この価格で手に入れられるようになるだろう。人間の脳がいかに複雑かを考えると、これは驚くべき発展だ。

●そのわずか20年後には、全人類の脳の処理能力を合わせたのと同じ能力を、1000ドルで購入可能になる。これが組織の人員配置をどう変えるか想像してほしい。

●2018年3月、IBMは世界で最も小さなコンピューターを発表した。大きさは1ミリで、製造コストは数セントである。すると2018年6月、ミシガン大学はその10分の1のサイズとなるコンピューターを発表した。

●グーグルが開発した、ゲームをプレイするAI「アルファゼロ」の現バージョンは、4時間でチェスの遊び方を独学でマスターし、世界最高のチェスプログラムであるストックフィッシュ8を100対0で破った。このAIは以前、「アルファ碁」として世界最強の囲碁棋士を破っている。

これらは企業の業務に深く関係している。もしメーカーが、自社製品のすべてに安価な小型コンピューターを組み込めるとしたらどうだろう。それがサプライヤーから顧客へと至るサプライチェーンの効率性にどう影響するだろうか？　あるいは財務、顧客、物流、医療、法律などに関する複雑な問題について独学し、現在は人間の「判断」を必要とする決定を下せるようになる自己学習AIプログラムの可能性を考えてみてほしい。もし全人類の脳に等しい処理能力を持つコンピューターを購入できるようになったら、職場の未来はどうなるだろうか？　あるいはブロックチェーン（現在はそこに記録されているデータを改ざんすることはできない）がすべてのサプライヤー、顧客、協力会社をつなぎ、エラーの発生しないトランザクションを驚くほど低コストで実行可能にするなら、企業の運営はどのように変わるだろうか？

次世代のシェアードサービス構築が可能に

私たちは数日のうちにNGSチームを立ち上げ、外部の人々と接触し、１００以上の組織や人々（コンサルティング会社、同業他社、ベンチャーキャピタリスト、スタートアップ企業、教育機関、未来学者）からパフォーマンスを10倍にするアイデアについて学んだ。その次の月は、まるでジェットコースターに乗っているかのような激動の日々だった。それはスリリングであると同時に恐怖を覚えるもので、私たちは胃が痛くなるようなデジタル技術の現実を定期的に突き付けられ、デジタル革命が想像以上に緊急の対応を要するものではないかと感じるようになっていった。

そうした経験の1つが、2015年4月に起きた。私はウォノロというスタートアップ企業のCEO、AJブルスタインとのミーティングを設定するために、メールでやりとりしていた。私はAJに、私とP&Gのもう1名が電話で会話できることを知らせるメールを送った。するとAJから「かしこまりました。エイミーもccに入れました。ありがとうございます」という返事が返ってきた。メッセージの通り、彼はエイミー・イングラムという人物をccに入れていたのだが、私は彼のアシスタントだと思っていた。

4月10日、金曜日のことだった。スケジュールを明確にするために、私は自分のアシスタントであるキムもccに入れ、彼とエイミーに「ありがとうAJ、来週は都合が悪いので、次の週に電話できるでしょうか？」とメールした。するとその日のうちに、エイミーから「AJにお問い合わせをいただきありがとうございます。太平洋夏時間で4月20日月曜日、午前11時ではいかがでしょうか？　もしくは同日の午後4時か、4月21日火曜日の午前10時が空いております。電話番号はインビテーション内に記載します」という返事が来た。その後、キムが返信をして時間がセットされた。

一連のやりとりは、仕事ではごく普通のことだ。しかしその日遅く、P&Gの同僚がエイミーのメールをコピーして、そこに挿入されている署名を確認するように言ってきた。そこには「エイミー・イングラム――AJブルスタインのパーソナルアシスタント」とあり、その下に「x.ai

――ミーティング設定用人工知能」と書かれていた。エイミーはロボットだったのである。

私たちは仰天した。これは私にとって、機械が「チューリングテスト」をパスした瞬間だった（これは１９５０年にアラン・チューリングにちなんで名前が付けられたテストで、機械が人間と区別がつかないほど知的な振る舞いができるかどうかを試すというものだ）。私たちはエイミーが送ってきたメールを詳しく分析してみた。それは完璧なビジネス英語で書かれていた。「彼女」は４月10日に私が送ったメールを「読み」、「理解」し、翌週は都合がつかないので、４月20日と21日を提案したのである。

ロボットが秘書のような振る舞いをすることができるのなら、ＡＩにいわゆる「判断に基づく」意思決定、例えば取引先や顧客との間で、売掛金や買掛金に関する財務上の判断をさせることができるのではないだろうか？　仕入先や原材料、価格動向、支払いに関する最新のデータを把握し、アドバイスや意思決定を行うＡＩの「バディ」を、購買部門のバイヤーに提供できるのではないか？　企業システムのユーザー体験を、石器時代からiPhoneのSiriの時代まで進化させられるのではないか？　Ｐ＆Ｇが使用しているＩＴシステムの停止を予測して、システムに自己修復させることができるのではないか？　アルゴリズムがリアルタイムでサプライチェーン計画を修正できるのではないか？

試合はもう始まっている。私たちが次に答えるべき問いは、それをどうやって実現するのか？だった。

DXのロードマップ

それは2015年初めに私たちが直面した問いだったが、今日の経営者や起業家、公共部門のリーダーが直面している状況とあまり変わらない。どうすればDXを成功させられるのか？経済誌『エコノミスト』の調査部門エコノミスト・インテリジェンス・ユニットの調査[2]は、それが大部分のCEOにとって最優先事項であることを明らかにしている。また調査会社のガートナーが行った別の調査[3]によれば、CEOの半数が、自社の業界がデジタルによって大幅に、またはは全体を把握しきれないほど大きく変化すると予想している。もはや問題は、変革に取り組むべきか否かではなく、どう実行するかだ。そしてDXの重要性を理解することと、それに取り組んだ結果とのギャップが広がるにつれて、フラストレーションが高まっている。

P&GとGBSは長年にわたって破壊的イノベーションに取り組んできた。私たちは、DXが永続的なイノベーションの段階にまで至る確率が低いことを知っていた。私たちはDXの失敗率が70パーセントだという話を聞いたことがあり、実際にこの点について苦い経験をしていた。

私たちに必要だったのは、ロードマップだった。成功したDXへの取り組みを正確に表現し、測定するために使えると同時に、ステップを一歩一歩進んでいけるようなものだ。私たちは時間をかけて、そうしたロードマップを作成した。そこには航空会社のチェックリストの方法論に触発された、規律ある実行が組み込まれた。これがNGSの運用モデルとなった。

これまでのところ、この手法は破壊的な成果をもたらすという点で大きな成功を収めており、NGSで実施された25件以上の破壊的イノベーション実験（プロジェクト）に適用され、時間の経過とともに微調整された（NGSでは、リスクテイクをスマートに行うための言葉として、破壊的イノベーションのプロジェクトを「実験」と呼んでいる）。このモデルはさまざまな経験に基づいて大きく進化してきたが、それは本質的に、成功（変革のステージ5への到達）をもたらすための厳格な規律（チェックリストによる手順）を提供するものだ。

DXの5段階モデル

第1章で、DXを「第3次産業革命から第4次産業革命への組織の移行」と定義したことを思い出してほしい。また産業革命の時代に組織を繁栄させるためには、DXが組織の離陸と飛行の両方に役立つ必要があることも示した。従って、DXの論理的な終着点は、イノベーションを通じて市場における永続的なリーダーシップを確保する段階への到達だ。これがDXのステージ5となる。

DXの正しい定義の確立は、自分たちの製品やサービスを「これぞDX」と過剰にアピールして売り込もうとするベンダーやコンサルタントを回避することにも役立つ。DXの5段階モ

図表2-1　DXの5段階モデル

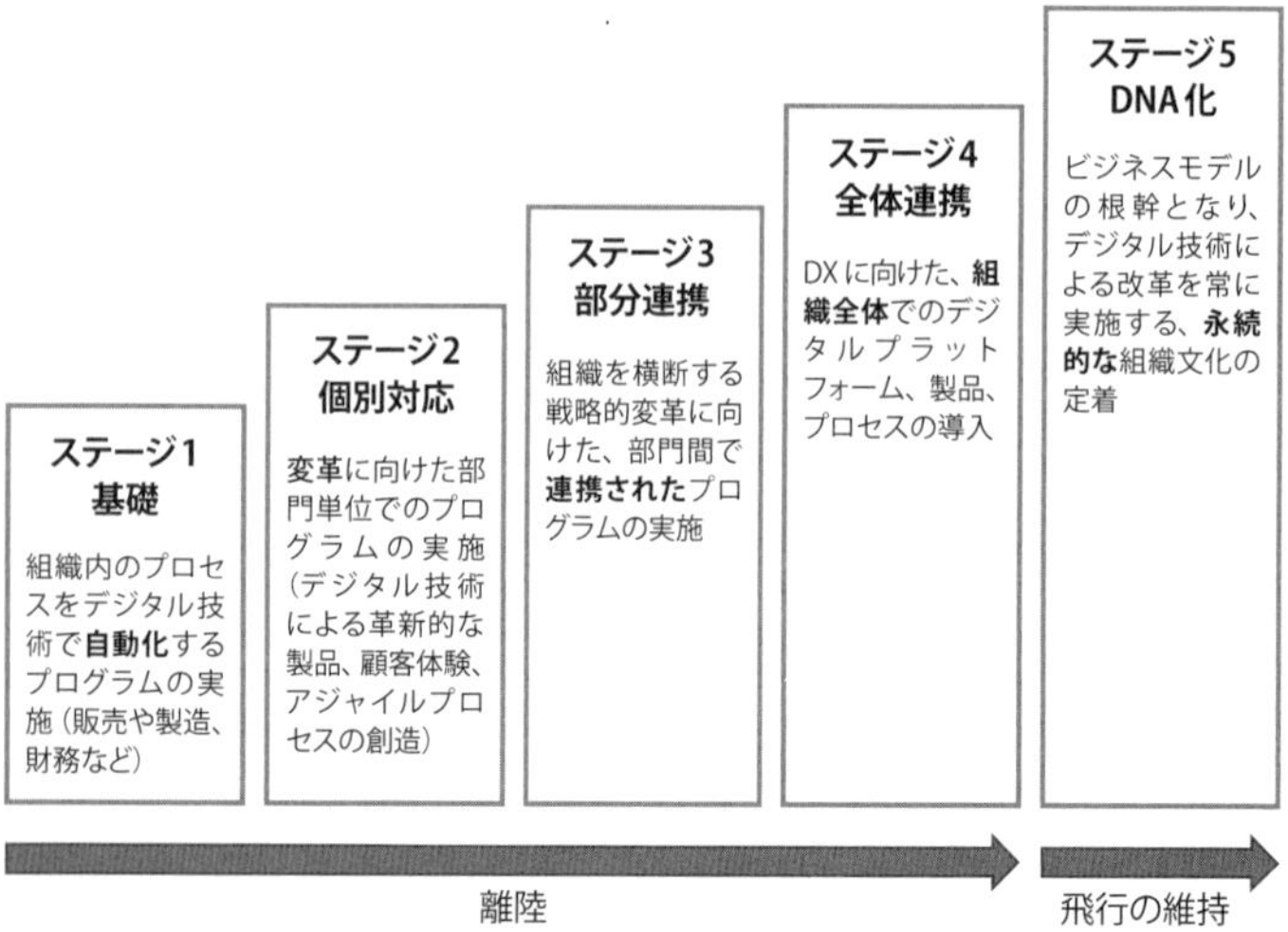

ステージ1
基礎
組織内のプロセスをデジタル技術で**自動化**するプログラムの実施（販売や製造、財務など）

ステージ2
個別対応
変革に向けた部門単位でのプログラムの実施（デジタル技術による革新的な製品、顧客体験、アジャイルプロセスの創造）

ステージ3
部分連携
組織を横断する戦略的変革に向けた、部門間で**連携された**プログラムの実施

ステージ4
全体連携
DXに向けた、**組織全体**でのデジタルプラットフォーム、製品、プロセスの導入

ステージ5
DNA化
ビジネスモデルの根幹となり、デジタル技術による改革を常に実施する、**永続的な**組織文化の定着

離陸　→　飛行の維持

デルを図表2-1で示しているように、どこまでが途中の段階で、どこが最終段階なのかを簡単に区別できるだろう。

ステージ1は「基礎」だ。この段階では、企業はＳＡＰやオラクル、セールスフォースといったプラットフォームを利用して、販売、製造、財務などの内部プロセスの自動化を進める。これはトランスフォーメーション（変革）というよりオートメーション（自動化）、あるいはデジタル化（デジタライゼーション）だ。しかしそれによって、将来の変革に必要な基礎が整備される。デジタルプラットフォームを使用したプロセスの自動化は、手作業をデータに変換するために必要となる。

ステージ2は「個別対応」である。ここでは個々の業務や事業部が破壊的テクノロジーを使用して、新しいビジネスモデルを生み出すようになる。例えば製造部門がIoTを活用して、製造や物流管理のあり方を大きく変えたり、財務の責任者がブロックチェーンを活用し、国をまたいだ連結会社間取引の会計の方法を一変させたりといった具合だ。あるいは事業部が新しいテクノロジーを活用して、製品を小売店経由ではなく消費者に直接販売するなど、まったく新しいビジネスモデルを構築する場合もある。しかしこれらの取り組みは個別に行われており、変革を推進する全体的な企業戦略は存在しない。

ステージ3は、「部分的に連携」された変革だ。企業のリーダー、オーナー、あるいはCEOが、デジタル技術が持つ破壊的な力を認識し、デジタルによる未来を定義する。ステージ3では、組織全体が同じ方向に舵を取り始める。しかしデジタル基盤の整備や新しいビジネスモデルへの移行を完了しておらず、アジャイルでイノベーションを重視する組織文化も根付いていない。その好例がGE（ゼネラル・エレクトリック）のDXで、彼らはこの段階で失敗した。CEOのジェフ・イメルトは、デジタルの未来に向けたビジョンを明確にし、同社全体が1つのデジタル戦略に向けて動き出した。しかし新しいビジネスモデルは、組織に強い根を張るほどには成熟しなかったのである。

ステージ4は、「組織全体が連携」している状態で、企業全体のデジタルプラットフォームや新しいビジネスモデルが完全に定着している。しかしまだこの段階では、変革は一度限りのものだ。また新たなテクノロジー（もしくはビジネスモデル）が1つでも生み出されれば、それによる破壊的変化にのみ込まれてしまう。継続的な破壊の脅威を乗り切る唯一の方法は、デジタルケイパビリティと、アジャイルでイノベーションを重視する文化を、企業の根幹に据えてそれを持続させることだ。

そしてステージ5が「DNA化」で、ここでは変革が永続的なものとなる。絶えずイノベーションを行い、業界のトレンドを主導しているため、業界のリーダーとしての位置を維持することができる。単なるマーケットリーダーではなく、規律あるイノベーターになるのだ。

「デジタルをする」と「デジタルになる」の違い

デジタル技術が計り知れない力を持つことを考えると、既存の組織をどう変革するかという問題は、大きな労力を要求されるものになりかねない。デジタル技術は多くのことを可能にする。新しいビジネスモデルを追求すべきか？　それとも、現在のビジネスモデルの延長線上にある新しいアイデアを試してみるべきか？　既存のビジネスのデジタル化を追求すべきか？従来の考え方では、これらの疑問に答えるために、個別のデジタル戦略を策定していた。

しかし私の経験では、この考え方は誤りだ。その代わりに、デジタル機能を使って、現在の事業戦略を見直して全面的に変革することをお勧めする。この違いは些細なものではない。それは「デジタルをする」ことと「デジタルになる」の違いだ。この「デジタルになる」という目

図表2-2　DX：何をするか、何をしないか

ステージ（段階）	すること	しないこと
1. 基礎	クラウドやAIなど、社内のテクノロジーを最新のデジタルプラットフォームへアップグレードする。これは業務の「デジタル化」だ。そして「スケール化」によるメリットを視野に入れている。	ここでしているのは「変革」ではない。デジタル技術による破壊的な変化を、製品や顧客体験、業務において起こしているわけではない。
2. 個別対応	社内の一部で、革新的なビジネスモデルや製品の実験が行われる。これはステージ1で行われた自動化を土台としている。	ビジネスモデルを完全に変革するための、企業全体での戦略は存在しない。
3. 部分連携	社内で新旧のビジネスモデル、プロセス、製品が混在している。これらは企業全体の戦略に従っている。	完全な変革に全面的に投資しているわけではなく、また「デジタルネイティブ」な企業との競争に勝ち抜く能力も有していない。
4. 全体連携	業界最高水準の顧客体験、革新的なデジタル製品、トップクラスの業務効率を実現している。	永遠に勝ち続けられるわけではなく、現時点でデジタル技術を最適化しているにすぎない。しかし技術、製品、プロセスの変革を続ければ、新たな破壊的変化を乗り越えることができる。
5. DNA化	デジタルによる業務が企業のDNAとなる。進化し続ける究極のマーケットリーダーとなる。業務は完全にデジタル化されていて、デジタルに精通した人材を抱えている。パーソナライズされた、創造的な価値を顧客に提供している。最も革新的なビジネスモデルを有している。社内で行われる変革は完全に同期した形で、そして継続的に進められる。統制の取れたイノベーションにより、業界のトレンドリーダーとしての地位を維持している。単なるマーケットリーダーよりも一歩先を行く、規律あるマーケットリーダーであり、常にデジタルを活用している。	立ち止まらない。企業は常に変化することで、競争に打ち勝てる。

標は、永続的なDXを実現する鍵となる。1回限りの変革であれば、「デジタルをする」でも十分かもしれないが、永続的な市場リーダーシップを獲得するには、「デジタルになる」必要があるのだ。

この「デジタルになる」段階まで到達するには、デジタルが組織における「生きたDNA」にならなければならない。新しいデジタル戦略は一度限りの変革、つまりステージ4に到達することを可能にするかもしれないが、それだけではステージ5に到達できない。ステージ5では、組織自体がデジタルになる。

この5段階モデルにおけるそれぞれの段階を区別するには、それぞれの段階において何を「しない」かを意識するのが有効だ。それを整理したのが図表2-2である。

どうすればステージ5に到達できるのか

DXの5段階モデルはロードマップを提供する。他のロードマップと同様に、この中では一連の手順が定義され、スキップすることはできない。しかし進む速度を上げることは可能であり、いくつかの手順を組み合わせて、跳躍効果を得ることもできる。

図表2-3はステージ5に到達するまでのさまざまな過程を示している。DXを目指す従来型の組織の場合、スタート地点はステージ1からステージ4までのいずれかの段階となり、ゆっ

図表2−3　ステージ5に到達する過程

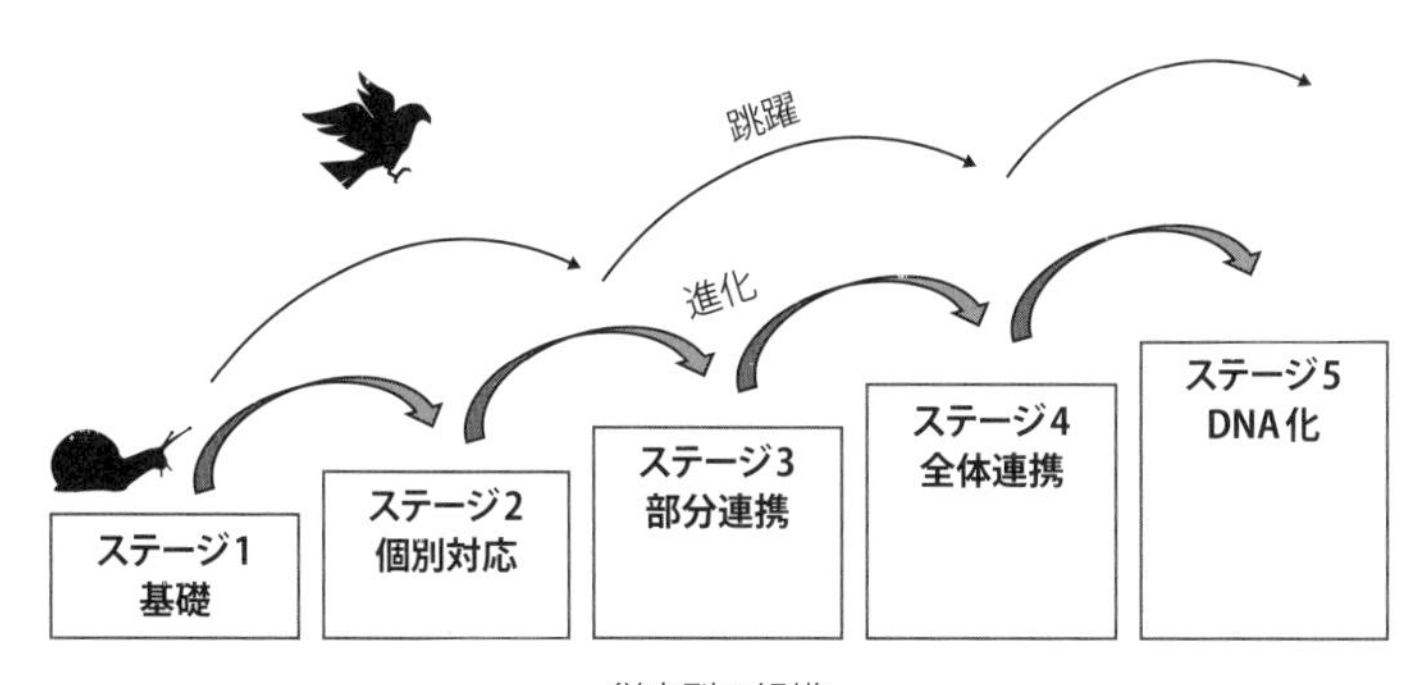

従来型の組織

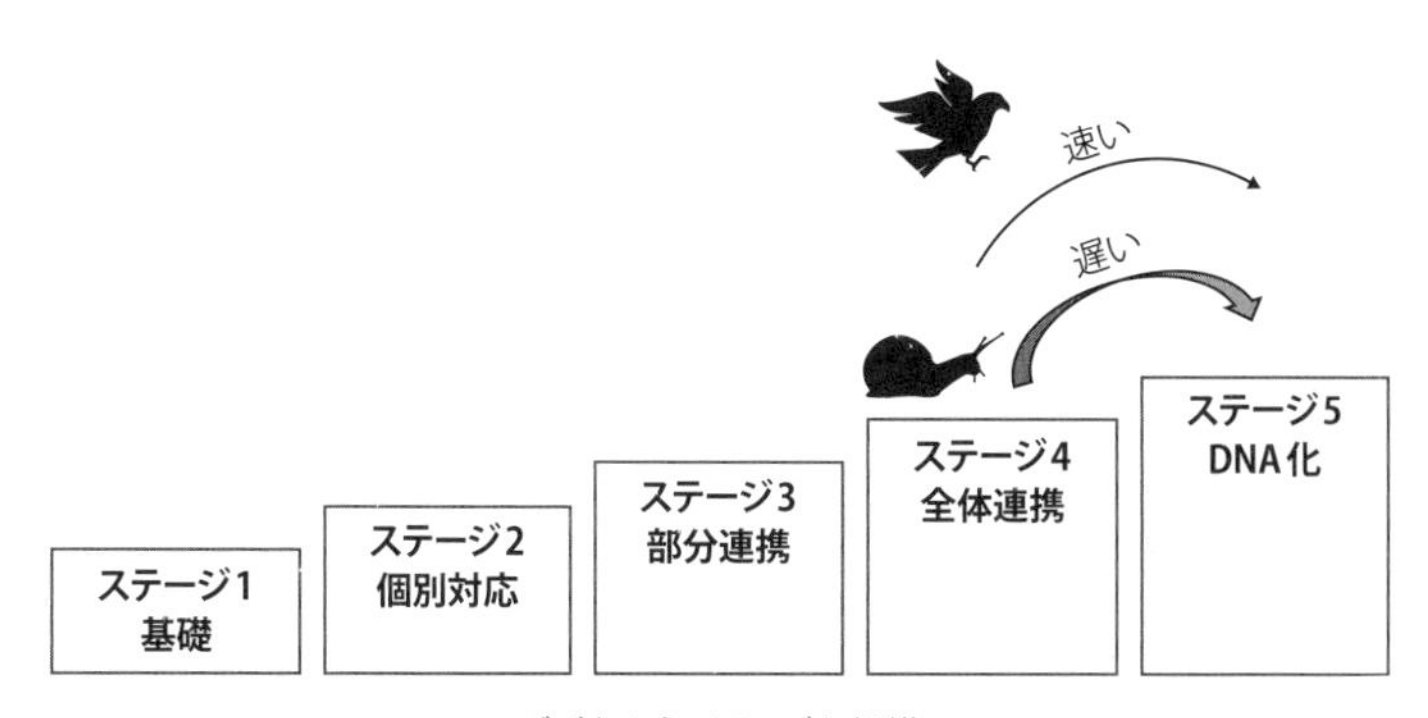

デジタルネイティブな組織

くりと進化するか、途中の段階を飛ばして目標であるステージ5へ到達しようとする。一方でデジタルネイティブな組織の場合、すでにデジタルプラットフォームを社内に持つという点で、スタートの時点で優位性がある。しかし彼らも、ステージ5に到達しなければならない。

あなたの会社が「デジタルネイティブな組織」として成功していない限り（つまりネットフリックスのように、デジタルプラットフォームからスタートして、それを中心に持続可能なビジネスモデルを構築することに成功した企業でない限り）、デジタル進化のステップはこのロードマップに従う必要がある。

5段階モデルを規律として定着させる

DXの5段階モデルは、正しい最終状態を定義し、そこに至る旅の中で、自分が今どこにいるのかを評価するのに役立つロードマップを提供する。その旅路が成功するか否かは、規律があるかどうかで決まる。このロードマップは、DXを成功させるのに適切なレベルの厳しさを組織にもたらす、規律とチェックリストによって補完される。そのために、航空業界とスイスチーズ（そう、チーズだ！）から得られた教訓を学んでいこう。

航空機を離陸させる際の規律に学ぶ

航空機に高い安全基準が設定されているというのは驚きではない。驚くべきなのは、離陸が非常に複雑な作業であるにもかかわらず、高度に自動化され、信頼性の高いものになっているという方だ。今日の世界では、航空機が離陸を失敗するには、いくつかの偶然の故障が重なる必要がある。航空機メーカーは、故障のリスクを把握してそれを軽減するために、スイスチーズ・モデル（コラム参照）としても知られている、「階層セキュリティー」の原則を使用している。

航空機の黎明期には、その安全性は確保されていなかった。それは木、布、接着剤でつくられていて、飛行はプロセスというより、パイロットのスキルで何とかするものだった。離着陸時の事故も数多く発生していた。それからの数十年間で、飛行機の設計と、飛行の方法論の両面で改善が見られた。スイスチーズ・モデルも、リスクを最小化する手法として採用されたものの1つだ。失敗をもたらす要因が理解されると、それを排除したり最小化したりするために、関連製品やプロセス、システム、そして人間を再設計することが可能になった（航空会社のチェックリストは、完全に自動化または排除できない項目について、それを厳格なプロセスに従わせるためのメカニズムだ）。

P&Gで私が行った仕事は、DXのあるステージから次のステージへ移行するのに失敗する要因を把握し、そしてチェックリストを使ってそれを克服することは、DXの成功に貢献できることを証明した。私はDXの各ステージにおける成功率を改善する、非常に具体的なドライバーを（従ってそれを促進するための規律も）特定したのである。

> DXの
> 5つのステージそれぞれでの成功率を改善する、
> 特定のドライバーが存在している
> (従ってチェックリストも存在する)。

Column

航空機の安全とスイスチーズの関係は？

事故原因に関するスイスチーズ・モデルは、「人間がつくるシステムは、スイスチーズのスライスを縦に並べたものに似ている」と説く。チーズに空いている穴は、システムの欠陥や弱点を表しており、大きさや位置はシステムによって異なる。もし穴を通ってチーズを貫通することができれば、システムが全体として問題を抱えていることを示し、事故が発生する可能性がある。システムを設計する上での目標は、「穴」と「スライスの数」の両方の面で改善を進めることで、事故発生の可能性を減らすことだ。

スイスチーズ・モデルをつくったジェームズ・リーズンは、事故は4つの理由で発生すると考えた。「組織的な影響」「監督の手抜き」「危険行為の前提条件」「危険行為自体」である。スイスチーズ・モデルは航空産業と医療産業において、事故を減らすために広く活用されてきた。

DXの成功率を上げるために、私はこのアプローチを採用している。5段階モデルにおいて、あるステージから次のステージへと移行するのに失敗する原因の上位2つが特定されている。質問事項をまとめたチェックリストは、そうした原因への対処が十分に行われているかどうかを確認するのに役立つ。

離陸に成功して飛行を維持するための規律

図表2-4は、DXの5段階モデルにおける、各段階の失敗をもたらす2つのリスク要因（従ってそれがチェックリストの項目となる）を示している。

図表2-4　各ステージを乗り越えるためのチェックリスト項目

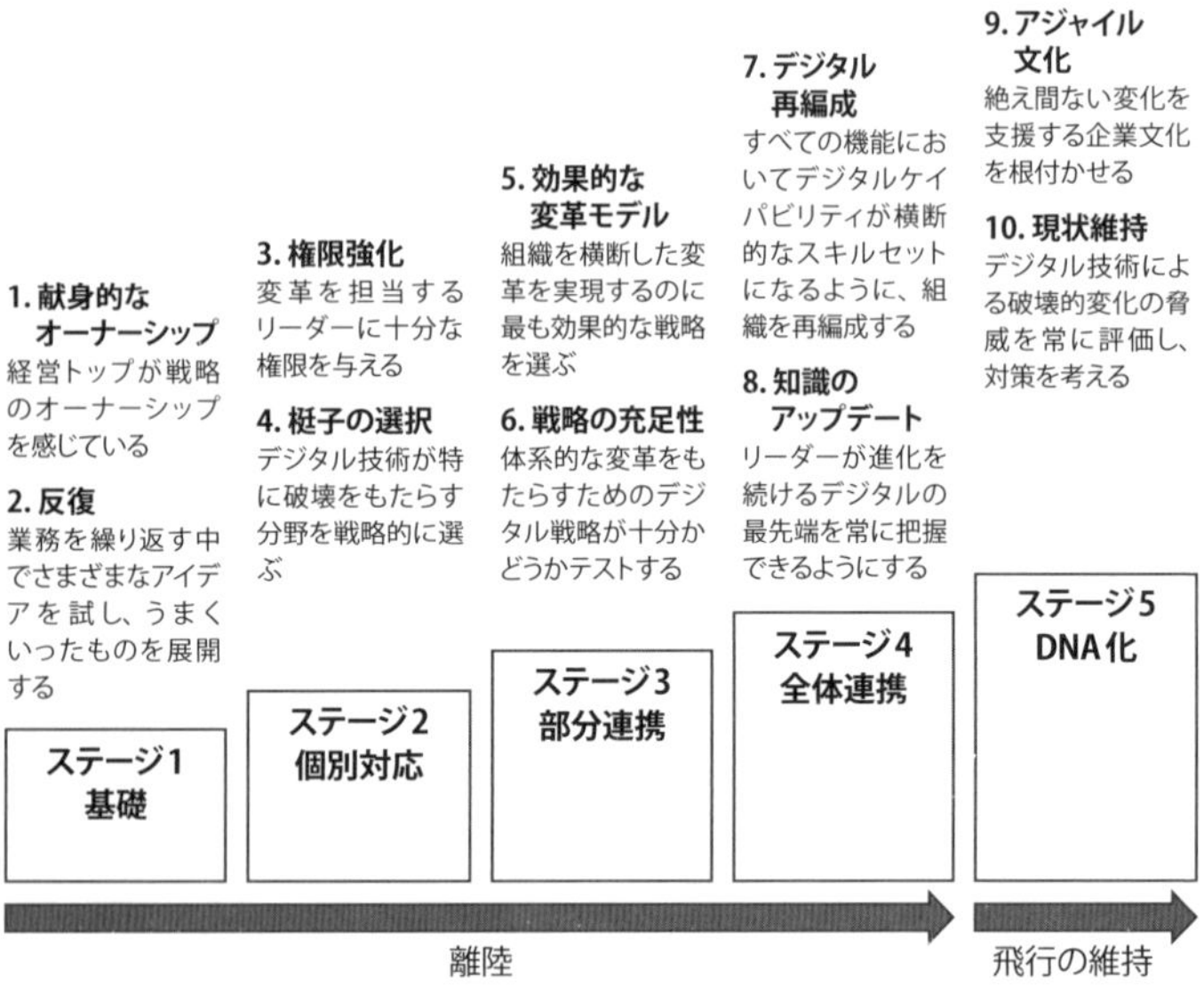

ステージ1 基礎

1. 献身的なオーナーシップ
経営トップが戦略のオーナーシップを感じている

2. 反復
業務を繰り返す中でさまざまなアイデアを試し、うまくいったものを展開する

ステージ2 個別対応

3. 権限強化
変革を担当するリーダーに十分な権限を与える

4. 梃子の選択
デジタル技術が特に破壊をもたらす分野を戦略的に選ぶ

ステージ3 部分連携

5. 効果的な変革モデル
組織を横断した変革を実現するのに最も効果的な戦略を選ぶ

6. 戦略の充足性
体系的な変革をもたらすためのデジタル戦略が十分かどうかテストする

ステージ4 全体連携

7. デジタル再編成
すべての機能においてデジタルケイパビリティが横断的なスキルセットになるように、組織を再編成する

8. 知識のアップデート
リーダーが進化を続けるデジタルの最先端を常に把握できるようにする

ステージ5 DNA化

9. アジャイル文化
絶え間ない変化を支援する企業文化を根付かせる

10. 現状維持
デジタル技術による破壊的変化の脅威を常に評価し、対策を考える

離陸（ステージ1〜4）　飛行の維持（ステージ5）

次章以降において、これら5つの段階、ステージと、それぞれが成功するために必要な2つの要因について具体的に説明する。

その後の第13章において、P&Gのネクスト・ジェネレーション・サービス（NGS）がどのように展開されたかを説明しよう。それによって、これらの項目がどのように組み合わされるのかを理解できるはずだ。私たちは飛躍型組織からインスピレーションを得た。NGSの運用モデル（DXの5段階モデル）は、変革のロードマップとなった。そして時間をかけて進化したチェックリストのアプローチは、実行に際しての規律を提供することとなった。

本章のまとめ

●第4次産業革命では、第3次産業時代（つまりPCの普及やインターネットの台頭などが発生した時代）につくられた現在のビジネス戦略を転換し、新たなビジネス戦略を構築することが求められている。
●P＆GのGBSは2015年にこの課題に直面し、積極的なDX戦略の策定に着手した。
●当時のシェアードサービス業界には3つの成熟度レベルがあり、GBSは第3のレベルにあった。GBSは、他の業界にも影響を与えていた、デジタル技術による破壊的変革の力が、シェアードサービス業界にも影響するだろうと確信していた。
●問題は、この破壊的な変化を成功させるにはどうすれば良いかということだった。私たちは、DXの70パーセントが失敗してしまう理由は、規律が不十分だったからだと気付いた。
●DXの5段階モデルは、変革を成功させるための規律あるロードマップを提供している。
⇓ステージ1は「基礎」だ。ここでは、企業が社内プロセスの自動化を積極的に進めている。

⇓ステージ2は「個別対応」だ。ここでは、個々の機能や事業部が、破壊的変化をもたらすテクノロジーを活用して新しいビジネスモデルを構築し始めている。

⇓ステージ3は「部分連携」だ。ここでは、CEOがデジタル技術の破壊力を認識し、デジタルによる未来の姿を定義する。

⇓ステージ4は「全体連携」だ。ここでは、企業全体のデジタルプラットフォームや新しいビジネスモデルが、本格的に定着している。

⇓ステージ5は「DNA化」だ。この段階において、変革が永続的なものとなる。
●極めて高い信頼性を実現している航空機の安全は、リスクを正しく把握し、規律を持ってそれを排除することで実現されている。スイスチーズ・モデルのようなフレームワークと、チェックリストを活用した規律あるオペレーションによって、安全を確保できることが証明されている。
●DXの5つの段階を確実に上っていくために、それぞれのステージにおいて、チェックすべき2つの成功要因を挙げた。

チェックリスト

「目標設定のためのチェックリスト」の質問を使ってDXを評価し、DXの5段階モデルが定義する、規律あるアプローチに従って行動してほしい。

【目標設定のためのチェックリスト】

1. 計画中のDXは、次のうち２つ以上を使用しているか？――指数関数型テクノロジー、成果ベースモデル、指数関数型エコシステム
2. 変革の目的が、現在の延長線上にある進化ではなく、根本的な再発明になっているか？
3. 次のうち１つ以上を目標としているか？――新しいビジネスモデルへの移行、新技術を利用した製品の近接性、10倍以上のパフォーマンスの実現
4. 永続的な変革を追求する文化を定着させることが、変革の狙いになっているか？
5. 計画中のDXは、正式な戦略に基づいて、企業全体を対象としたものであり、トップが主導するものになっているか？

［注］

（１）Salim Ismail, Michael S. Malone, and Yuri van Geest. *Exponential Organizations: Why New Organizations Are Ten Times Better, Faster, and Cheaper Than Yours—And What to Do About It* (New York: Diversion Books, 2014).

（２）BT Group, “Digital Transformation Top Priority for CEOs, Says New BT and EIU Research,”

GlobalServices.bt.com, September 12, 2017, https://www.globalservices.bt.com/en/aboutus/news-press/digital-transformation-top-priority-for-ceos [accessed December 19, 2018].

(3) Gartner, "Gartner 2016 CEO and Senior Business Executive Survey Shows That Half of CEOs Expect Their Industries to Be Substantially or Unrecognizably Transformed by Digital," https://www.gartner.com/newsroom/id/3287617 [accessed December 19, 2018].

Part 2

DXの5つのステージ

ステージ1　基礎

ステージ1 の内容	プロセスの自動化（もしくはデジタル化）。テクノロジーを活用してより効率的に作業を行い、さらなる変革に向けた基礎を構築することで、企業価値を提供する。
失敗要因	チームが目標としているビジネス価値を見失う。あるいは、計画の実行をうまく進められない。
リスクに対処する 規律	●経営トップが戦略に対して献身的なオーナーシップを示す。 ●繰り返しアイデアを試し、主要な問題を取り除く。

DXのステージ1

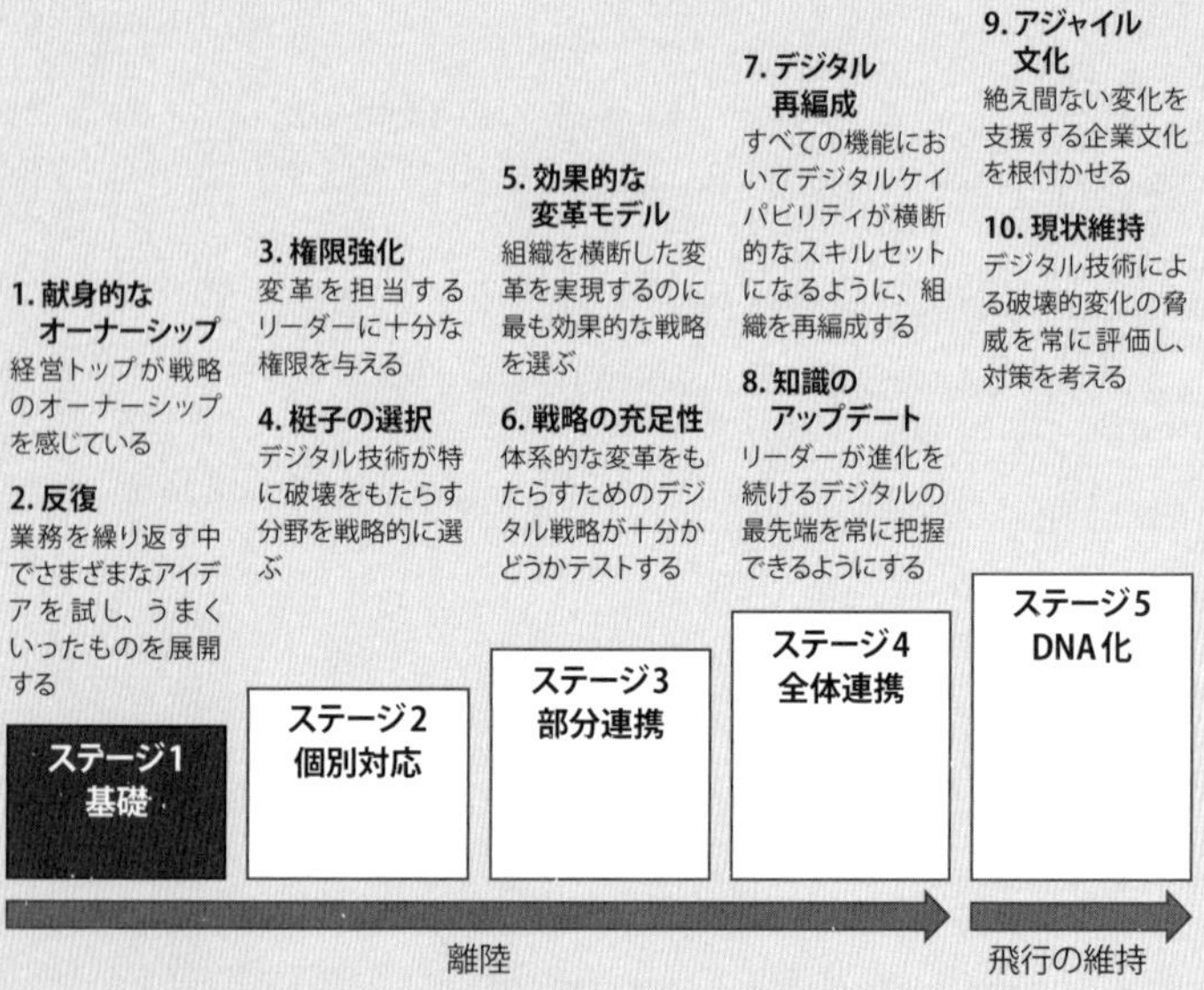

1. 献身的なオーナーシップ
経営トップが戦略のオーナーシップを感じている

2. 反復
業務を繰り返す中でさまざまなアイデアを試し、うまくいったものを展開する

ステージ1 基礎

3. 権限強化
変革を担当するリーダーに十分な権限を与える

4. 梃子の選択
デジタル技術が特に破壊をもたらす分野を戦略的に選ぶ

ステージ2 個別対応

5. 効果的な変革モデル
組織を横断した変革を実現するのに最も効果的な戦略を選ぶ

6. 戦略の充足性
体系的な変革をもたらすためのデジタル戦略が十分かどうかテストする

ステージ3 部分連携

7. デジタル再編成
すべての機能においてデジタルケイパビリティが横断的なスキルセットになるように、組織を再編成する

8. 知識のアップデート
リーダーが進化を続けるデジタルの最先端を常に把握できるようにする

ステージ4 全体連携

9. アジャイル文化
絶え間ない変化を支援する企業文化を根付かせる

10. 現状維持
デジタル技術による破壊的変化の脅威を常に評価し、対策を考える

ステージ5 DNA化

離陸

飛行の維持

第3章 献身的なオーナーシップ

私は家族と共に、１９９８年と２０１２年の２回、シンガポールで暮らしたことがある。１９９８年の滞在は特に印象的だった。私たちはシンガポールに越してきてから数日で、すっかり現地になじんだ。家財道具の荷解きも済み、銀行口座の開設も終わって、ガスや水道、テレビ、インターネット、電話回線の契約も完了し、運転免許証も取得した。この国の行政機関の対応は素晴らしいの一言だった。

ただしこれは１９９８年のことで、当時はオンラインで行われることはほとんどなかった点に留意してほしい。シンガポールではすでに、デジタル化の流れが明白なものになっていた。

例えば小切手を使う人はほとんどいなくなっていた。日常的な支払いには、GIRO（*General Interbank Recurring Order*）と呼ばれるシステムが利用され、銀行口座間の直接送金が行われていた。

現在シンガポールは、世界経済フォーラムの「ネットワーク成熟度指数（NRI）」というデジタル化指数において世界第1位にランクされている。この指標は、国の競争力と幸福度を高めるためにIT技術をどの程度活用しているかを測るもので、シンガポールの後にはフィンランド、スウェーデン、ノルウェーが続いている。米国は第5位だ。ここで私たちが問わなければならないのは、次のような質問だ――シンガポールはどうやって世界第1位になったのか？デジタル戦略は誰が担っているのか？　そしてリーダーシップはどのような役割を果たしているのか？

シンガポールはDXの5段階を上り詰めることに成功した好例だ。シンガポールは、変革のステージ1における、基本的な自動化への取り組みにおいて高い成功率を示しており、ステージ5の永続的な変革を通じて主導的な立場に立とうとする公共部門のモデルとなっている。またDXを開始し、リードを保つための規律の大部分を実践している。特に1998年において印象的だったのは、デジタル技術をトランスフォーメーションのエンジンとして利用するという戦略に、リー・クアンユー首相と政府が献身的なオーナーシップを示していたことである。当時多くの国々で、政府がデジタル技術の活用についてあれこれ議論していたが、シンガポールの指導者はそれに真摯に取り組んでいた。

なぜＤＸには リーダーの特別な関与とオーナーシップが必要なのか

私がリーダーとして最初に学んだ教訓の１つは、問題の解決を決して外注してはならないということだ。これ自体は、別に極端な話ではない。経営の達人たちは、何十年も前から「責務を委譲することはできても、説明責任を逃れることはできない」と説いてきた。しかしＤＸの失敗事例を分析してみると、驚くことにその原因の多くが、リーダーがＤＸに関して過度の権限委譲をしていたことにあった。

デジタル技術は新しく、急速に進化している。従ってDXのスポンサーとなる立場の人々は、それに特別な注意を払わなければならない。

これは善意で部下に権限委譲していた結果であることが多い。それは立派なことだが、1つ誤解がある。過度に権限を委譲してしまうと、それは事態の複雑さを相手に押し付けることになってしまうのである。

特にDXの場合、デジタル技術が新しく、急速に進化しているため、リーダーはそれに特別な注意を払わなければならない。ビジネスの課題を明確にすること、その課題がDX戦略と結び付くようにすること、そしてDX中に直面する障壁を打破すること――こうした役割はすべて、誰かに委譲することはできない。これはステージ1の自動化プロジェクトの場合にも当てはまるし、リスクの高いステージ5のトランスフォーメーションの場合には、さらに当てはまる。

組織内でどの程度の人物がスポンサーを務めるべきかは、進める変革の規模による。小規模な自動化プロジェクトであれば、初級のマネージャーで十分だろう。ステージ5の変革では、企業のオーナーや一国の首相が務めなければならない。ただいずれにせよ、たとえ基本的なステージ1の変革であっても、スポンサーが過度に権限委譲してしまうと失敗のリスクが増すことになる。

DXにおけるリーダーの重要な役割

ジョシュ・バーシンは『ハーバード・ビジネス・レビュー』誌に掲載された記事「CEOであるためにはデジタル・リーダーシップを発揮しなければならない（Digital Leadership Is Not an Optional Part of Being a CEO）[1]」において、CEOは会社が「デジタルをする」だけでなく「デジタルの行動を取る」ようにさせることで、デジタル化を先導する必要があると主張している。

彼が「デジタルDNA」と呼ぶものに関する研究において、エンパワーメント、実験、コラボレーション、データ、スピードなど、23の新しい管理手法が整理された。言い換えれば、CEOの役割とは、デジタルへの取り組みを支援し、チーフ・デジタル・オフィサーを任命し、シリコンバレーから幹部を雇い、コンサルタントを呼び寄せ、資金調達を行い、社員に頑張れと声援を送るだけではない。CEOは自社が真のデジタル企業になるための、適切な条件を整えなければならないのだ。目標に向かう自分自身の姿勢を見せ、目標をDX戦略に変換する際には一緒に検討し、戦略を実行に移す際の障壁を壊すのである。

ＤＸにおいて献身的なオーナーシップが果たす役割は、初期の段階から始まるが、特に組織を横断した変革が求められるステージ３（部分連携）以降は欠かせないものとなる。ＤＸの推進において、シンガポールが一貫して成功を収めていることは、このプロセスにおいてリーダーがコミットメントを示すことの重要性を示している。

シンガポールのリーダーが示した、ＤＸに対する献身的なオーナーシップ

シンガポールのリー・シェンロン現首相は、大学でコンピューター科学と数学を専攻し、デジタル技術の力を十分に理解している。さらに重要なのは、彼が他の指導者たちと共にデジタル化への取り組みを主導する上で、いかに目に見える役割を果たしているかである。彼は数独を解くC＋＋の自作プログラムのコードを、フェイスブック上で公開している。彼はシンガポールの「スマートネーション」デジタル化戦略を主導し、すべてのデジタル化プログラムを首相府（シンガポール政府内で最高レベルの機関）から運営している。

しかしこれは最近始まった話ではない。シンガポールのデジタル政府への移行は、１９８０年代に始まった。政府はリー・クアンユー首相（当時）のリーダーシップの下、情報通信技術で差別化を図ることを決定した。こうした指導者個人のオーナーシップと、一貫したコミットメント

を考えると、シンガポールのデジタル化の成果は驚くべきものではないかもしれない。

Column

シンガポールのデジタル化への取り組み

世界経済フォーラムのデジタル化指標では、シンガポールが1位にランクインしている。これは40年近くにわたる一貫したリーダーシップの成果だ。この取り組みは、1981年に行政機関のコンピューター化が決定されたことに始まる。この「行政サービスコンピューター化計画（CSCP）」は、省力化、業務の効率化、情報による意思決定の支援、一般市民向けの先進的サービスの実現を目的としていた。こうして控えめなスタートを切ったものの、この計画は時間の経過とともに発展し、非常に野心的な戦略となった。シンガポールは、企業だけでなく市民のためのデジタルサービスを提供するリーディングプロバイダーとなることを目指し、他国に対する競争上の優位性を確保しようとしている。

シンガポール政府は2017年5月、首相府の直下に「スマートネーション・アンド・デジタルガバメント・グループ（SNDGG）」を設置することを発表した。この組織は幅広い領域をカバーしている。例えば都市部の交通については、データ分析を利用した公共交通機関の改善から、自動運転車の導入までを扱っている。スマートネーション計画の下、シンガポールは生活の質の向上、経済的機会の創出、より緊密なコミュニティの構築を目指している。

デジタライゼーションの結果

その結果は注目に値する。市民や住民、事業者に提供されるサービスの効率性は非常に高い。政府系eサービスの顧客満足度は90パーセントを超えており、これは世界的に見ても非常に珍しい現象だ。

eサービス・プログラムが非常に高い評価を得ている理由をいくつか挙げてみよう。シンガポール政府のポータルサイト「eシチズン」では、市民が必要とするすべての情報やeサービスにワンストップでアクセスできる。シングパス（SingPass）は納税申告、パスポート申請、会社登録など、オンライン上ですべての政府機関とのやりとりができるシングルサインオンパスワードだ。オンライン・ビジネス・ライセンシング・サービス（OBLS）もワンストップのポータルサイトで、政府が発行するあらゆるライセンスへの申請を行うことができる。ほとんどのスタートアップ企業は、政府の窓口を訪れることなく、すべてのライセンスを取得している。

当然のことながら、シンガポールは世界銀行が発表している「ビジネスのしやすさ」指数で第1位になった。シンガポールは市民や企業に約1600のオンラインサービスと、300以上のモバイルサービスを提供している。デジタル・エクセレンスの絶え間ない探求は、シンガポールの市民と企業にイノベーションと、新技術の採用を促し、同国に他の国々よりも優れた効率性をもたらしている。

スポンサーが「目標の変換」と「障壁の打破」において果たす役割

シンガポールのリーダーたちがDXの成功に果たしている具体的な役割をより深く掘り下げると、2つの活動が明らかになる。それはビジネス上の問題をDX戦略の要素に変換することと、障壁を打破することである。どちらも1回限りの活動ではなく、継続して行われる。

目標設定と変換の役割については、先ほどジョシュ・バーシンによる『ハーバード・ビジネス・レビュー』誌の記事「CEOであるためにはデジタル・リーダーシップを発揮しなければならない[2]」に触れた際に説明している。バーシンが挙げた必須要素には、多くの文化的・組織的要因が含まれている。企業が掲げるビジネス上の目標を、こうした要因へと具体的に変換することは、一時的であるか継続的であるかにかかわらず、トップ（CEOや企業のオーナー、政府指導者など）が主導する必要がある。

ビジネス目標からＤＸ戦略への変換は、一時的であるか継続的であるかにかかわらず、トップ（ＣＥＯや企業のオーナー、政府指導者など）が主導する必要がある。

あまり理解されていないが、同様に重要なのは、変革において障壁を打破するというリーダーの役割である。この役割が強調されていないのは残念だ。多くの変革が失敗してしまうのは、この点においてだからである。変化が複雑であればあるほど（トランスフォーメーションの段階にかかわらず）、障壁を打破する必要性は高まる。驚くことではないが、ステージ５の変革は最もリスクが高く、最も複雑な変化を伴うため、最もスポンサーの支援が必要になる。Ｐ＆Ｇが財務、販売、サプライチェーンシステムにおいて、これまで標準化と規模拡大に成功してきたことは、それを明確に示している。それはステージ１における複雑な変革を推進し、実現するために、リーダーが強力で献身的なオーナーシップを発揮している例だ。このプロジェクトはＮＧＳのストーリーとは無関係だが、障壁を打破する際にスポンサーが果たす重要な役割を示している。

Ｐ＆ＧはトップクラスのＥＲＰシステムをいかに維持しているか

Ｐ＆Ｇは、世界規模の事業運営のために単一の標準エンタープライズリソースプランニング（ＥＲＰ）システムを採用している、数少ないグローバル企業の１つだ。これは基本的に、１００カ国以上にわたる金融、注文処理、流通、製造プラットフォームの標準デジタル基盤である。これにより、世界中の財務および物理的オペレーションを企業全体で計画・実行できる。ＥＲＰシステムは多くの企業において業務の基盤となっており、Ｐ＆ＧはこれにＳＡＰを使用している。

自動化に関して言えば、世界中から１つのＥＲＰシステムにアクセスすることは、多くのグローバル企業が追い求める至高の目標だ。これはステージ１の変革である。Ｐ＆Ｇはそれに２０００年代の初めに成功した。さらに重要なことに、それからさまざまな企業を買収したが、そうした企業が使用していたＥＲＰシステムを統合していくことにも成功している。１つのＥＲＰシステムで標準化を進めることは難しく、買収やリストラクチャリングを通じてそれを維持することはさらに困難だ。組織が大きくなればなるほど、変革は難しくなる。

Ｐ＆Ｇがこの地点にまで到達することを可能にしたのは、リーダーの献身的なオーナーシップである。ビジネス目標は明確だ――１つのＥＲＰシステムを利用することで、グローバルな拡張を可能にすることである。さらに興味深いのは、買収や法律・税制の変更などによって生まれるERP関連プロジェクトの障壁を打破するために、文字通り毎年リーダーシップが発揮されていることである。

P&Gはどうやってこの地点にまで到達したのだろうか。ERPに対する改修や変更などのプロジェクトは、金融、サプライチェーン、販売の各部門、そしてグローバル・ビジネス・サービス部門（GBS）のトップが主導している。一般的にはGBSが変革を主導しているが、こうした機能別組織のスポンサーと、各事業部門のトップも完全なオーナーシップを発揮しており、また変革の実行においてはハンズオンの支援を行っている。

2005年にP&Gがジレットを買収した際、私はボストンのジレット本社に暫定CIO（最高情報責任者）として就任した。ジレットは素晴らしいERPソリューションを所有していて、シェービング事業とバッテリー事業のために最適化されていた。そのため必然的に、ジレットの業務プロセスやシステムをP&Gの基準に合わせて変更し、また場合によっては、P&Gの基準にジレットのものを取り入れるという課題が発生した。上層部にまでエスカレーションされた問題は、数百件にも達した。

しかしP&G内の実行チームとスポンサーは素晴らしい働きをした（このケースに限った話ではないが）。経営トップのスポンサーは毎週、あるいは毎日という頻度でこの問題に関与した。彼らが検討した課題は、繁忙期となるクリスマス商戦を避けるために、特定のシステムのカットオーバー日付を変更するかどうかから、財務報告基準をどう再設計するかにまで及んだ。実行チームも重要な働きをしたが、スポンサーが積極的に障壁を打破しなければ、この業界のサクセスストーリーとなるほどの成功を収めることはできなかっただろう。だがこれはP＆G内で日常的に行われていることであり、グローバルスタンダードのERPプロセスを維持することを可能にしている。

なぜ献身的なオーナーシップを示すリーダーが少ないのか

献身的なオーナーシップがこれほどの結果をもたらすのであれば、なぜもっと多くの人々が目にしないのだろうか？　それにはいくつかの要因が絡んでいる。しかし率直に言えば、最も早急に取り組むべき課題は、リーダーのデジタルリテラシーだ。デジタル技術に根差したビジネスを基盤としていない、従来型の組織は、この点で非常に劣っている。

リーダーレベルでのデジタルリテラシー

公共部門のトップや民間部門のCEOなど、リーダークラスの管理職にとって、デジタルリテラシーを身に付けるという課題は困難なものだ。デジタル化された事業を運営するには、日常的なITツールを使用するにとどまらず、IT技術を理解する必要がある。すべてのリーダーがリー・シェンロン首相のようにC＋＋でプログラムが組めるようになるわけではないが、テクノロジーの可能性について、最低限のことを素早く理解する必要がある。例えば可能性を探る検討をリードするために、少なくとも人工知能やソフトウェア・ロボット、プラットフォーム・ソリューションが自分のビジネスにどう影響するかを理解することが求められている。

テクノロジーを実力以上に宣伝する傾向のあるＩＴ業界は、この問題で手を貸してはくれない。そのため多くの経営幹部は、デジタル戦略を遂行するためにＣＩＯやＣＤＯ（最高デジタル責任者）に頼ることになる。問題は、デジタル革新戦略（企業全体で新たなビジネスモデルを確立する）とＩＴ戦略（日常業務における自動化と生産性向上を追求する）が異なることである。

最近の調査によれば、テクノロジー関連の支出の68パーセントは、ＩＴ以外の予算から発生している。新しい破壊的なビジネスモデルの創造をＣＩＯやＣＤＯに委ねていても、組織内のすべてのリーダーを、及第点が取れるデジタルリーダーに変えることは期待できない。すべての機能別組織のリーダーと、事業部門のリーダーは、彼らが担当する組織をデジタル化する方法について決断を下し、その計画についてオーナーシップを発揮する必要がある。

取締役会レベルでのデジタルリテラシー

残念なことに、デジタルリテラシーの欠如は、組織の上層部になればなるほど顕著になる。究極的には、取締役会もデジタルトレンドを理解し、自社を適切に導く責任がある。世界の大企業では、「デジタルディレクター」として知られるようになった役職の存在感が増している。例を挙げると、マイクロソフトの共同創業者ビル・ゲイツ、インテルの会長アンディ・ブライアント、クエスト・コミュニケーションズの元ＣＥＯエド・ミューラー、ヤフーの元社長スーザン・デッカー、ヤフーの元ＣＥＯマリッサ・メイヤー、ゼロックスのＣＥＯアーシュラ・バーンズ、ＩＢＭの元会長サム・パルミサーノ、インスタグラムの共同創業者ケビン・シストロム、コムキャストの副社長スティーブ・バークといった人々だ。しかしそれが普通というわけではない。

コンサルティング会社のマッキンゼー・アンド・カンパニーは、今日の世界で必要とされるデジタルリテラシーを持っている取締役会は20パーセント未満であり、北米でテクノロジー委員会を設置している企業は5パーセント未満であると推定している。従って多くの取締役会は、隣接する業界からの脅威に対して、十分な準備ができていないのが現状だ。取締役会のメンバーを成功に導いた伝統的な経営スタイルが、まさに会社を滅ぼすことになるかもしれない。

リーダーレベルでのデジタルリテラシーは、取締役会レベルから始まる大きな問題だ。現在の世界に必要なデジタルリテラシーを備えている取締役会は20パーセント未満である。

取締役の指名委員会は、迅速に対応しなければならない。さらに取締役会メンバーも、素早く行動する必要がある。リーダーシップレベルでのデジタルリテラシーの必要性と同様に、取締役会はデジタル技術の可能性を理解する必要がある。取締役会のメンバーは、防御的なサイバーセキュリティー対策だけでなく、それを超えたデジタル戦略により多くの時間を割かなければならない。このレベルでのデジタルスポンサーシップは、単に望ましいというだけではない。それは第4次産業革命で成功した企業と、それに乗り遅れた企業を区別する要因となっている。

＊＊＊

どのような組織においても、経営の最高レベルにある人々が示す、DXに対する責任あるオーナーシップに代わるものはない。デジタル技術が急速に変化している今、これは従来型の企業にとって大きな課題となっている。組織の内外にいるテクノロジーの専門家から学ぶことは有効なアプローチだが、戦略や障壁の打破を誰かに委ねることは危険だ。DXにおける最高リーダーには、3つの資質がある。それはDXに対して十分な知識を持つことと十分な時間を割くこと、そして障壁を打破する取り組みを行うことである。

本章のまとめ

●デジタルは比較的新しく、変化の早い分野であるため、リーダーシップレベルでの特別な取り組みが必要となる。
●世界で最もデジタル化が進んでいる国として評価されているシンガポールでは、リー・シェンロン首相が個人的なコミットメントを示すことで、デジタルプログラムの方向性を示している。シンガポールのデジタルプログラムは、首相府からも運営されている。
●ビジネス上の目標をデジタル戦略に変換することは、他人に委譲することのできないリーダーの重要な役割である。これはDXの段階が上がれば上がるほど重要になる。
●リーダーが担うより重要な役割は、DXを実行する際の障壁を打破することだ。P&Gが世界中で1つの標準ERPシステムを使用するレベルに到達することに成功した事例は、実行における障壁を迅速に取り除くことがＤＸの成功を後押しするという好例である。

- このレベルのオーナーシップを実現するためには、経営幹部や取締役会をはじめとする、すべてのリーダーがデジタルリテラシーを持たなければならない。残念ながら多くの場合、これはまだ解決の難しい課題となっている。

チェックリスト

「献身的なオーナーシップのチェックリスト」の質問を使ってＤＸを評価し、ＤＸの5段階モデルが定義する、規律あるアプローチに従って行動してほしい。

【献身的なオーナーシップのチェックリスト】

1. リーダーがデジタル戦略に対する個人的なオーナーシップを、完全かつ目に見える形で示しているか？
2. リーダーが自ら新しい行動様式のあり方を示す兆しや、計画はあるか？
3. リーダーがビジネス目標をＤＸ戦略に変換し、継続的に関与することを確実にする仕組みがあるか？

4. ステークホルダーがＤＸ中の問題を理解し、常に障壁を打破する行動を取るようなメカニズムがあるか？
5. スポンサーやシニアリーダーは、変革を推進するのに十分なデジタルリテラシーを持っているか？

［注］

（１）Josh Bersin, "Digital Leadership Is Not an Optional Part of Being a CEO," *Harvard Business Review*, December 1, 2016, https://hbr.org/2016/12/digital-leadership-is-not-an-optional-part-of-being-a-ceo ［accessed December 19, 2018］.

（２）Ibid.

第4章

反復

2013年10月1日火曜日の真夜中。その日は医療保険制度改革法（ACA）の連邦政府ポータルサイト「*HealthCare.gov*」（オバマケア取引所とも呼ばれている）のプロジェクトをリードするチームにとって、最も重要な日だった。メディケア・メディケイド・サービスセンターとその請負業者から成るチームが見守る中、このウェブサイトが運営を開始したのである。最初の反応はポジティブなものだった。取引所のトラフィックは予想以上に多かったが、登録者数が増加するかどうか懸念していたホワイトハウスにとっては朗報だった。

しかしサイト構築を請け負った企業の1つであるCGIフェデラルのオフィスでは、雰囲気は明らかに暗くなっていた。ＩＴ技術者たちは、取引所を動かすソフトウェアに異常が発生しつつあり、顧客のアカウント登録が遅れ始めていることに気付いていた。その直後、ウェブサイトはクラッシュした。これはバラク・オバマ大統領の*HealthCare.gov*にとって不吉なスタートとなった。彼の業績となるこの法律は、最終的に成功を収めるのだが、不十分なプロジェクト運営によって汚点を残すこととなった。

実際のところ、オバマケアのウェブサイトが起こした問題は、技術的な失敗というより規律の失敗だった。残念ながら、これはＩＴプロジェクトが大失敗したという単純な話で、組織ではよくあることだ。*HealthCare.gov*プロジェクトは巨大で複雑だったものの、試行錯誤を繰り返す手法を使って開発できなかったわけではない。つまりビッグバン型で一度に導入するのではなく、数多くの小さな部分に分割して開発を進めるのである。ソフトウェア開発の世界では、この手法は「アジャイルソフトウェア開発」と呼ばれている。それはＡＣＡのポータルサイト開発の一部では使用されていたものの、大部分では「ウォーターフォール型」として知られる、ビッグバン方式の開発が行われていた。この方式では、設計と開発に長い時間がかけられた後で、多くの機能が一斉に公開されることになる。

しかしＤＸの実行となると、規模が大きくなればなるほどその失敗も巨大なものになる。どの段階の変革であろうと、ＤＸからリスクを取り除くには、作業を小さい単位に分割してそれを繰り返すようにし、そこから学びを得ることが重要だ。それが大規模で致命的な障害を避けるための原則である。当然ながら、この原則はソフトウェア開発以外にも適用できる。例えば大企業から中小企業まで注目する方法論「リーン・スタートアップ」は、短いサイクルの製品開発を繰り返すことで、ビジネスモデルが成り立つかどうかの判断を加速させるというもので、これと同じ原則に基づいている。その目標は、仮説に基づいた小規模な実験を複数回実施し、学んだことを検証して、それを次の製品リリースに反映することだ。

どの段階の変革であろうと、DXからリスクを取り除くには、作業を小さい単位に分割してそれを繰り返すようにし、そこから学びを得ることが重要だ。それが致命的な失敗を避けるための原則である。

アマゾン・ドットコムの最初のウェブサイトは、1995年7月に開設された。しかしそこには、洗練されたデザインも、インテリジェントなアルゴリズムもなかった。実際のところ、現在見られるような機能はほとんど実装されておらず、本のリストを閲覧して注文すること以外はできなかったのである。そして顧客から注文を受けると、アマゾンの従業員は本を調達し、梱包し、郵便局まで持って行っていた。しかしアマゾンはそれを継続する過程で、うまくいったものを活用し、いかなかったものは捨てて、いつの日か「あらゆるものを扱う店」になるという創業者ジェフ・ベゾスのビジョンに向けて着実に前進していったのである。

複雑なプロジェクトが複数行われる計画で反復実行を実践するには

HealthCare.govウェブサイトのトラブルは、個々のプロジェクト単位で計画を進めるのではなく、小さな部分の反復実行によって大きな失敗を回避するという教訓を与えてくれる。それでは組織全体の変革のような、複雑で複数のプロジェクトから成る計画に対して、この原則をどのように適用できるだろうか？

大きなリスクのある計画を、小さな部品に分割して反復実行するという原則は、その場合でも有効だ。全財産を賭けることなく、大胆な考えを進めることができるのである。

企業全体を変革する場合、1つのプロジェクトではなく、複数のプロジェクトを組み合わせたポートフォリオが必要になる。そのような状況では、大胆な賭けを行うプロジェクトと、確実な賭けを行うプロジェクトをポートフォリオに含め、ポートフォリオ全体として最終的な目標を達成するのに十分なものにすることで、リスクを回避できる。それこそ30年前に、デンバ

—国際空港が進めたプログラムにおいて、厳しい経験の中から得られた教訓である。

Column

なぜ最初のHealthCare.govの立ち上げは失敗したのか？

ACAポータル・プロジェクトの失敗は、大きなものだったが珍しいというわけではない。実際のところ、これは多くの変革において繰り返される種類の失敗であるため、ACAの一件は優れたケーススタディとなる。

ACAあるいはオバマケアは、オバマ大統領の肝入りで成立した法律だった。2010年3月23日に署名された同法は、米国では大勢の人々が健康保険に加入できずにいるという問題の突破口として期待されたものだった。ポータルサイト「HealthCare.gov」は、それから3年と少し過ぎた後の2013年10月1日に公開される予定だった。そして当日、真夜中を過ぎると、数千人のユーザーが登録手続きを開始した。ウェブサイトがクラッシュしたのはその直後だった。

問題の原因は当初、同サイトにログオンしようとするトラフィックにあると考えられた。しかしそれが解決されると、別の障害が発生した。その後、技術的な問題が解決するまでに数カ月の期間が必要となった。混乱が収まり、2014年4月15日に募集期間が正式に終了したとき、約1350万人が健康保険の申請を行い、約800万人が保険プランを選択した。この数字は目標を上回っており、医療保険制度自体は成功したと言えるが、残念ながらウェブサイトが起こした問題は厄介なものだった。

私はこの問題の原因として、大きく3つが挙げられると考えている。そしてそれらは、この段階における2つの原則、「献身的なオーナーシップ」と「反復実行」を使うことで回避できただろう。HealthCare.gov の立ち上げで生じた問題の3つの根本的原因は、次の通りだ。

1．規模が大きければ大きいほど失敗も難しくなる

HealthCare.govを立ち上げるプロジェクトは、モンスター級の規模だった。『フォーブス』誌によれば、それに関与していたのは55の請負業者、5つの連邦機関、36の州、300の民間保険会社、4000以上の保険プランだった。ユーザーは平均で75の画面を使って作業することが想定され、合計で1000を超える画面が設計された。HealthCare.govが巨大なものになることは避けられなかった。大規模で破壊的な変化を実現しようとする企業も、同様に広い範囲を扱うことになるだろう。問題は、どうすればそのモンスターを、食べられるサイズの塊に切り分けられるかだ。

HealthCare.govを立ち上げる際、アジャイル開発のような、反復実行を活用するソフトウェア開発手法が部分的に活用された。しかしウェブサイトが正式に立ち上げられ

て利用可能になるまで、その大部分において利用者がどのようなユーザー体験をするか、検証することはできなかった。そこでリーン・スタートアップのような手法の出番となる。そうした手法では、数週間ごとに実際の機能を市場にリリースして、ユーザー体験を検証することが求められる。

2．誰が責任者なのか不明確

HealthCare.gov の事例は、指示系統を明確にすることの重要性を教えてくれる。米保健福祉省（ＨＨＳ）長官のキャスリーン・セベリウスは、このプロジェクトについてオバマ大統領に直接報告を行っていた。彼女は省内のプロジェクトを管理するため、最高情報責任者（ＣＩＯ）を任命している。米行政管理予算局は２０１１年８月に発表した文書の中で、ＣＩＯがすべてのＩＴプロジェクトに対して説明責任を負うべきだと強く推奨した。しかし実際には、ＨＨＳのＣＩＯがその責任を果たすことはなかった。

このプロジェクトを運営していたのは、メディケア・メディケイド・サービスセンター（ＣＭＳ）だった。またＣＭＳは、システムインテグレーション（多くの開発パートナーと技術要素を組み合わせてソリューションを完成させる作業）を内部の人材で進めることにした。しかしＣＭＳは、システムインテグレーターとしての能力に欠けていた。さらに悪いことに、ユーザー体験においても技術的な運用の面においても、ＣＭＳの内部でかなりの対立があった。その結果、請負業者は彼らが必要としていた指示を受けることができなかった。あいまいな指揮系統ほど、プロジェクトの進行を遅らせるものはない。

3．利用者とのやりとりを繰り返そうとしない

おそらく、DXを成功させるために最も重要な教訓は、顧客とのやりとりを繰り返すことの必要性だ。アマゾン・ドットコムの最初のサイトは見た目は良くなかったが、ユーザーからのフィードバックを収集することができた。しかしHealthCare.govは残念なことに、政策やコスト、政治的なコミットメントといった他の要素の方が、ユーザーとのやりとりよりも優先されてしまっていた。大規模な変革への取り組みは、ユーザーとのやりとりが可能な小さな単位に分割することが欠かせない。

プロジェクトの問題が明らかになると、すぐに適切なリーダーシップが確立された。そしてシリコンバレーの専門家が正しい反復実行の手法を持ち込んだことで、問題は解消された。

DXにとって朗報なのは、それがビッグバン型で一度に大規模な変化を起こす必要がないことだ。アジャイルやリーン・スタートアップのような反復的な手法は、最も複雑な変革であっても、極めて低いリスクで効果的に実現できる。

デンバー空港の未来型手荷物システムプロジェクトが失敗した理由

１９８９年、デンバーは最先端の空港の建設に着手した。従来の処理能力を倍増させ、航空輸送のハブ空港として、年間５０００万人の乗客が利用する米国最大の空港を目指していた。航空機が着陸してから再び離陸するまでの時間「ターンアラウンドタイム」を30分以内に短縮することが想定されていた。現在の一般的な航空会社では、ターンアラウンドタイムは短距離便の場合40分から60分、長距離便の場合は数時間を要している。従ってターンアラウンドタイムの短縮は、空港ビジネスにおける競争上の優位性を意味する。

この高い効率性を実現するために、新しく高度に自動化された手荷物処理システムが構想された。そのアイデアは未来的だった。チェックインの際、空港の係員はバッグにラベルを貼り付ける。その後、完全に自動化されたベルトコンベアがそれを引き継ぐ。チェックインや乗り継ぎ、航空機への積み込み、ピックアップの間のすべての荷物の動きが自動化されるのである。これはテクノロジー主導の破壊的変化が、競争上の優位性につながり得ることを示す優れた例だ。

しかしこの計画が実際にもたらしたのは、新空港開港の16カ月の遅れと、５億６０００万ドルのコスト超過だった。[1]この遅れの後も、システムは３つのコンコースを接続するはずが１つのコンコースしかサポートしておらず、それも対象となったのは往路便のみだった。さらにこの限定的な開設ですら、手荷物システムに異常が発生し、荷物の紛失が発生した。２００５年、このシステムを利用していた唯一の航空会社も手を引いた。そしてこのプロジェクトは、野心的な変革が大失敗するという新たな例を世界に示すこととなった。デンバー空港が夢に描いていたのは未来だった。[2]しかしできたのは手荷物をのみ込むゴジラのようなモンスターであり、その処理スピードは人間の作業員にはとても追い付けないものだった。

まったく新しいシステムや機能のリリースは、ポートフォリオ効果（ポートフォリオ内の一部は失敗するが、残りは成功することで、ポートフォリオ全体としてのリスクは抑制される）の前提に基づいて行われなければならない。

デンバーのシステムから学ぶべき教訓は、ＤＸの場合、ビジョンと希望を掲げるのは戦略ではないということだ。まったく新しいシステムや機能のリリースは、ポートフォリオ効果（ポートフォリオ内の一部は失敗するが、残りは成功することで、ポートフォリオ全体としてのリスクは抑制される）の前提に基づいて行われなければならない。ＤＸはリスクの高い大きな賭けであり、フィナンシャルプランナーがするように、ポートフォリオを組んでそれに基づいて実施される必要がある。そしてそのポートフォリオは、目標とする成果を達成するのに十分なものでなければならない。

ＤＸに対する反復実行アプローチ

大規模なＤＸに対する反復実行のアプローチは、HealthCare.govやデンバー空港で起きたような問題に対処するために利用される。それはウォーターフォール型のプロジェクトを小さな部分に分割して反復実行するという原則と、リスクとリターンのレベルが異なるさまざまなプロジェクトでポートフォリオを構築するという原則を融合している。

Ｐ＆ＧのＮＧＳでは、この融合をうまく進めることができた。私たちは個々の実験（プロジェクト）とそのサブプロジェクトについて、１サイクルを２週間で回すという高速の反復実行を行い、ポートフォリオを作成してトランスフォーメーション・プログラム全体として十分に目標が達成されるようにした。

成功するDXでは、各プロジェクトを小さな部品に分けてそれを反復実行することと、異なるプロジェクトを組み合わせてポートフォリオを形成することが融合して行われる。各プロジェクトごとにリスクとリターンの程度は異なる。

図表4–1はNGSで使用されたアプローチを示している。NGSにとってのビジネスチャンス（図表の①）は非常に具体的で、コスト削減、トップラインの改善、ユーザー体験の向上だ。破壊的変化のアイデア（図表の②）は、NGSエコシステムを構築し、それをシェアードサービス業界に破壊的変化をもたらすフォーラムとして運営することだった。実験（プロジェクト）のポートフォリオ（図表の③）は、P&Gのグローバル・ビジネス・サービス部門（GBS）が抱えていた、非常に具体的な破壊的変化のニーズの集合であり、さらに業界全体での再現性を持っていたため、私たちが契約した開発パートナーはP&G外でも製品を開発することができた。

すべてのプロジェクトはデザイン思考（図表の④）を用いた反復実行の原則に従っており、大きな発想をすると同時に、MVP〔minimum viable product（検証に必要な最低限の機能を備えた

図表４−１　反復実行の原則とプロジェクト・ポートフォリオの融合

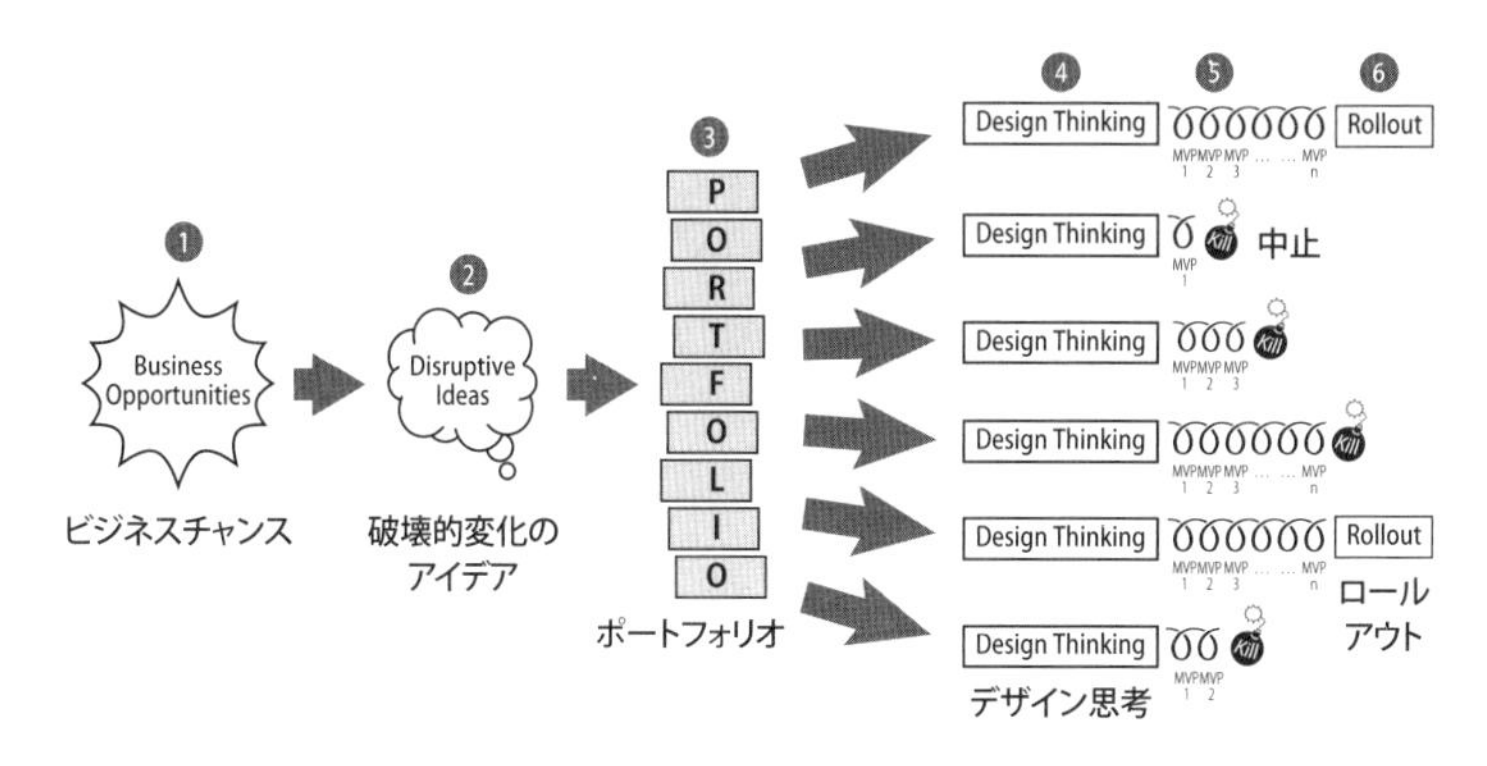

製品）の略で、リーン・スタートアップの手法において、仮説を検証するために必要な機能だけを実現して市場に出される製品／サービスを指す」と呼ばれる製品（図表の⑤）の製造とリリースを繰り返した。各プロジェクトには成功基準が設けられ、それを満たさないものは中止され、満たしたものはロールアウトされた（図表の⑥）。

ここでは６つの手順を簡単に説明しよう。

ステップ１：大きなビジネスチャンスを特定する

これは計画全体としての、大きな変革目標を設定するステップだ。それはＭＴＰ（massive transformative purpose、野心的な変革目標）となる可能性がある。ＭＴＰとは、サリム・イスマイルの著書 *Exponential Organizations* に登場する概念で、高い志を掲げたキャッチフレーズのようなものだ。ＮＧＳでは「シェアードサービス業界に破壊的変化をもたらす」というＭＴＰを設定した。その目標は、継続的なコスト削減、トップラインの改善、ユーザー体験の向上を達成することであり、これらはプロジェクトの立ち上げ当初に明確にされた。

ステップ2：変革のアイデアを描く

これは大きなアイデアを描くステップで、詳しくは第6章で解説する。これは事業戦略の一部として設定される。NGSの場合は、業界のエコシステムとして運営されるような、飛躍型組織を実現することだった。

ステップ3：プロジェクトのポートフォリオを組む

大きな破壊的変化のアイデアを、反復実行を行ういくつもの小さなプロジェクトに分割し、ポートフォリオをつくる。NGSでは「10－5－4－1」戦略を採用した。これは10件の実験（プロジェクト）のうち5件は途中で中断、4件は業務のパフォーマンスが2〜4倍となるような結果を達成、そして残りの1件が10倍の結果を達成するような割合になることを目指すというものだ。このような想定でポートフォリオを組むことで、多くのプロジェクトが失敗しても1発のホームランで補うことが可能になる。

ステップ4：反復設計プロセスを使って各プロジェクトを設計する

NGSでは、大きな変革プロジェクトのアイデアを出すためにデザイン思考を使用した。従来の10倍のパフォーマンスを達成するような変革を考える場合、デザイン思考アプローチはプロセスマップ・アプローチよりも優れている。デザイン思考は望ましいビジネス成果（例えばエアビーアンドビーであれば宿泊に使われる部屋）に焦点を当てるのに役立ち、従来のプロセス（先ほどの例を続ければ資産としてのホテルの所有）にとらわれることがなくなる。

ステップ5：リーン・スタートアップやアジャイルなどの反復的な実行理論を使用する

反復実行アプローチでは、顧客に焦点を当てながらアイデアを部品に分割し、MVPを開発して、それを実際の市場でテストすることが求められる。これにより、大きなアイデアが完全に構築されるまで、MVPというブロックを積み重ねていくことが可能になる。例えばデンバー空港の手荷物システムでは、最初に1つの航空会社や1つのコンコースに限定してスタートしてみるなど、ビジョンの小さい部分を実際に試してみることができただろう。

ステップ6：成功したプロジェクトのみをロールアウトする

ここまでの5つのステップの利点は、プロジェクト内だけで方向転換が可能になるだけでなく、ポートフォリオの中で最も成功したプロジェクトのみを選択して続けることが可能になるという点だ。

この反復実行アプローチには、もうひとつ大きな利点がある。それは「イノベーションの速度」を加速させることだ。ここまでのステップで、大きな変革を小さな部品にして実行可能になっているため、部品の実行に関わる時間、予算、リスクを大幅に抑えることができる。その結果、アイデアが実現されるまでの期間はずっと短くなる。スピードは変革を成功させる非常に大きな要因だ。従来の考え方では、「より良くする」「より速くする」「より安くする」はゼロサムゲームであり、一方を増やせば他方が減ると捉えられている。しかしDXに関する私の経験から言うと、スピードを追求すれば、副作用として「より良い」「より速い」ものが得られる。

DXにおける速度と加速の重要性

DXにおいて実行のスピードが重要なのは、DXが緊急の課題だからではなく、スピードが熱意と勢い、そして正しい考え方を生み出すからだ。

あらためて航空機の離陸に例えてみよう。航空機が離陸するために滑走路を走るとき、加速（速度の変化率）は、滑走路を走る距離に直結する。加速が遅ければ遅いほど、航空機が離陸の速度に達するまでに必要な距離は長くなる。機体が必要な加速度を得られなければ、特定の滑走路から離陸することはできない。DXでも同じことが言える。加速、あるいは加速が足りないことが、問題になり得るのだ。最初の実験に時間がかかり過ぎると、関係者が勢いを感じられなくなり、プロジェクトは「離陸」できなくなってしまう。

この問題は、産業革命を生き抜くためのステージ４とステージ５のトランスフォーメーションではさらに複雑になる。テクノロジーの急速な変化によって、デジタルに関するアイデアの賞味期限は短くなっており、それはＤＸの「滑走路」が短くなることを意味する。言い換えれば、産業革命におけるＤＸでは、より高い加速率が必要となる。

速度と反復実行は互いに補完し合い、ＤＸの失敗のリスクを劇的に下げる。

私はＤＸの道を進む組織に対し、速度（特に「イノベーションの速度」）を重要な指標として採用することを勧める。速度と反復実行は互いに補完し合い、失敗のリスクを劇的に下げるのである。

指標としての速度（イノベーションの速度）

イノベーションの速度（イノベーションが起きるペース）は、先進的な組織にとって重要な指標だ。

DXには短い滑走路しか用意されていないことを考えると、低予算かつ高速で実施可能なアイデアを大量に用意して取り組むというのが、ごくわずかな成功を掘り当てるための最善策となる。そうしたスピード重視の姿勢は、大規模で安定した組織にとっては実現が難しい。そうした組織では、コストをかけず迅速にアイデアを試すことを反復するというアプローチが一般的ではないためだ。アマゾンやネットフリックス、アルファベットなどの成功しているテクノロジー企業は、この高速の反復実行という姿勢を文化として社内に根付かせている。

一方でスタートアップ企業は、1つの大きなアイデアに取り組む傾向があるが、低コストで高速の反復実行を行うという点では優れている。またスタートアップ企業は資金が枯渇すると、そこでゲームオーバーになり、社員は新しい仕事を見つけなければならない。そのためスタートアップ企業では、自然と社員の意欲が高まるようになっているが、この点でも迅速さにはプラスに働く。こうした効果は大規模な組織では期待できない。仕事の安定と安全が保たれているためだ。その場合の答えは、アイデアを迅速かつ反復的に検証するためのモデルの構築であり、これは大規模な組織でもうまく機能する。大規模な組織では、スタートアップ企業のように予算面で制約を受けることはないだろう。その代わりに、時間を制約条件にすることができる。

スピードを出せない組織が多い理由（およびその対処方法）

多くのリーダーは、ＤＸを成功させるためにはスピードが重要であることをすでに知っている。しかしほとんどの組織が変革を迅速に進めることができない理由は、構造的な問題に関係していると私は信じている。これには主に２つの理由がある。

私は１つ目の理由を「クロック速度」問題と呼んでいる。業務の「クロック速度」とは、組織内で決定や業務の変更が行われる通常のペースだ（私はこの用語をコンピューター業界から借用した。コンピューターの動作速度のことをクロック速度と呼んでいる）。ＤＸへの取り組みは、迅速に推進することが求められるため、組織内での軋轢を生じさせてしまう。しかし後述するように、これは乗り越えることが可能だ。２つ目の理由は、「２つの世界」問題である。これは既存ビジネスの中核となっている組織の業務と、変革チームが主導する変化との間に矛盾が生じるというものだ。それは政策面や実務面など、さまざまな形で現れる可能性がある。ここでは２つの問題に対処する方法を解説しよう。

「クロック速度」問題への対処法

２０１５年、ＮＧＳチームは高速かつ低コストの反復実行を実現する新しいモデルの構築に着手していた。時間を設計上の制約として設定するならば、新しい運用モデルはイノベーションの速度を目に見える形で測定し、公表する必要がある。この運用モデルには、一般的なイノベーションの5つのステージ（市場評価、設計、仮説検証、フィールドテスト、ロールアウト）が含められていた。そこにイノベーションの速度という要素を導入するために、私たちは各ステージに時間目標を設定することにし、それぞれのステージに指数級数（1−2−4−8−16）をひもづけることにした。この指数級数は、5つのステージでそれぞれ使用できる最大の時間を示している。市場評価には1カ月間、設計には2カ月間といった具合だ。

正確に言うと、これは当初、完全に作為的に設定された一連の締め切り日だった。しかしNGSが経験を積むにつれ、締め切りの設定はプロジェクトごとに微調整されるようになった。例えば非常に大きな変革を目指す実験（プロジェクト）の場合には、小さなものの場合よりも、フィールドテストやロールアウトに長い期間を割り当てるといった具合だ。時間がたつにつれて、期間の目標は、それが生み出すモチベーションよりも重要ではなくなってきた。各プロジェクトの進捗状況は、18フィート（約5・5メートル）×6フィート（約1・8メートル）のダッシュボードにリアルタイムで目立つように表示され、達成された結果とステージの経過時間を示す時計も表示された。このダッシュボードによる透明性は、プロジェクトの成果のみに基づく他のどの報酬システムよりも、プライドとモチベーションを生み出した。

「2つの世界」問題の対処法

「2つの世界」問題が起きるのは、リスクを管理するために長年にわたって導入されてきた「チェック・アンド・バランス（抑制と均衡）」の仕組みによって、組織の動きが遅くなってしまっているためだ。法務や調達関係のチェック事項もあれば、ITポリシーや技術標準の遵守、人事・労務に関するコンプライアンス問題への対応、グローバルな組織間連携など、確認すべき項目は多岐にわたる。誤解のないように言うと、こうしたステップにはそれぞれの目的と価値がある。問題は、新しいアイデアの初期段階においてもそのすべてが必要なのか、あるいは変革への取り組みが成熟するにつれて、少しずつ適用していくという対応が可能かどうかということだ。

NGSでは、初期段階にある革新的なアイデアを保護するために、イノベーションの「ファイアウォール」というアイデアを開発した。これは技術的・物理的なファイアウォールではなく、大胆なイノベーションへの取り組みを通常の業務プロセスが課す負荷（倫理やセキュリティー、法律に関するものを除く）から守るためのものだ。例としては次のようなケースが挙げられる。

- ベンダーの審査は、通常であれば数週間～数カ月間かかる場合があるが、特定の厳しい基準を満たしたNGSベンダーであれば、1～2日で承認される場合がある。
- 情報セキュリティーとリスクの審査についても、通常であれば数カ月かかる場合があるが、特定の条件（機密情報や個人情報を取り扱わないなど）を満たす場合には、数日で承認される場合がある。

● NGSで通常求めている技術標準に適合しない新技術も、特定の条件下で使用が許可される。

● 人事プロセスは迅速なプロジェクト運営が行われる環境に合うよう調整された（例えばNGSでは、パフォーマンスが芳しくないプロジェクトを中止することを奨励しているが、中核事業においては、プロジェクトが失敗した場合に個人が負うコストとリスクは高いものになっている）。

次にNGSチームは、賢いリスクテイクを促す一連の報酬システムを開発した。そこでは学びを得るために、ある程度の知的な失敗を経験することが認められた。前述の「10－5－4－1」モデルは、プロジェクト全体の中から失敗するもの、中程度の変革に成功するもの、従来の10倍のパフォーマンスを達成するほどの大成功を収めるものが出ることを想定している。ポートフォリオ効果によって、全体として大きな変革が進んでいるのであれば、その割合が変化しても問題はない。イノベーションのファイアウォールと、「10－5－4－1」リスクシステムによって、チームはストレスなく大きな考えを進めることができた。

本章のまとめ

- HealthCare.gov の立ち上げで起きた失敗は、巨大な「ウォーターフォール型」プロジェクトを分割し、小さな部品にしてそれを反復実行することの重要性を教えてくれる。
- 複数のハイリスクなプロジェクトを伴う変革を進める場合、プロジェクト・ポートフォリオを形成し、ハイリスクなプロジェクトとローリスクなプロジェクトを組み合わせ、全体として十分な変革が達成されるようにすることが重要。
- ＮＧＳはＤＸ戦略のリスクを抑制するために、６つのステップから成る反復実行アプローチを開発した。これは戦略を多くのプロジェクトから成るポートフォリオへと変換して、個々のプロジェクトの中で反復実行を繰り返すというものだ。
- 変革の速度（イノベーションの速度）は、反復実行を大きく補完する要素だ。高速かつ低リスク／低コストで実施される変革プロジェクトは、成功する可能性が高い。
- 多くの組織は、変革にはスピードが必要であることを認識している。しかし「クロック速度」と「２つの世界」という２つの問題により、それを実現できない。
- ＮＧＳでは変革プロジェクトの各段階に対して完了までの制限時間を割り振ることで、「クロック速度」の問題に対処した。

●また初期段階にあるイノベーションを組織内の通常プロセスから隔離する「ファイアウォール」をつくることで、「2つの世界」問題を解決した。

チェックリスト

「反復実行のためのチェックリスト」の質問を使ってDXを評価し、DXの5段階モデルが定義する、規律あるアプローチに従って行動してほしい。

【反復実行のためのチェックリスト】

1. プロジェクトを実行する際、リーン・スタートアップのようなアジャイル手法を使用しているか？
2. プログラムをプロジェクトのポートフォリオに分解して、それを構成するプロジェクトの少なくとも50パーセントが失敗しても、そこから学びを得られるようにしているか？
3. DXにおいて、「イノベーションの速度」を目標としているか？　また速度に関する指標はあるか？

4．NGSの「1－2－4－8－16」のような、プロジェクトやイノベーションの速度を上げるためのメカニズムはあるか？
5．「2つの世界」問題に対処し、中核事業を担う組織よりも低いコストと速いスピードで変革が進められるような手段を講じているか？

[注]

（1）Calleam Consulting, "Denver Airport Baggage System Case Study," 2008, http://calleam.com/WTPF/?page_id=2086 [accessed December 19, 2018].
（2）Kirk Johnson, "Denver Airport Saw the Future. It Didn't Work," *New York Times*, August 27, 2005, https://www.nytimes.com/2005/08/27/us/denver-airport-saw-the-future-it-didnt-work.html [accessed December 19, 2018].

ステージ2　個別対応

ステージ2の内容	デジタルをベースにした主要なプロセスや製品が有機的に発展しているが、組織の一部でしか行われていない。個々のリーダーがデジタル技術による破壊的変化の脅威を認識し、新しいデジタル・ビジネスモデルの創造を開始している。個別対応のトランスフォーメーションは、より高い段階のトランスフォーメーションに結び付くことを目標としており、その縮図となっている。
失敗要因	よくある間違いとして、変革を担うリーダーの力不足や、変革するものの選択における誤りが挙げられる。
リスクに対処する規律	● 変革リーダーへの権限委譲を行う。 ● デジタルのレバレッジポイントを認識する。

DXのステージ2

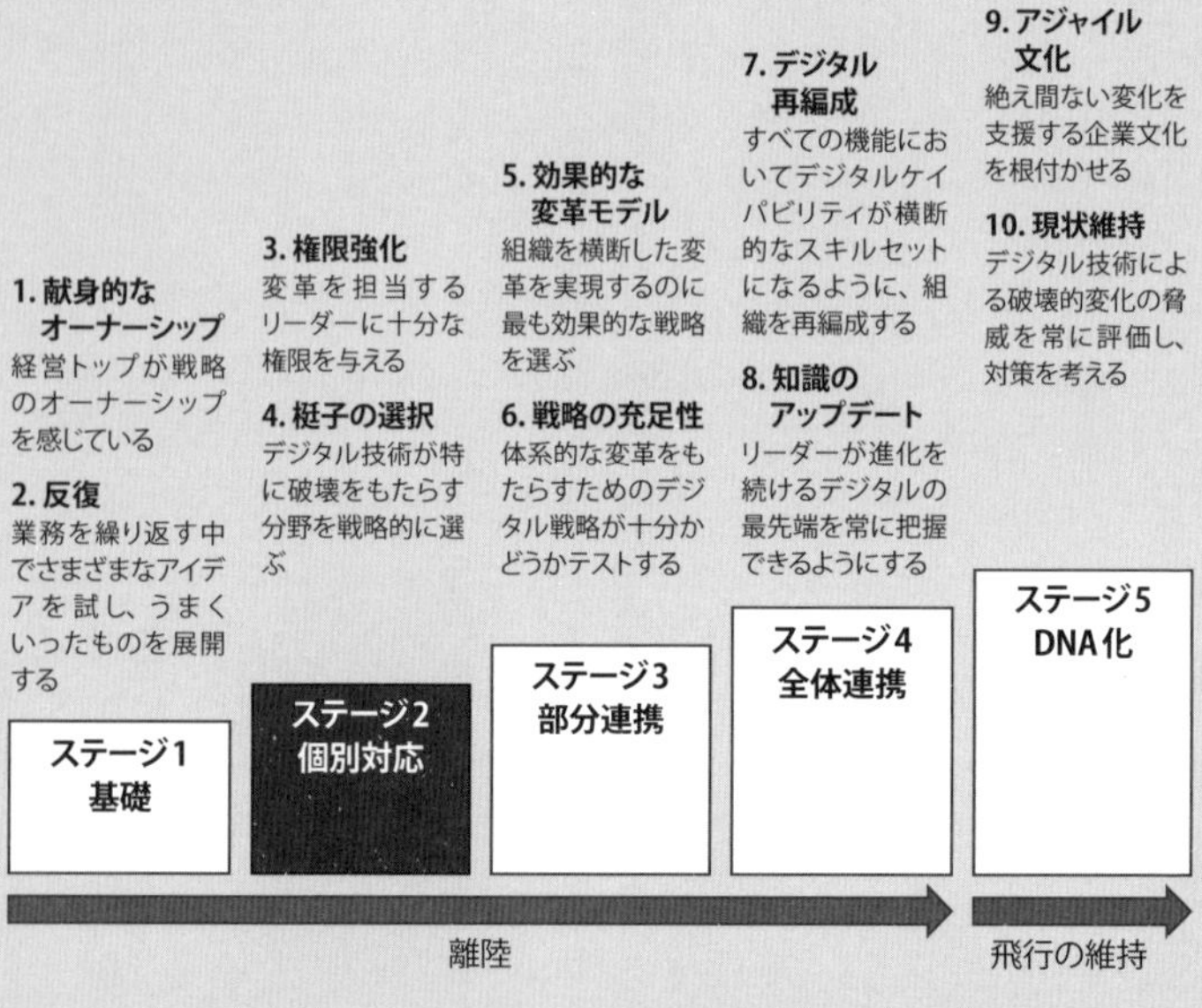

1. 献身的なオーナーシップ
経営トップが戦略のオーナーシップを感じている

2. 反復
業務を繰り返す中でさまざまなアイデアを試し、うまくいったものを展開する

3. 権限強化
変革を担当するリーダーに十分な権限を与える

4. 梃子の選択
デジタル技術が特に破壊をもたらす分野を戦略的に選ぶ

5. 効果的な変革モデル
組織を横断した変革を実現するのに最も効果的な戦略を選ぶ

6. 戦略の充足性
体系的な変革をもたらすためのデジタル戦略が十分かどうかテストする

7. デジタル再編成
すべての機能においてデジタルケイパビリティが横断的なスキルセットになるように、組織を再編成する

8. 知識のアップデート
リーダーが進化を続けるデジタルの最先端を常に把握できるようにする

9. アジャイル文化
絶え間ない変化を支援する企業文化を根付かせる

10. 現状維持
デジタル技術による破壊的変化の脅威を常に評価し、対策を考える

ステージ1 基礎
ステージ2 個別対応
ステージ3 部分連携
ステージ4 全体連携
ステージ5 DNA化

離陸 → 飛行の維持

第5章 権限強化

DXは、ステージ2の「個別対応」であっても難しい。例えばこの段階では、これまでその企業に成功をもたらしてきた要因の一部に逆行する必要がある。求められる変化は巨大なものであり、変革を担うリーダーには、トップダウン・ボトムアップ両面からのサポートとともに、幅広い権限が与えられなければならない。これは理にかなった話であり、大部分のリーダーはそのことを理解している。問題は、「サポート」が何を意味するかを正確に把握することだ。

本章では、このサポートを提供する方法について詳しく解説する。その第1の方法は、MTP（野心的な変革目標）、つまり社員に刺激を与えるビジョンを設定することだ。第2の方法は、変革リーダーが必要なリスクを取れるように、具体的な「上空援護」（つまり上からのサポート）を提供することである。第3は、リーダーがプロジェクトに対して個人的関与を示し、インフォーマルなリーダーシップを生み出すこと、そして第4は、プロジェクトの進捗状況をすぐに示すことができるパイプラインを選択して、初期の惰性を克服することだ。

これらの4つの方法は、何の根拠もなく思い付いたものではない。それはNGSの活動の中で、主要な成功要因として現れ、DXの失敗事例においても繰り返し登場している。またDXだけでなく、非デジタルの変革プロジェクトにおいても共通している。それを説明するために、まずはいくつかの事例を紹介しよう。最初の例は、米国におけるメートル法導入の失敗だ。

なぜ米国でメートル法導入が失敗したのか

なぜ米国は他国のようにメートル法を採用していないのだろうか？　導入する気がなかったわけではない。1960年代の米国立標準局（現在のNIST、国立標準技術研究所）による活動や、60年代後半の連邦議会における議論、さらにはメートル法を「米国の貿易と商取引にとって望ましい重さと長さを測定するシステム」と宣言した1975年のメートル法転換法など、いくつかの取り組みが行われている。

70年代と80年代の取り組みは断固たる決意の下に進められたのだが、それでも失敗してしまったことは、大規模な変革においてスポンサーから曖昧な支援しか得られなかった場合に何が起きるかを示す、良いケーススタディとなる。この取り組みは、すぐに抵抗と無関心に直面することとなった。メートル法への移行を推進するために設立されていたUSMB（米国メートル法委員会）は、1981年に、与えられたミッションを遂行するためには議会からの明確な委任が必要だと報告した。しかし議会はそれを受け入れず、最終的にUSMBは、レーガン政権によって1982年に解散させられる。それには彼が政府の支出削減を推し進めたことに加え、USMBが成果を挙げられていなかったことなど、いくつかの要因が背景にあった。

USMBがメートル法への移行を主導する権限を議会に求めなければならなかったという事実は、彼らが変革を実行する権限を与えられていなかったことを明確に示している。それと対照的なのが、シンガポール政府が主導した、多くの成功したDXへの取り組みだ。それは変革への取り組みに権限を与えることの重要性を教えてくれる。

このエピソードを、政府の優先順位が一貫せず、着実な計画実行ができなかったことが問題なのだとして、無視したくなる誘惑に駆られるかもしれない。実際のところ、これは大部分の企業で変革を進めようとした際に起きる、さまざまな駆け引きや後知恵と大きく異なるものではない。国全体や、変革に携わるリーダーたちをひとつに束ねられるだけの、共通の目的は存在しなかった。興味深いことに、このケースでは財務的な分析もなされていたのだが、それは難解で理解しがたいものだった。移行を主導したUSMBには、そのスポンサーであるはずの議会からの支援はなかった。議会も大統領も、この変革を進めるだけの素質は持っていなかったのである。

多くの企業におけるDXへの取り組みの大部分が、この米国におけるメートル法導入プロジェクトと驚くほど似ている。これよりも成功を収めた事例を取り上げ、比較してみよう。

Column

1970年代のメートル法転換法の背景

世界でメートル法を採用していない、あるいは採用する途中にある国は、米国、ミャンマー、リベリアの3カ国だけだ。公平を期すために言うと、米国は一般に考えられている以上にメートル法を採用している。食料品はポンド単位だが、清涼飲料水はリットル単位で販売されている。日常的には米国の伝統的な単位が使われているが（車の速度をマイルで表示するなど）、米国でも科学の分野では、ほとんどがメートル法を採用している。このような混乱状態は、単位を変換する作業の費用対効果が原因となっている。メートル法への移行は大きなコストがかかり、一方でその効果は、大部分の人々にとって不明瞭なものだ。しかし大きなチャンスが1975年に訪れた。移行に向けた計画ができ、それを義務付ける法律ができ、移行を主導する機関も設置された。

しかしこのチャンスも、最終的には潰えてしまうこととなった。

メートル法を採用しようとする歴史は、トーマス・ジェファーソンの時代にまでさかのぼる。1789年に開催された、米連邦議会の第1回の議会においても、計量制度が議題として挙げられている。ジェファーソンは、今日のメートル法によく似た10進法の基準を使うことを提案した。しかしこの提案は科学界からの支持を得られず、採用には至らなかった。アレクサンダー・グラハム・ベルも、1906年の下院の貨幣・重量・尺度委員会において演説を行い、「重さと長さに関する現在の計量制度が、どれほど多くの不要な労働を生み出しているか、ほとんど理解されていません」と訴えている。しかしこの訴えが聞き入れられることはなかった。

メートル法導入への取り組みはどのように暗礁に乗り上げたか

60年代と70年代、変革の絶好の機会が訪れる。1964年、国立標準局（現在はNIST、国立標準技術研究所と呼ばれている）は、「有害な影響が出る場合を除いてメートル法を採用する」と宣言し、メートル法への移行に向けた大きな流れを生み出した。1968年には、連邦議会が認可した「米国計量調査」が、その後10年間でメートル法を段階的に導入すべきだと勧告した。その結果、1975年にメートル法転換法が議会で可決されるとともに、計画策定と移行作業、教育プロセスを担う組織である

USMBが設置された。

しかしこの活動は、すぐに無関心と抵抗に直面した。作業はほとんど進まず、USMBは官民どちらからも支援を受けられなかった。足踏みを続けることに飽き飽きしたUSMBは、1981年に議会に対して明確な権限の委任を求めた。議会はこれに対し、ほとんど取り組む意欲を見せなかった。そして1982年、レーガン政権は検討に進展が見られないこと、また移行に多額のコストがかかることから、活動を継続する価値はないとの結論を下した。こうしてメートル法導入への取り組みは、最終的に頓挫してしまうのである。

『ワシントン・ポスト』紙の業績回復

『ワシントン・ポスト』紙が近年、業績回復している背景には、アマゾンの創業者兼CEOのジェフ・ベゾスが主導する、テクノロジーの巧みな活用がある。2013年、同紙は大きなトラブルに見舞われていた。売り上げは2012年度の5億8100万ドルの7パーセント減で、損失は2100万ドルから5400万ドルに拡大していたのである。広告収入も減少を続けており、2014年の減少割合は14パーセントだった。印刷版の発行部数も2パーセント減少していた。

別に『ワシントン・ポスト』紙だけが業績を悪化させていたわけではなく、他の著名な新聞や雑誌も同様に苦境に立たされていた。『ボストン・グローブ』紙は７０００万ドルで身売りしたばかりだった。さらに『ニューズウィーク』誌は、たったの1ドルという額で買収された（莫大な累積負債を抱えていたという背景もあるが）。ジェフ・ベゾスが2億５０００万ドルで『ワシントン・ポスト』紙を買収すると発表されたとき、これが単なる善意の寄付なのか、それとも他の人には理解することのできない、ビジネス上の賢い判断なのかで意見が分かれた。

話を２０１７年まで進めよう。『ワシントン・ポスト』紙は、長年にわたるレイオフや新規採用の停止を経て、60人以上のジャーナリストを雇用する計画を発表した。同紙は非公開企業であるため、財務内容は公表されていない。しかし『フォーブス』誌の報道によれば、同紙の発行人であるフレッド・ライアンは従業員に対して、『ワシントン・ポスト』紙が現在「黒字であり成長を続けている」と述べている。購読者数は75パーセント増加し、デジタル版の契約件数も倍増したと伝えられている。またオンラインでのウェブ訪問者数は、初めて『ニューヨーク・タイムズ』紙を上回った。

ベゾスは『ワシントン・ポスト』紙を復活させるために、どのような手を打ったのだろうか？彼は同紙を、米国で有力な全国紙にすると同時に、世界的にも名の知れた存在にするためのビジョンを設定した。彼は同紙のデジタル領域を改善し、読者を中心とする考え方を根付かせる一方で、編集者側には大きな自由を与えることを支持し、実際にそれを提供した。彼は投資という形で同紙のビジネスに深く関与し、多くの技術革新に個人的に参加した。コラムでは、ベゾスが具体的に何を行ったのかを解説している。本章の残りの部分では、DXに対する組織的な支援と、権限委譲をどう進めるかについて説明しよう。

Column

『ワシントン・ポスト』紙はいかにして業績回復したか

世界最大級の小売業者と宇宙探査会社を経営している人物として、ジェフ・ベゾスは『ワシントン・ポスト』紙の経営、特にDXに熱心に取り組んだ。ベゾスはこの変革への取り組みにおいて、「優れた地方紙を有力な全国紙へ、そして世界で名の知れた存在へ」という、説得力のあるビジョンを掲げた。そして彼は、多くのユーザーにソーシャルネットワークを通じて製品を試してもらい、より付加価値の大きな製品をリピート購入してもらうという、新しいデジタル・ビジネスモデルをつくり上げた。

ベゾスはその後、大きな権限を与えられた変革リーダーたちに、戦略の実行を担わせた。さまざまな意味において、彼は新聞の編集者にとって夢のようなオーナーであり、編集部に大きな自主性を認めつつ、短期的な業績には文句を言わなかった。こうして戦略的に根気強く改革を進めたことで、編集部が活気を取り戻すと同時に、紙ではなくデジタル版を主軸とした新聞に『ワシントン・ポスト』紙を移行させることに成功したのである。

ベゾスは5000万ドルを投資し、主にテクノロジー面と編集部の強化に力を入れた。そして『ワシントン・ポスト』紙のエンジニアリングチームの規模を3倍にし、テクノロジー企業に匹敵するほどのIT技術力を持つようになった。彼は個人的にもデジタル領域で積極的に関与し、エンジニアたちが自由に彼にコンタクトを取れるようにした。また彼は、ページの読み込み速度を上げるイノベーションを進め、デジタル版のユーザー体験を高めた。どのようなデジタル取引であってもユーザーの手間を省くというアマゾンの文化は、デジタル出版物の分野でも明らかに生かされている。

『ワシントン・ポスト』紙は、もうひとつアマゾンの戦術を流用している。それは同社が内部で使っている「アーク・パブリッシング」というツールを、外部にも販売するようになったことだ。これは新聞・出版業界の複雑なニーズに対応したデジタルプラットフォームで、動画利用やモバイル版とのシンジケーション、データマイニングなどを行うことができる。すでに十数社の顧客を獲得しており、将来的には年間1億ドルの売り上げを上げることを目指している。アマゾンは自社で使っていたツールをAWS（アマゾン ウェブ サービス）のような形で事業化しているが、それと似た活動だ。

変革に向けた権限強化

メートル法の事例と『ワシントン・ポスト』紙の事例は、どちらも破壊的な変化をもたらすことを目指したという点で共通している。しかし後者だけに、MTP、上空援護、個人的関与、そして立ち上げ時のプロジェクトによる勢い付けという要素が存在していた。これら4つの要素を、規律を持って実行することこそ、私が「変革に向けた権限強化」と呼ぶものだ（図表5−1）。それは変革リーダーが大胆な変革を推し進めるための条件を作り出す。これら4つの要素をより詳しく見ていこう。

MTP

MTPとは「野心的な変革目標（massive transformative purpose）」の頭文字を取ったものであり、高い志を掲げた、組織全体が目指す目標を意味する。それは従来のビジョン・ステートメントと異なり、気の利いた言葉を並べるだけではなく、非常にインパクトの大きな変革を目指すことを宣言している。サリム・イスマイルの著書*Exponential Organizations*では、これが単なるシリコンバレーの流行りではないことを解説している。飛躍型組織と呼ばれる企業は、次で例示するように、必ずMTPを掲げている。

図表5-1　変革に向けた権限強化の要素

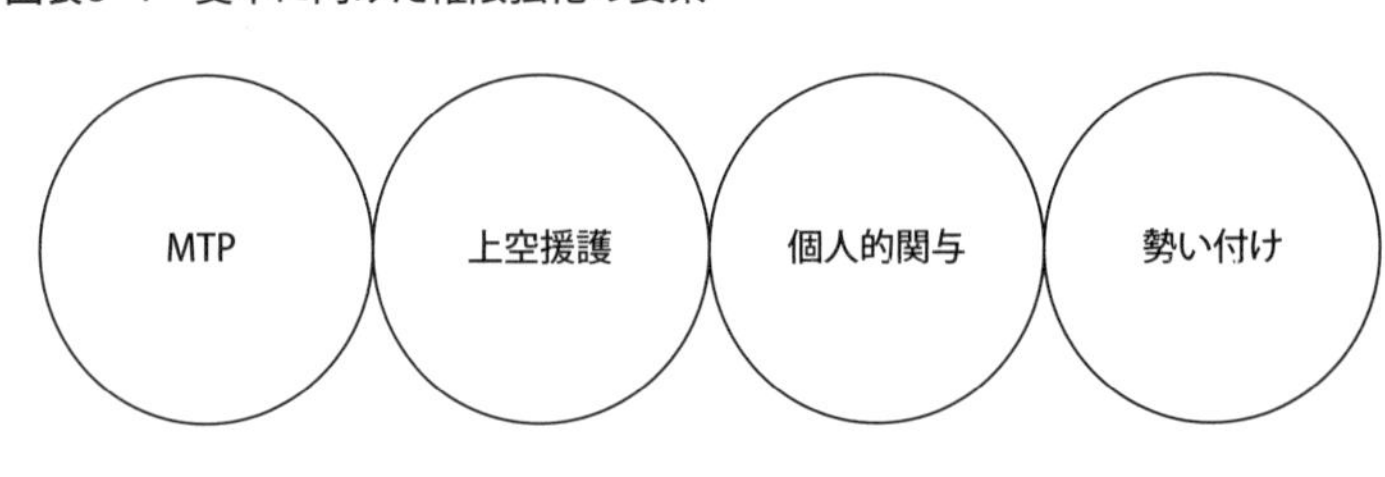

●グーグル：世界中の情報を整理する
●Xプライズ：不可能を可能にする
●マイクロソフト：あらゆる家庭、そしてあらゆる机の上にコンピューターをもたらす
●テスラ：持続可能な輸送手段への移行を加速させる

MTPが単なる目標やキャッチコピーと異なるのは、それがさまざまな人々を引き寄せ、不可能に近いことに向けて、コミュニティのやる気を引き出す力を持っている点だ。変化を促す力や積極的に活動するメンバー、そして変化の影響を受ける人々を結び付ける強力なMTPは、組織の中に「これこそ我々のマニフェスト・デスティニー（明白なる使命）だ」という空気を生み出す。

それこそ、DXの初期段階において、最低でも試行版のMTPを設定することが重要である理由だ。それは変革を推進する中心的なチームだけでなく、それに関与するより大きなコミュニティや、一般の社員の心と想像力をもつかむものでなければならない。『ワシントン・ポスト』紙の社員は間違いなく、ローカル紙からグローバル紙への転換に意欲を高めているだろう。それとは対照的に、メートル法の事例では、関係者の意欲を掻き立てるような高い志を掲げた目標は設定されていなかった。

P&GのNGSでは、チームの立ち上げ時にMTPに関するブレインストーミングを行った。その結果、「従業員を自由（フリー）にする、無料（フリー）で」と「シェアードサービス業界を破壊する」という2つの候補に絞られた。選ばれたのは後者で、その理由は、そちらの方がより人々を鼓舞し、さらに従業員の能力を変革する以上の目標を目指していると感じられたからである。

リスクを冒し、失敗から学ぶことを促す「上空援護」

変革リーダーの立場で考えてみよう。今彼らは、刺激的だがリスクの高い事業に取り組むことを命じられたばかりだ。この変革を提案した上級管理職の人物以外の全員が、自分に疑いと恐れの眼差しを向けてくる。既存の報酬制度や文化も逆風となりそうだ。どうすれば泥沼にはまったり、キャリア上のリスクを負ったりすることなく、この問題に直面し続けることができるだろうか？

スポンサーの役割は、単にこうしたリーダーたちの仕事を合法化するだけでなく、企業の免疫システム（第7章参照）を乗り越えてプロジェクトがスムーズに進むために、彼らにカスタマイズされたサポートを提供することだ。それを達成する最善の方法は、変革リーダー、変革の影響を受けるすべての人、そして補助的なステークホルダーと共にこの課題に取り組むことである。

変革リーダーは、成功の基準だけでなく、彼らに期待される原則や行動を理解する必要がある。ＮＧＳチームにおける例を次に挙げてみよう。

●完璧に仕上げることよりもスピードが重要。
●成功する実験（プロジェクト）は全体の10パーセントのみで、失敗するならば早めに失敗し、教訓を得るべきであると認識している。
●チームは事前に定義された一定の範囲内で自由に変化を起こすことができ、賢明なリスクテイクであれば、その行動には報酬が与えられる。
●企業の「免疫システム」によって発生する抵抗からチームを保護するために、迅速なエスカレーションとサポートのメカニズムが提供される。

変革の影響を受ける人々に対しても、彼らが変革の中でどのような扱いを受ける可能性があるのかを周知させる必要がある。回答すべき質問の例を挙げておこう。

- 私たちはどのような姿に変わるのか？　どうしてそれが自分たちの利益になるのか（あるいは最低でも自分たちの利益にはマイナスとならないのか）？
- 変革の中で私たちが果たすべき役割は何か？
- 変革を促すために、報酬制度にはどのような調整が加えられるのか？

また関係するステークホルダーも、変革を実現する上で重要な役割を果たす。その助けがどこで必要か、またどの部分から距離を置くべきかを彼らに理解してもらうために、次のような質問に答える必要がある。

- 変革とは何か、なぜそれが必要なのか？
- 自分たちはどのような役割を果たす必要があり、どこで支援を求められるのか？
- 変革を支援するために、組織にどのようなシグナルを送る必要があるのか？

変革リーダー、変革の影響を受ける人々、そして関係するステークホルダーに関するこうした質問を検討することで、必要とされる報酬制度の姿が見えてくる。P&Gのグローバル・ビジネス・サービス部門（GBS）のリーダーは、これらの対応を非常に慎重に進めた。

「上空援護」を提供するもうひとつの方法は、変革が重要な戦略であるとして公然とコミットし、コミュニケーションすることだ。ＧＢＳのヘッドであるジュリオ・ネメスは、熱心にこの役割を引き受けた。そうした上空からの援護によってもたらされる自由は、迅速かつ効果的な変革を実現する上で大きな役割を果たす。米国のメートル法移行プロジェクトを任された人々は、議会のメンバーから攻撃され続けた。プロジェクトを指揮するように彼らを任命したのも、同じ議会であったにもかかわらずである。これは上空援護とはまったく逆の行為だ。

リーダーによる個人的関与

よく言われるように、リーダーによる個人的関与とコミットメントの違いは、ハムエッグにおけるブタとニワトリのようなものだ——ブタは自らの身を投げ出し、ニワトリはタマゴを提供した、というわけである。

ウォーレン・バフェットはこの概念を、出資した企業の経営に自らが参加するという文脈でよく使っている（そのためそれが彼に由来すると誤解されることが多い）。ただこのアナロジーは、ＤＸの変革リーダーについても使うことができる。企業全体の変革を実現するためには、経営層（オーナーやＣＥＯなど）は自らそれに関与しなければならない。

メートル法移行の失敗と、『ワシントン・ポスト』紙の業績回復、これらの事例におけるリーダーの関与の違いは明白だ。議会はメートル法への移行において、自ら手を動かそうとはしなかった。そして政権が交代すると、わずかなコミットメントさえ完全に失われてしまった。それとは対照的に、ベゾスは『ワシントン・ポスト』紙に自らの資金を投じているが、関与は金銭的な援助である必要はない。自らの時間を費やすというのも同じくらい重要だ。

P&Gでは、GBSのリーダーたちはNGSの仕事をする際に完全にオープンな姿勢を取っていた。私は他のチームメンバーと同じ、オープンオフィスのデスクで仕事をすることで、カジュアルなミーティングの開催や迅速な意思決定を可能にした。ジュリオも同様に、毎月何時間も同じオフィスで過ごした。GBSのスポンサーになってくれた人々すべてが、プロジェクトに関する情報を毎週提供した。

個人的関与は、他の形でも達成できる。ビジネスの成果に対するコミットメントを、オープンな形で宣言することもその一形態になり得るのだ。例えば広告を従来の紙メディアやテレビ放送ではなく、デジタルプラットフォームへと切り替える場合、単に企業レベルの全体的な目標を掲げるのではなく、デジタルメディアへの予算額と、各事業部門の目標達成へのコミットメントを組み合わせる方が、移行が早く進む。

変革を促すための勢い付け

変革リーダーが直面する最も難しい問題の1つは、目標に向けた流れに勢いを付けることだ。立ち上げ当初の数日間は、スピードが非常に重要になる。犯罪捜査（最初の数日が過ぎると逮捕率が劇的に落ちる）のように、勢いがないとDXは失敗してしまう。勢いを付けるためのベストな方法は、クイック・ウィンを活用することだ。経験豊富なスポンサーは、クイック・ウィンを達成し、変革に向けて勢いを付ける良い立ち上げプロジェクトを使って、人々を刺激する方法を知っている。NGSでは、GBSの各サービスラインから信頼できる幹部を選び、フルタイムで働いてもらうことにした。彼らは従来の業務のあり方を迅速に変えることのできる取り組みを、いくつか選び出して着手した。2015年夏に開始された4つの実験（プロジェクト）のうち、少なくとも1つは、3カ月以内に大成功を収めるという確信があった。

本章のまとめ

- DXの実現は容易ではない。変革リーダーの権限を強化するのを怠ることは、失敗を招く要因となる。
- 1975年、米国はメートル法への移行に乗り出したが、変革リーダーであるUSMB（米国メートル法委員会）が議会から変革を推進するのに十分な権限を与えられていなかったため、数年で頓挫してしまった。
- それとは対照的に、『ワシントン・ポスト』紙の編集委員会と技術分野のリーダーたちは、DXを推進する上で、オーナーであるジェフ・ベゾスの強いコミットメントと権限委譲による後押しを受けることができた。

●変革に向けた権限強化を実現するためには、次の4つの要素を進める必要がある。

▼MTP（野心的な変革目標）：人々の意欲を高め、ゴールに向かって引っ張っていけるような、野心的で高い志を掲げた目標を明らかにする。

▼上空援護：リスクを冒し、失敗から学ぶことを可能にするもので、変革チームに試行錯誤しながら進む自由を与える。

▼リーダーによる個人的関与：リーダーが目に見える個人的なコミットメントを示し、個人的な成功と、変革の成功を並列させる。

▼変革を促すための勢い付け：変革の歯車が回り続けるよう、パイロットプログラムを通じてクイック・ウィンを達成し、勢いを付ける。

チェックリスト

「権限強化のためのチェックリスト」の質問を使ってDXを評価し、DXの5段階モデルが定義する規律あるアプローチに従って行動してほしい。

【権限強化のためのチェックリスト】

1. 明確なMTP（野心的な変革目標）が設定されているか？
2. 変革リーダーが、変革を進めるに当たって、どのような上空援護を受けられるかについてコミュニケーションしているか？
3. 関係するステークホルダー、および変化の影響を受ける人々は、変革の推進における自分たちの役割について知らされているか？
4. リーダーは変革に対し、個人的関与をすべきであると認識し、それを約束しているか？
5. リーダーは変革プロジェクトに勢いを付けるために、いくつかのイニシアチブを実施しているか？

第6章

梃子の選択

ＤＸにおける問題の１つは、デジタル技術が至る所に存在しているために、どこでそれを活用するかを決めるのが難しいことだ。しかし本章で解説するように、それに対処するための規律あるアプローチが存在する。

ネットフリックスは、破壊的な変革を繰り返し起こしてきた企業の１つであり、現代のそうした企業の中で最もよく知られた存在だろう。同社はこの20年以内に、少なくとも3回、ビジネスに大きな革新をもたらした（ＤＶＤの郵送による店舗ベースのレンタルビジネスの破壊、ビデオのストリーミング配信、そしてオリジナルコンテンツの制作）。そして現在は４つ目の変革（国際的なプレゼンスの活用）に取り組んでいる。

ネットフリックスのような、破壊的変化を次々に成功させる企業は、破壊的なビジネスモデルを構築したり実現したりするために、デジタル技術を最も活用できる場所を把握するという不思議な能力を持っている。私はこれを「デジタルのレバレッジ（梃子）ポイント」と呼んでいる。

デジタル・レバレッジポイントは、デジタル技術を最も活用できる領域を指す。

ネットフリックスのデジタル・レバレッジ

ネットフリックスが起こした複数の破壊的変化には、いくつかの共通点がある。それらは優れた顧客体験と低コストでの業務運営、市場への浸透を目的としている。これらはすべて、変化に迅速に対応する能力、優れた企業文化、自社のビジネスモデルを変革するためにテクノロジーを活用するという一貫した姿勢によって支えられている。この3点こそ、ネットフリックスのデジタル・レバレッジポイントだ。

Column

ネットフリックスがもたらした破壊的変化

実際のところ、ネットフリックスとはいったい何なのだろうか？　同社は1997年に、リード・ヘイスティングスとマーク・ランドルフという2人のソフトウェア・エンジニアによって設立され、当初はネットを通じて映画DVDをレンタルするサービスを行っていた。面白いことに、これまでヘイスティングスがネットフリックスのアイデアを思い付いたのは、彼が借りた映画『アポロ13』のDVDに延滞料40ドルを支払ったときだった、と報じられてきた。しかしこの説は、最近になって否定された。ランドルフが、この話は単に、ネットフリックスのユニークなビジネスモデルを説明するのに都合の良い方法だったと語ったのである。ネットフリックスのアイデアがどこから生まれたかはさほど重要ではない。「ネットフリックスとは何か」を変え続けられるのが同社の力だ。

最初の変革は、物理的な映画レンタル店を、インターネットとEコマースを基盤としたサブスクリプション型サービスへと変えたことだった。1998年の時点で、同社が貸し出していた映画のタイトル数は925しかなかった。ネットフリックスは2000年に、ブロックバスター社に業務提携を呼びかけたのだが、この申し出は断られている。しかし皮肉なことに、5年後にはブロックバスターは事業の停止に追い込まれている。その主な理由は、ネットフリックスの躍進だった。

次の変革は2007年に訪れた。ネットフリックスがコンテンツのストリーミング配信に移行したのである。会員は定額の月額料金で、大量のコンテンツをオンデマンドで利用できるようになった。3回目の変革は、2013年の『ハウス・オブ・カード野望の階段』を皮切りに、同社のオリジナルコンテンツを制作するようになったことだ。そしてネットフリックスは今、世界的なビジネス展開を進めており、これが第4の変革となりつつある。

大部分の企業はたった1回の変革にも苦戦しているというのに、なぜネットフリックスは繰り返しトランスフォーメーションを実現するという、他社がうらやましがるような結果を残せているのだろうか？　変革を繰り返すことを可能にしているのは、リーダーシップと組織文化に関連した要素であることは明らかだ。しかしそれだけで、ネットフリックスが変革への取り組みにほぼすべて成功していることの説明になるだろうか？　実際には、ネットフリックスは将来のトレンドを察知し、迅速に行動するという文化を生かして、最先端の技術プラットフォームを採用するというレバレッジポイントを明確に認識している。

破壊的変化を早期に察知して利用する

ネットフリックスが誕生したとき、彼らが望んでいたのは、世界最大のDVD郵送レンタル会社になることだった。その後ヘイスティングスは、ネットフリックスの設立から5年間で、インターネットの速度が指数関数的に上昇することに気付いた。このペースで速度が上がれば、DVDを注文して数日後に郵送されてくるのを待つという顧客体験は、すぐに観たいコンテンツが楽しめるという、ビデオオンデマンドの即時性に破壊されてしまうだろう。

DVDの郵送からストリーミングへの移行は、今日では理にかなっているように思える。しかしインターネットの速度上昇が緩やかで、ネットフリックスがDVD郵送ビジネスで成功を収めていたタイミングで移行を決断するのは、非常に大胆なことだった。現在ネットフリックスのサービスに使われている通信量は、米国のネットワーク・トラフィック全体の3分の1に達している。このように破壊的な変化を察知し、競合他社に先んじてそれを活用する能力は、ネットフリックスにとって大きな役割を果たし続けている(1)。

成功要因としての組織文化

2番目のレバレッジポイントは、伝説的とも言えるネットフリックスの組織文化だ。同社は社員に大きな権限を与えており、他社の人事部では当然のように行われているプロセスを最小限に抑えている。ネットフリックスは社員を「完全に成長した大人」として扱う。そして「社員はネットフリックスのために正しい行動を取りたいと考えており、自由が与えられれば、適切なリスクを冒してイノベーションを起こし、ベストを尽くすことができる」というのが基本的な前提となっている。そのため社員は、経費を使用する際に承認のための報告書を作成する必要はなく、休暇も無制限に取得でき、年に一度の業績評価もなく、魅力的な報酬を与えられている。(2)

破壊的変化を起こす技術

3番目のレバレッジポイントは、ネットフリックスの技術的な優位性だ。ネットフリックスは非常に早い段階で、スケーラブルでオープンな技術アーキテクチャを採用した。彼らは物理的なDVDの配送システムを最適化する際も、またストリーミングビデオを最適化する際も、技術的な基盤を強みとして活用してきた。ネットフリックスでは、配信する映画を、画面サイズと画質が異なる50以上のバージョンに変換して保管しており、ダウンロード時にユーザーの画面のサイズと解像度に合わせて映画を変換する必要がないようにしている。面白いことに、ネットフリックスはライバルの1社であるアマゾンのサービスを使って動画をストリーミングしている。[3] どこがレバレッジポイントで、どこが差別化する必要のないコモディティなのかを区別する能力は、戦略上極めて重要だ。

＊＊＊

つまりネットフリックスは、市場の変化を捉えて敏捷に行動する能力、組織文化、技術的優位性を活用して、ビジネスモデルを繰り返し変革することに成功しているのである。では次に、どこがデジタル・レバレッジポイントになるのかを理解せずに行動してしまった企業の例も見てみよう。

マクドナルドの「イノベート」プログラム

2001年、世界的ファストフードチェーンのマクドナルドは、予算額が数十億ドルにも達する野心的なデジタル化プログラム「イノベート（Innovate）」を開始した。これは前例がないほどの規模のデジタル化だった。まずグローバルなＩＴネットワークを介して、各店舗を本社に接続する。[4] さらにその10年前から稼働している社内システムを、人事、財務管理、サプライチェーンをカバーするERPソフトウェアに置き換える。そしてこれらのバックオフィス機能を、世界中の3万以上の店舗と300以上のベンダーに、リアルタイムで提供するというのである。

マクドナルドの狙いは称賛に値する。彼らがテクノロジーを活用しようとしていたのは、同社が最も得意としてきた部分、つまり顧客に迅速で一貫性のあるサービスを提供することだった。しかし2002年までに、マクドナルドは1億7000万ドルを償却し、イノベート・プログラムを中止した。[5]

イノベートは確かに野心的なアイデアだったが、技術的にはそれほど先進的なものではなかった。しかしこのプロジェクトは、テクノロジーに関する取り組みであるとして実行された。さらに悪いことに、加盟店は本部が主導するITに懐疑的な態度を取っていた。これまで導入されてきたITは、結局、店舗のサービスの速度を落とす結果となっていたためである。テクノロジーを活用する力を中核に据えているネットフリックスと違い、テクノロジーそのものは、当時のマクドナルドにとってデジタル・レバレッジポイントではなかった。その代わりに、同社は強力なフランチャイジーやベンダーモデルの効率性を、テクノロジーを使って向上させることができただろう。しかしその取り組みが行われることはなかった。

またコスト、広過ぎるスコープ、実施方法の問題もあったが、これらはレバレッジポイントを理解するという問題と比べれば二次的なものだ。問題がどこにあったのかはさておき、マクドナルドはプロジェクトを迅速に中止したという点では評価できる。悪いプロジェクトよりも悪いものは、長く続く悪いプロジェクトである。

デジタル・レバレッジポイントを理解する

デジタル・レバレッジポイントとは、第4次産業革命において、テクノロジーが最も変革（つまり単なる自動化以上の）効果をもたらす、企業内の領域を指す。これはその企業が手にしているチャンスと、戦略的な選択を深く理解することで特定される。本格的なDXへの取り組みを行う際、注力すべき領域こそこのデジタル・レバレッジポイントであり、例えば小売業のデジタル化（ウォルマート）、ビッグデータ（大手のヘルスケアプロバイダー）、ユーザー中心主義（ザッポス）などが挙げられる。デジタル・レバレッジポイントは、企業の内部でも、外部でも構わない。DXの賭けを内部の能力に対して行う例として、ロジスティクスの高度化（アマゾン）、R&D（インテル）、サプライチェーン（アップル）などが挙げられる。

デジタル・レバレッジポイントは、それぞれの企業に合わせて調整される。自社のデジタル・レバレッジポイントは、競合他社や他業界のそれとは異なる場合がある。

デジタル・レバレッジポイントを特定する際の課題は、デジタル技術で何ができるかについて、ある程度理解していることを前提としている点だ。これはほとんどのリーダーが直面するジレンマである。破壊的な変化をもたらすテクノロジーを、自社のビジネスモデルのどこで活用できるか分からない場合、戦略上適切な領域をどうやって選択すれば良いのだろうか？

幸いなことに、一定のステップに従って考えることで、この問題をクリアできる。これから解説するように、新しいツールや方法論も必要ない。繰り返しになるが、大切なのは規律だ。それは「何が必要か」からスタートし、次に「何が可能か」を評価して、最後にその2つを構造化された創造力を用いて結び付ける、というアプローチを採用している。より具体的に説明すると、次のようになる。

- 戦略上の強み、機会、もしくはペインポイントから始める。これは通常の戦略策定プロセスとリンクさせることが望ましい。戦略上の機会を考慮しているなら、大きく間違うことはない。
- デジタルの可能性を理解する。内部あるいは外部の専門家を頼り、自社が目指すゴールに対して、デジタル技術はどのように貢献してくれるのかを把握する。基本的なレベルのデジタルリテラシーは、これを進めるのに役立つ。
- 戦略上の強み、機会、およびペインポイントを、デジタル技術を活用するアイデアに変換する。創造的なプロセスを用いて、デジタルの可能性と、潜在的な強みや機会を組み合わせる。ここではデザイン思考のようなアプローチを使うことが役に立つ。

では、それぞれのステップを詳しく見ていこう。

戦略上の強み、機会、ペインポイントから始める

破壊的変化は、次の3領域のいずれかから生まれる。

- 新しいビジネスモデルの実現
- 新しいタイプのデジタル製品やサービスの開発
- 競争優位性のための業務プロセスの変革

戦略的な機会を特定する際の出発点として、いくつか使える戦略検討手法がある。私がお気に入りのものの1つは、「ビジネスモデル・キャンバス」だ。

ビジネスモデル・キャンバス（図表6-1）は、2008年にアレックス・オスターワルダーによって開発された手法で、バリュー・プロポジション、インフラストラクチャー、顧客、財務における戦略的な選択肢を視覚的に表し、それらの間の調整を行うためのものだ。デジタルの可能性をこの図の中に配置することで、新しいビジネスモデル、新しい製品やサービス、革新的な運用プロセスにおける潜在的なアイデアとトレードオフを特定するのに役立つ。

図表6-1　ビジネスモデル・キャンバス

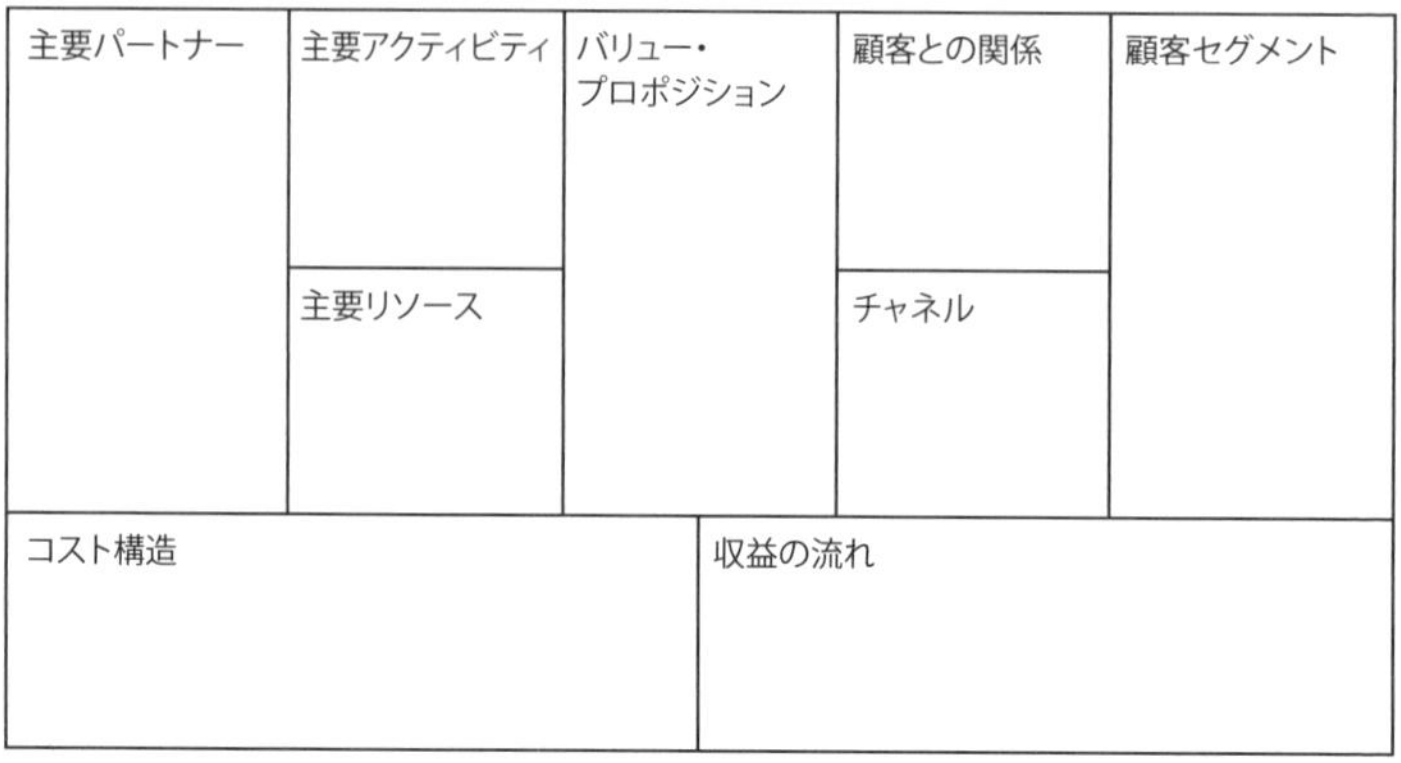

主要パートナー	主要アクティビティ	バリュー・プロポジション	顧客との関係	顧客セグメント
	主要リソース		チャネル	
コスト構造			収益の流れ	

デジタルの可能性を理解する

ありがたいことにテクノロジーは、私たちが想像する以上に力を持っていることが多い。しかし悪魔は細部に宿る。指数関数型テクノロジーを、前のステップで特定した機会と組み合わせることができる場所に対して、社内外のリソースを活用しなければならない。第10章では、この知識を体系的に構築する方法を解説しているが、状況に応じて対処することも可能だ。最も破壊的な技術のトレンドを理解し、その限界をしっかりと把握することがカギを握る。

第2章で述べたように、シンギュラリティ大学（SU）のような組織は、将来のトレンドを見極めるのに長けている。彼らは驚くべき未来への知見を提供してくれる一方で、現在の具体的な例を使用して、新たなアイデアを誘発してくれる。結局のところ、サイバーパンクの「ノワール予言者」と呼ばれてきたSF作家、ウィリアム・フォード・ギブスンが語ったように、「未来はすでに到来している――均等に行き渡っていないだけだ」。つまり「未来がすでに到来している」具体的な事例を確認することが、非常に大きな助けになる。

いくつか例を挙げてみよう。いくつかの大都市において、ショットスポッター（ShotSpotter）と呼ばれる技術が導入されている。これはセンサーとアルゴリズムを組み合わせたもので、銃が発砲されると、その銃声から発生場所を誤差10メートル以内という精度でリアルタイムに特定することができる。中東では、ラクダレースの騎手としてロボットが使われている。

ネットワーク・コンピューティングの力は爆発的に高まり続けている。AIもますます強力な存在になりつつあり、納税申告書を読み取ったり、短い最新ニュースを自動で書いたりするのに使われている。同様にソフトウェアロボットは、ビジネスプロセスアウトソーシング（BPO）において、多くのオフショアリソースに取って代わられるようになっている。これらはすべて、すでに到来している未来だ。

将来の可能性を検討する際には、こうしたテクノロジーの限界を理解することも同様に重要だ。ここでは、信頼できる技術専門家が役に立つ。これを一般化して話すと、破壊的なテクノロジーを活用する際、その目的がDXを実現することであれば、テクノロジーが果たす役割は全体の3分の1でしかないことを理解する必要がある。それを実現するためには、他の2つの要素も欠かせない（図表6－2）。

そのうちの1つは、指数関数型プロセスである。これは一連の業務プロセスにおける中間部

図表6-2　テクノロジー・プロセス・エコシステムの相乗効果

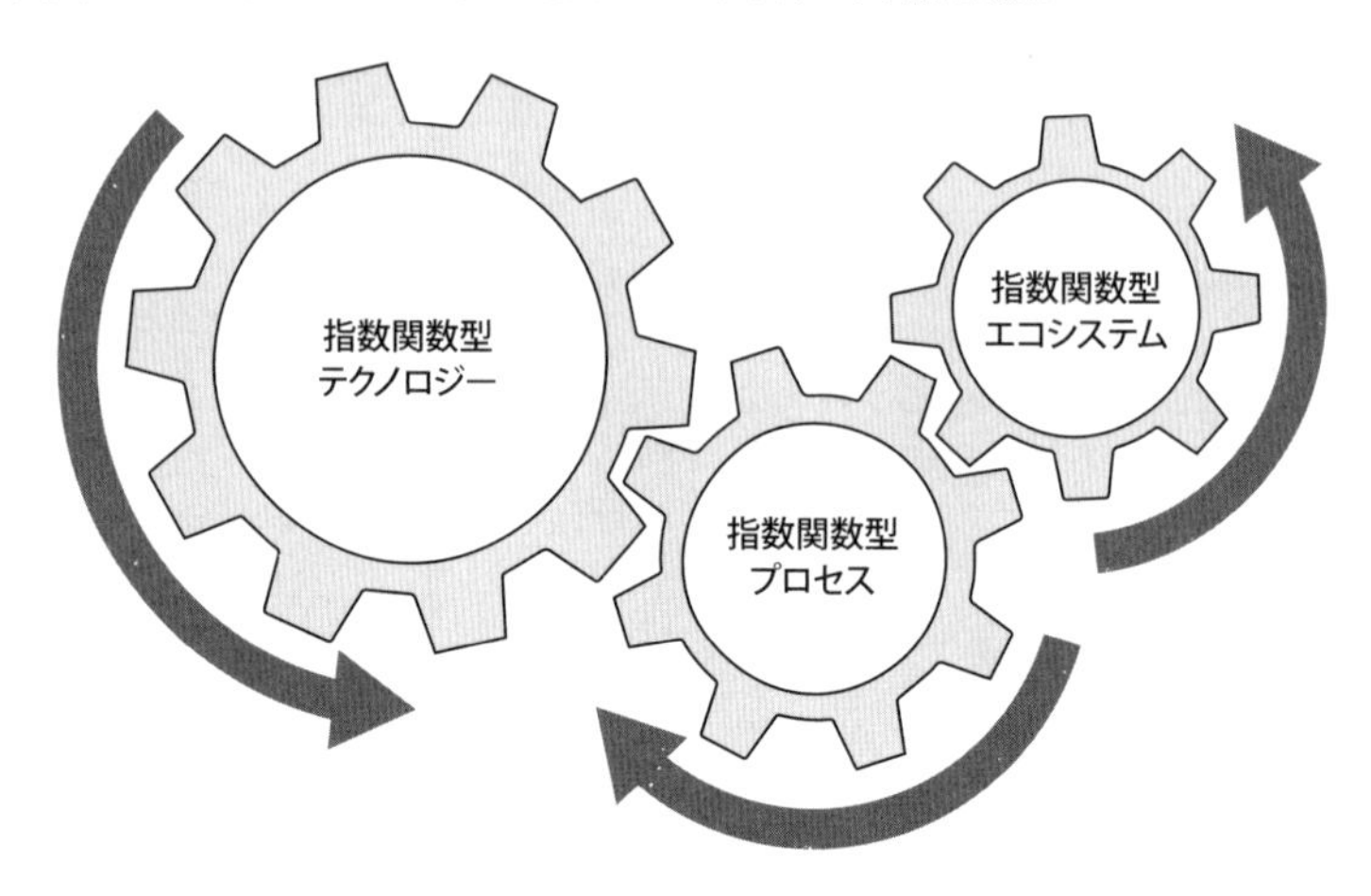

分を排除して、可能な限り少ないステップで結果へとジャンプすることを意味する。その一例が、顧客サポートコールセンターだ。アマゾンは世界中至る所で使われているが、彼らの顧客サポート用窓口に電話したことがあるという人は少ないだろう。このプロセスは、オーダー管理とロジスティクス業務を再設計して、顧客が自らの注文をセルフサービスで完全に把握できるようにすることで、ほとんど不要になった。

そしてもうひとつの要素が、指数関数型エコシステムである。エアビーアンドビーやウーバーは、シェアリングエコノミーと、資源のエコシステムを利用して、自社が利用可能な資産を倍増させる能力がなければ、これほどまでに成功していなかっただろう。

これら3つの要素が揃うことで、DXの可能性が倍増するのである。

Column

テクノロジーの限界：なぜテクノロジーは破壊的な変化の3分の1しか占めていないのか

デジタル技術の可能性を理解することは、その技術面での性能を理解することよりも重要だ。指数関数型テクノロジー、指数関数型プロセス、指数関数型エコシステムの相互作用は、個々のテクノロジーが提供する以上の大きな変化をもたらすことができる。指数関数型プロセスやエコシステムは、テクノロジーの効果を倍増できるのである。

指数関数型テクノロジー：指数関数型テクノロジーは、最も破壊的な力を持っている。飛躍的に発展する可能性を秘めているからだ。指数関数的に発展するというコンセプトは、もともとはコンピューターの価格性能比が18カ月ごとに2倍になることに由来しているが、現在では破壊的な力を持つすべてのテクノロジーに拡大されている。例えばAIや機械学習、ナノテクノロジー、3Dプリンティング、モノのインターネット（IoT）、ロボット工学、合成生物学、バイオテクノロジーなどの技術だ。

企業内では、新しいテクノロジーによって事業を運営する方法が変化している。近い将来、セルフサービスのコンタクトセンターを仮想アシスタントが運営している光景を想像してほしい。多くの証券会社がバーチャル・フィナンシャルアドバイザーを活用し始めている。自然言語ジェネレーターと機械学習は、リアルタイムで金融やスポーツの最新記事を自動生成することができる。アルゴリズムがハイパーパーソナライゼーションを可能にし、顧客ごとに異なる商品を勧めるようになっている。

しかし指数関数型テクノロジーは、成功の方程式を構成する3分の1にすぎない。

指数関数型プロセス：指数関数型テクノロジーは、既存の業務プロセスを自動化するためにではなく、それを再構築するために利用すると非常に強力なものになる。その例はすでに紹介した。映画レンタルのあり方が、ブロックバスターのような実店舗を主体としたものから、ネットフリックスが行ったような郵送レンタルへと移り変わったことを思い返してほしい。以前はDVDを借りるのに実店舗まで足を運ばなければならなかったが、その必要はなくなった。どちらも「映画を借りる」という結果は変わらない。それを実現するプロセスがまったく異なるものに変化したのである。

指数関数型エコシステム：最後の要素は、人材や技術的資産のエコシステムを利用することで、無限のリソースを使えるようになる力だ。いまや弁護士からサイバーセキュリティーの専門家に至るまで、あらゆる才能をクラウドサービスを通じて利用できる。それは資産についても同様であり、ソフトウェアから追加のロジスティクス能力に至るまで、ますます多くのものがサービスとして利用可能になっている。

戦略的な機会とペインポイントを変革のアイデアに換える

最後のステップは、創造的なアイデア検討のプロセスを使って、戦略的な機会とデジタルの可能性を結び付けることだ。これは特定された機会を、デジタル技術を使って自動化すること以上の取り組みを意味する。それはデジタル化（デジタル技術を使ってタスクを自動化するプロセス）と呼ばれるものであり、ＤＸ（デジタル技術を使ってゲームそのものを作り替える）ではない。この違いを例で示そう。２０００年代初頭、大手ホテルチェーンが自動化やモバイル端末によるチェックインシステムの開発に忙殺されていたときに、エアビーアンドビーはチェックインデスクという概念自体を完全に排除してしまった。真のＤＸには、自動化だけでなく再構築が必要だ。

このプロセスにおける最高のツールが、デザイン思考だ。人間中心アプローチ、ブレインストーミングを使って素早く数多くのアイデアを生み出す力、そして抽象的なアイデアを具体的なプロトタイプに変えてテストする能力、これらすべてが、デザイン思考を革新的なアイデアを生み出すための理想的なツールとしている（コラム参照[6]）。デザイン思考のようなツールは、創造性の力を利用して、最初のステップで特定されたビジネスチャンスと、２番目のステップで特定された破壊的なテクノロジーのトレンドを、デジタル・レバレッジポイントへと融合させる。

まとめると、デジタル・レバレッジポイントとは、デジタル技術、プロセス、エコシステムを組み合わせることで可能になる変革の中で、最高のものを意味する。デジタル・レバレッジポイントを革新的なアイデアに換えることは、DXを成功させるために極めて重要だ。これまで解説してきた3ステップのプロセスでは、最初に戦略的レバレッジポイントを特定し、次にデジタルの可能性を理解し、最後にデザイン思考のテクニックを使って革新的なアイデアを導き出す。

Column

デザイン思考をいかに実践するか：バンク・オブ・アメリカの「キープ・ザ・チェンジ」プログラム

デザイン思考の教育を手掛けている非営利団体、インタラクション・デザイン・ファウンデーションによれば、「デザイン思考とは、問題を解決するためのソリューションベースのアプローチを提供するデザイン方法論です。定義が曖昧で未知の複雑な問題に取り組む際に、非常に有効です」。デザイン思考はかつて、プロダクトデザイナーをはじめとするクリエイティブの専門家の間でよく知られた存在だったが、現在ではさまざまな分野で活用されている。

バンク・オブ・アメリカの「キープ・ザ・チェンジ」プログラムは、デザイン思考の優れた例だ。2004年、同社はデザイン会社を雇い、ベビーブーマー世代の女性をターゲットとして、銀行口座開設を促進するための革新的なアイデアの創出を支援した。プロジェクトチームは、ターゲット層の人々を追跡して彼女らの習慣や行動を学ぶなど、広範な調査を行った。

その結果、2つの発見があった。第1に、ベビーブーマー世代の女性は貯蓄に苦労していた。多くの場合、その原因は貯金をする習慣がないことにあった。第2に、人々が買い物の際に釣り銭（チェンジ）をもらわないことがあるのは、その方が面倒が少ないからであった。これらの発見が、最終的に2005年の終わりに開始された「キープ・ザ・チェンジ」プログラムへとつながった。

そのアイデアはシンプルだ。バンク・オブ・アメリカのデビットカードを持っている顧客は、1ドルに満たない金額が出る支払いをした場合、それを1ドルで支払った場合の釣り銭に相当する金額を、別の普通預金口座に移して貯めておくことができるというものである。またこのプログラムへの参加者には、バンク・オブ・アメリカからボーナスも支給された。その額は、最初の3カ月間は貯蓄された金額の100パーセント、それ以降は5パーセント（上限は年間250ドル）だった。2010年までに、このプログラムは1000万人の新規顧客を生み出し、顧客が合計で18億ドル節約するのに貢献した。

本章のまとめ

●レバレッジポイントとは、デジタルを最大限に活用することのできる、戦略的な強みと機会のことを指す。自社のビジネスチャンスと戦略を深く理解することで、それを把握することができる。

●レバレッジポイントは、DXのための革新的なアイデアへと変換しなければならない。そのためには、次の3つのステップを踏む必要がある。

▼戦略的な機会やペインポイントからスタートする。

▼デジタルの可能性を理解する。

◆指数関数型テクノロジー、指数関数型プロセス、指数関数型エコシステムが生み出す「パーフェクトストーム」は、あらゆる領域に破壊的変化を生み出すことができる。

▼戦略的な機会やペインポイントを、デジタルを活用した革新的なアイデアに変換する。

◆デザイン思考は、複雑な状況であっても、新しい画期的なアイデアを思い付くことのできる優れたツールである。

チェックリスト

「デジタル・レバレッジポイントのチェックリスト」の質問を使ってDXを評価し、DXの5段階モデルが定義する、規律あるアプローチに従って行動してほしい。

【デジタル・レバレッジポイントのチェックリスト】

1. 新しいビジネスモデル、新製品、破壊的なオペレーショナル・エクセレンスの創出など、デジタルを活用する可能性のある分野をすべて検討したか？
2. 同業他社やサプライヤー、顧客など、組織の外部にあるレバレッジポイントの可能性を検討したか？
3. ビジネスモデル・キャンバスまたは類似のフレームワークを用いて、デジタル技術による破壊的変化のアイデアを、最もインパクトのある戦略的選択と比較して検討したか？
4. 最も大きな変化をもたらすデジタルの可能性を把握するために、指数関数型テクノロジー、指数関数型プロセス、指数関数型エコシステムの3つの可能性を確認したか？

5. 新しい革新的なアイデアを生み出すために、デザイン思考のような、従来の延長線上ではない発想を促す手法を使ってみたか？

［注］

（1）Justin Bariso, "What Your Business Can Learn From Netflix," Inc.com, December 4, 2015, https://www.inc.com/justin-bariso/the-secrets-behind-the-extraordinary-success-of-netflix.html［accessed December 19, 2018］.

（2）Timothy Stenovec, "One Reason for Netflix's Success—It Treats Employees Like Grownups," Huffington Post, December 6, 2017, https://www.huffingtonpost.com/2015/02/27/netflix-culture-deck-success_n_6763716.html［accessed December 19, 2018］.

（3）Chris Ueland, "A 360 Degree View of the Entire Netflix Stack," *High Scalability* (blog), November 9, 2015, http://highscalability.com/blog/2015/11/9/a-360-degree-view-of-the-entire-netflix-stack.html［accessed December 19, 2018］.

（4）Larry Barrett and Sean Gallagher, "Fast Food Fails Digital Networking Test," *Baseline*, http://www.baselinemag.com/c/a/Projects-Supply-Chain/McDonalds-McBusted［accessed February 7, 2019］.

（5）Larry Barrett and Sean Gallagher, "Fast Food Fails Digital Networking Test," *Baseline*, July 2, 2003, http://www.baselinemag.com/c/a/Projects-Supply-Chain/McDonalds-McBusted［accessed December 19, 2018］.

（6）Spencer E. Ante, "Case Study: Bank of America," June 18, 2006, Bloomberg, https://www.bloomberg.com/news/articles/2006-06-18/case-study-bank-of-america［accessed December 19, 2018］.

ステージ3　部分連携

ステージ3の内容	DXに向けた全社戦略の一部が完成される。部分連携の「部分」には、ビジネスの成果物の一部が実現されるという意味が込められている。
失敗要因	効果の薄いチェンジマネジメント戦略、あるいは中核組織を望ましい姿へと変える変革プロジェクトの不足。
リスクに対処する規律	● 中核組織を効果的に変革するための変革モデルを採用する。 ● 完全な変革を推進するために必要なイニシアチブのポートフォリオについて、戦略の充足性を満たす。

DXのステージ3

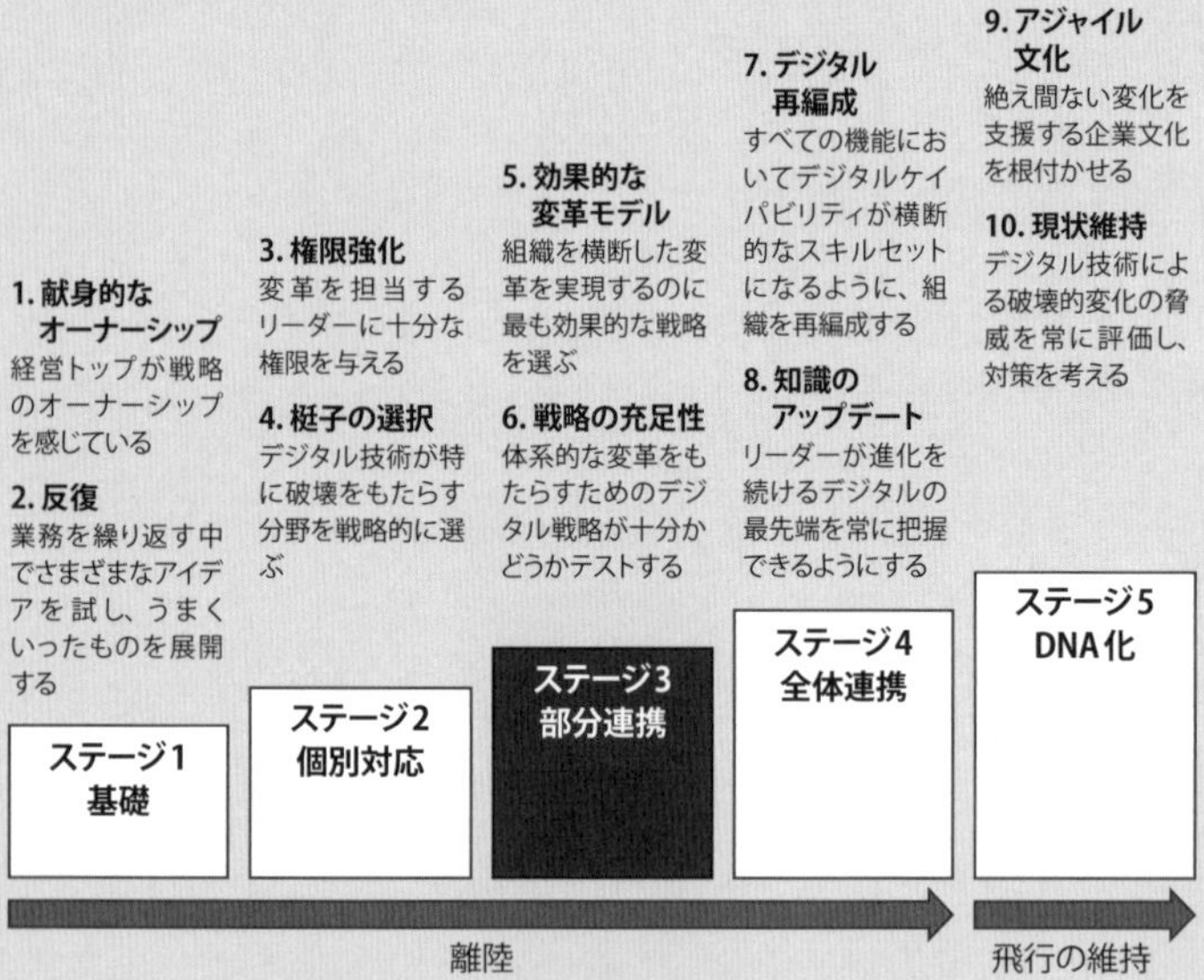

1. 献身的なオーナーシップ
経営トップが戦略のオーナーシップを感じている

2. 反復
業務を繰り返す中でさまざまなアイデアを試し、うまくいったものを展開する

ステージ1 基礎

3. 権限強化
変革を担当するリーダーに十分な権限を与える

4. 梃子の選択
デジタル技術が特に破壊をもたらす分野を戦略的に選ぶ

ステージ2 個別対応

5. 効果的な変革モデル
組織を横断した変革を実現するのに最も効果的な戦略を選ぶ

6. 戦略の充足性
体系的な変革をもたらすためのデジタル戦略が十分かどうかテストする

ステージ3 部分連携

7. デジタル再編成
すべての機能においてデジタルケイパビリティが横断的なスキルセットになるように、組織を再編成する

8. 知識のアップデート
リーダーが進化を続けるデジタルの最先端を常に把握できるようにする

ステージ4 全体連携

9. アジャイル文化
絶え間ない変化を支援する企業文化を根付かせる

10. 現状維持
デジタル技術による破壊的変化の脅威を常に評価し、対策を考える

ステージ5 DNA化

離陸　　飛行の維持

第7章

効果的な変革モデル

消費者の立場で言うと、私はロボットと話さなければならないコールセンターが嫌いだ。特にロボットの音声認識の性能が悪い場合には、ロボットをサポートするために、長いメニューを選んでいかなければならないことにイライラさせられる（それとも単に私がロボットを盲目的に差別しているだけで、将来ロボットが支配者となったときに、その大きな代償を払うことになるのだろうか――もちろん冗談だ）。

いずれにせよ、2015年にNGSチームが、スタートアップ企業の間でAIベースのコールセンターが次の破壊的変化として注目されているのを把握したときは、本当に驚いた。そのとき私たちが模索していたのは、P＆Gのグローバル・カスタマー・リレーション（電話やメール、ソーシャルメディアを通じて、P＆G製品に関するサポートを世界中の顧客に提供するサービス）のパフォーマンスを10倍改善するソリューションだった。そこでNGSプロジェクトを立ち上げ、テクノロジーを駆使して4週間で仮説検証を実施し、パフォーマンスを10倍にするアイデアが実行可能であることを証明した。

2カ月後、この取り組みは中断された。確かにテクノロジーは実現可能であり、GBSのサービスラインのリーダーたちは明らかにこの取り組みを支援していたが、プロジェクトは中核となる事業組織の中で満足のいく進展を見せていなかった。このプロジェクトの中止は、NGSポートフォリオにおける「10-5-4-1」のアプローチ（実験すなわちプロジェクト10件ごとに5件を中止し、4件で2倍の改善効果が得られると期待し、1件で10倍の効果を期待するというもの）に基づいて行われた。

このプロジェクトと同様に、テクノロジーの有効性が証明されているいくつものプロジェクトにおいて、中止の決断が下されている。その90パーセントにおいて、問題は技術の実行可能性ではなく、それを導入する運営組織内でのプロジェクトの停滞にあった。こうしたケースでは、可能な限り早期に取り組みを中止し、その決定を公にして、次に進まなければならない。

それから2年後、グローバル・コンシューマー・リレーションを担当する組織の状況が変化したため、前述のプロジェクトが再開された。このプロジェクトは、現在のポートフォリオの中で最も成功した取り組みの1つとなっている。

変革のステージ3における主な失敗要因は「チェンジマネジメント」

どの段階においても、チェンジマネジメントは難しいものだが、それは特に変革のステージ3において、どれほど社員の意識が高い企業であっても、プロジェクトを失敗させる要因となっている。変革に向けた戦略が宣言されても、変化はなかなか中核組織には定着しない。

> 組織に変化を受け入れさせる戦略を先に考え、そこから変化を設計すること。その逆をしてはならない。

グローバル・ビジネス・サービス部門（GBS）での破壊的イノベーションの経験から、私たちはNGSにおける効果的なチェンジマネジメントについて、独自の考えを持つようになった。プロジェクトを進める際には、組織に変化を受け入れさせる戦略を先に考え、そこから逆算して変化を設計すべきだという結論に至ったのである。これは従来のアプローチ、つまり変化を先に設計し、次にそれをどう受け入れてもらうかを考えるという手法とは正反対だ。このアプローチを活用した際の簡単な例を挙げよう。NGSチームをシリコンバレーに置くか、シンシナティのP&G本社に置くかを決める際に、私は後者を選択した。本社にチームを置くことが、中核業務の変革を推進する上で最善の策だと考えたからである。

本章では、効果的な変革モデルを選ぶ方法を解説する。それは基本的に、次の3つの部分から構成されている。

- 自社のチェンジ・シチュエーション・トランスフォーメーションを理解する（バーニング・プラットフォーム、プロアクティブ・チェンジなど）。
- そのための適切なチェンジマネジメント・モデルを選択する（自然な変化を待つ、強制的に変化させるなど）。
- 変革の影響を受ける人々を動機付けるための計画を作成する。

これを実際にどう進めるかを解説するために、いくつかの事例を取り上げてみたい。まずは時を戻して、2000年問題（Y2K）について考えてみよう。若い読者の方々はご存じないかもしれないが、1990年代において、Y2Kは非常に大きな関心を集めていた。当時は現在のように、多くの消費者がＩＴになじんでいるという状況ではなく、このよく分からない問題が新聞の１面を飾っていた理由は、それが恐れを掻き立てていたからであった。つまりＹ２Ｋによって、現実世界にありとあらゆる災害が起きるかもしれない、というわけである。

なぜＹ２Ｋ問題への世界的な対応が成功したのか

コンピューターの２０００年問題は、ＩＴの世界で世界的なコラボレーションが成功した最大の例と言えるかもしれない。突き詰めると、この問題は20世紀におけるプログラミングの慣行に起因していた。当時、年を表す数字を格納するのに、下２桁のみを使うことが多かった（１９９８年の場合は「98」のように）。また年が関係する計算も、単純な数学的処理を行うことで対処していた（「来年」を求める場合は「98＋１＝99」と計算するように）。20世紀の大半において、この慣行は完璧に機能していた。しかしこの計算が３桁を超えるようになったとき（「99＋１＝１００」のように）、問題が発生した。３桁の結果を2桁の数字として格納しようとすると、プログラムが機能しなくなってしまうのである。

うるう年に関する問題もあった。プログラマーがうるう年の計算を、誤ってコード化してしまうケースがあったのである。彼らは「１００で割り切れる年はうるう年ではない」とプログラムしていたのだが、このルールには４００で割り切れる年を除くという例外があった。そのため

2000年はうるう年となるのだが、そう認識されなくなってしまうのだ。

この問題を説明するのは簡単だが、解決するのは「言うは易く行うは難し」だった。年を4桁ではなく、2桁でコーディングしているプログラムを見つけ出す簡単な方法はなかった。さらに悪いことに、プログラムは開発後に現場で修正されている場合があり、そうした変更に関する文書も存在しない場合が多かった。つまりすべてのプログラムに目を通し、修正する必要があるのだ。

結論から言うと、私たちは何事もなく新しい千年紀を迎えることができた。20世紀の最後の数年間、政府やビジネスリーダーがそれぞれの修正作業を進めた結果だ。当時はまだ、ほとんどの組織のリーダーやステークホルダーが、ITを完全に理解していたわけではないことに注意してほしい。にもかかわらず、そして問題の原因を完全に理解することなく、リーダーの大部分が「何が成功か」を明確に把握していたのである。

2000年問題への対応は、変化の需要からスタートして、変化の供給へと逆算して考えることで成功した好例だ。世界中の何十億もの人々が、この変化を望んでいた。どの組織も、他の組織が何をしようとしているかに関係なく、何をすべきかを正確に理解していた。またこの取り組みは、危機のような変化を支える社会現象の好例でもある。すなわち人々は現実的な脅威に直面すると、隠れていた潜在能力を開花させるのである。

念のために言っておくと、この話をしているのは、DXを危機の側面から捉えようとしているからではない。このような特別な潜在能力は、絶好のチャンスが訪れた際にも必要となる。2005年、P&GのGBSは、ジレットをP&Gに統合するための膨大な作業を支援するという課題に直面していた。その際に活用したのが、この潜在能力だった。この話は本書の中心となるNGSの事例とは関係ないが、チェンジマネジメントを成功させる条件をどのように実現させるかを示す、最良の例の1つだ。

Column

Y2K――危機的状況における変化の一例

2000年問題は1980年代に初めて取り上げられ、1984年に出版されて大きな話題となった本 *Computers in Crisis* by Jerome and Marilyn Murray（『プログラマのための2000年問題』、トッパン）のテーマとなった。現代のインターネットが普及する前に人気を集めていたネットワーク、ユースネット（Usenet）のグループはすぐこの問題に飛び付き、90年代に入る頃にはさまざまなレベルのパニックが世界中に広がっていた。誰も正確な影響を予測することはできなかったが、考えられるシナリオはすべて悪い内容だった。航空機が空から落ちたり、銀行の取引が正確に行われなかったり、国家安全保障に関するプログラムが影響を受けたり、企業の事業運営が長期にわたって中断されたりするかもしれない。政府、企業、そして国民は皆、変化のために行動しなければならないという点で一致していた。

この問題を解決する唯一の方法は、文字通り世界中のすべてのＩＴ組織が、他の優先事項を脇に置いて、彼らが利用中のプログラムを修正する責任を負うことだった。このことを多くの人々が認識したときには、すでに１９９０年代の後半に差し掛かっていた。その一方で、時計の針は容赦なくミレニアムに向かって進んでいた。この問題を解決するには、世界中で前例のない連携プレーが必要となるだろう。これほど大規模な試みは、エイリアンの侵略や小惑星の接近のような、迫り来る地球滅亡のシナリオに全世界が立ち向かう、などというＳＦ映画以外ではこれまでなかった。２０００年問題への対応は、世界共通の課題を分散して実行した素晴らしい例だ。ＩＴ資産を持つすべての企業が、２０００年問題に対応するプロジェクトを行った。その作業は煩雑で大変なものだったが、２０００年問題のプロジェクトに携わったＩＴプロフェッショナルの多くは、その経験が自分のキャリアの中で最も楽しいものの一つだったと考えている。指令は明確で、仕事はハードだがやりがいがあり、明確な目的意識があって、皆が失敗を回避しようとしていた。こうして20世紀の中で最も厄介なＩＴプロジェクト（その大部分が組織化されておらず、分散して進められた）は、世界で最も成功したＩＴチェンジマネジメントの事例となった。

危機的な状況におけるコラボレーションは、社会現象として広く研究されてきた。

それはＤＸに向けた、ポジティブな変化のモチベーションを生み出す方法について、優れた知見を提供してくれる。

P&Gのジレット統合

２００５年1月、Ｐ＆Ｇはジレットを５７０億ドルで買収すると発表した。これはＰ＆Ｇにとって最大の買収であった。タイド／アリエール、パンテーン、パンパース、バウンティ、オイル・オブ・オレイ、ヴィックスなどの製品で世界的な知名度を誇っていたＰ＆Ｇに、ジレット、デュラセル、ブラウンなどの著名ブランドが加わることになるのだ。

Ｐ＆ＧのＧＢＳおよびＩＴ部門のヘッドで、先見の明があったフィリッポ・パッセリーニは、これをチャンスと捉えていた。彼はＰ＆Ｇの統合前の人員数や予算を増やすことなく、両社のＩＴ関連サービスを統合して運営できると考えたのである。さらにＰ＆Ｇは、買収に対するウォール街の期待を上回ることを目指していたため、パッセリーニは18カ月以内にすべてのＩＴシステムを統合することを提案した。

最終的にパッセリーニは、その通りの結果を残した。Ｐ＆Ｇはコストに関するシナジー効果の目標を超えただけでなく、約束のスケジュールを前倒しで達成したのである。変化が受け入れられる環境を意図的につくるという点で、この結果を出すために何をしたかは非常に参考になるだろう。

彼は会社全体に共通の具体的な目的意識を持たせるために、「統合が1日遅れるごとに300万ドルのコストシナジーが失われる」と計算した。これは最終的に、チェンジマネジメントを支える礎石となった。これによって、社内全体に本当の意味での危機感が生まれたのである。

第2に、パッセリーニは個人的なリスクを冒して、目標を達成することを約束し、規律があり目に見える形で変化を達成したが、そのことが勢いを生んで、変化に対する抵抗が根付くのを防いだ。

各システムの変更は、素晴らしい形で進められた。修正中に生じた問題は、「ハイパーケア」センターのスタッフが迅速に対処し、事業に中断が発生しないようにした。その結果この取り組みは、買収によって生じるシステム統合を迅速に成功させた例として、業界のサクセスストーリーとなった。

P&GのCIOとして、同社のY2K対策とジレットのシステム統合の両方に携わってきた私にとって、この2つのチェンジマネジメント・モデルを比較することは興味をそそられる作業だった。変化の推進要因がまったく異なるにもかかわらず、どちらの事例でも、変化を受け入れる動機を効果的に生み出すことに成功している。次のセクションでは、どうすればリーダーがシンプルなフレームワークを使って現状を把握し、組織の変化に対する強いモチベーションを生み出すことができるのかを解説する。

Column

Ｐ＆Ｇのジレット統合――モチベーションを高めることに成功したチェンジマネジメント事例

買収とは常に賭けであり、Ｍ＆Ａ全体の70〜90パーセントは失敗に終わるといわれている。買収した企業のシステムと業務プロセスを統合することは、複雑なＤＸと同じくらい困難だ。この2つの間には共通点がある。どちらも中核業務の安定を維持しながら劇的な変革を行わなければならないこと、そしてどちらも厳しいチェンジマネジメントの例であることだ。Ｐ＆Ｇによるジレットのシステム統合は、統制の取れた方法によって変革の原動力を生み出したという点で、他に類を見ないものだった。

ジレットの筆頭株主であるウォーレン・バフェットは、この買収を「夢のような取引」と呼んだ。女性向け製品に偏ったポートフォリオを持つＰ＆Ｇと、男性向け製品の多いジレットが合併することになったのである。とはいえ、これはＰ＆Ｇによる大胆な決断だった。買収が発表されたとき、Ｐ＆Ｇの株価は2パーセント下落した。最終的には、シナジーによってコスト削減が達成された場合にのみ、この買収は成功と見なされるだろう。他の買収と同様、この取引もコストと売り上げ両方のシナジーが生まれると想定していたが、コストシナジーはより短期間で実現される傾向がある。

P&Gはこの買収によって、3年以内に年間10億ドル以上のコストシナジーを実現すると約束していた。これは統合された事業、特にサポート機能に関する事業が、大幅にスリム化された方法で運営されることを意味していた。そのためシステムとプロセスの統合が重要だった。しかしそれは、非常に困難な作業だった。ジレットは小さな企業ではない――年間100億ドル以上の売り上げを誇るグローバル企業だった。

P&GのGBSヘッド兼CIOであるフィリッポ・パッセリーニは、大胆な賭けに出た。彼はP&Gの支出や人員を増やすことなく、両社のプロセスを実行できることを約束したのである。問題は、それをどう実現するのかということだった。

最初のステップは、これを目標として宣言し、その作業を最優先事項に設定することだった。買収後数日のうちに、ジレットの統合プロジェクトが、実施中および提案されているすべてのITおよびシェアードサービスの優先事項に取って代わることが社内で発表された。それは新しい機能に対するビジネス要件が即座に取り消されるか、大幅に引き下げられることを意味していた。

次にパッセリーニは、ジレット統合プロジェクトに参加する人材を個人的に選定することに着手した。従来の人事異動にかかるリードタイムは、特例的に免除された。誰かが採用されると、その人物はすぐにプロジェクトに参加することとなった。

第3に、買収発表後の数日で、IT技術戦略が両社の間で調整された。P&Gはすでに、グローバル標準の素晴らしいシステムを所有していた。それは単一のＳＡＰシステムで、すべてのグローバル業務をカバーしており、現在でも多くの企業ではこのレベルまで実現できていない。ジレットは統合により、このＳＡＰシステムへと移行することになる。ＣＥＯのＡ・Ｇ・ラフリーはこの方針を全面的に支持し、「くだらない議論」はしないと宣言した。

第４に、統合に関連した意思決定を管理するため、明確な組織構造が確立された。そのトップでは、ジレットのＣＥＯとＰ＆ＧのＣＦＯが統合委員会を指揮することになった。この統合体制における各リーダー職には、ジレットとＰ＆Ｇからそれぞれ一名ずつが選ばれ、２名で管理を行った。

最後にパッセリーニは、厳格なプロジェクト管理体制を構築した。彼は若くても優秀なＧＢＳのリーダーを自ら指名し、統合作業全体を指揮させた。そのプロジェクトリーダーはすぐに、統合の成果を３段階に構造化し、ＩＴ、人事、財務、受注管理、製造の各システムがいつカットオーバーされるかのマイルストーンを決定した。スケジュールに関する異議の申し立ては、丁寧に、しかし厳格に処理された。規律ある実行が功を奏し、ジレットのシステム統合は、この分野における最高のサクセスストーリーとなった。

変化の状況を把握する

変革モデルがなぜ機能したのかという点では、2番目のジレットのシステム統合よりも、1番目のY2K対応の話の方が理解しやすい。結局のところ、世界は危機に直面していたのだ。とはいえジレットのシステム統合プロジェクトでも、世界的危機であるY2Kへの対応プロジェクトとあまり変わらない環境をつくり出すことに成功した。危機的ではない状況において、変革リーダーはどのように組織内の「エネルギー備蓄」を活用すれば良いのだろうか？

正しい変化の状況（すなわち、変化の緊急性とそれに対する変化の受容度）を把握することが重要であり、また必要に応じ、強力なリーダーシップ、コミュニケーション、規律を通じて、特定の変化の状況をつくり出すことも重要になる。

強い変革リーダーは、直感的にこの状況をつくり出そうとする。しかしそれを体系的に行うことも可能だ。すべては自らが置かれた環境を理解し、正しい変革モデルを適用できるかどうかに懸かっている。強い変革リーダーは、スポンサーのレベルだけでなく、変革の影響を受ける人々からも、どれだけの支持を得ているかを理解している。彼らは組織内に根付いている文化と、どのようなコミュニケーションが最も生産的になるかを理解している。

その効果を解説するために、私は図表7-1に示した単純なモデルを使って、変化の緊急性と変化を受容する文化をマッピングしている。危機的状況では、その把握が容易であるため、適切な変革モデルを選択しやすくなる。状況の緊急性が認識されると、変化を受容する文化など、他の大部分の要素は脇に追いやられる。２０００年問題への対応はこのカテゴリーに分類される。

Ｐ＆Ｇによるジレットの統合は、少し厄介なものだった。それは経営危機ではなく、安定と変化のバランスを取ることなど、さまざまな動機に基づいていたのである。そこで組織内でモチベーションを醸成する仕組みを利用して、「変化を歓迎する」文化を生み出すという戦略が採用され、これが功を奏した。外部の期待に応え、それを上回るような共通の目標を掲げることと、それを各プレーヤーの組織化と説明責任の枠組み（これにはパッセリーニがしたような、遅延に対する金銭的なデメリットを示すことも含まれる）に結び付けることで、共通の目的と危機感が生まれたのである。重要なのは、正しい変化の状況を認識し、必要であれば、強いリーダーシップ、

図表7-1　変化の状況

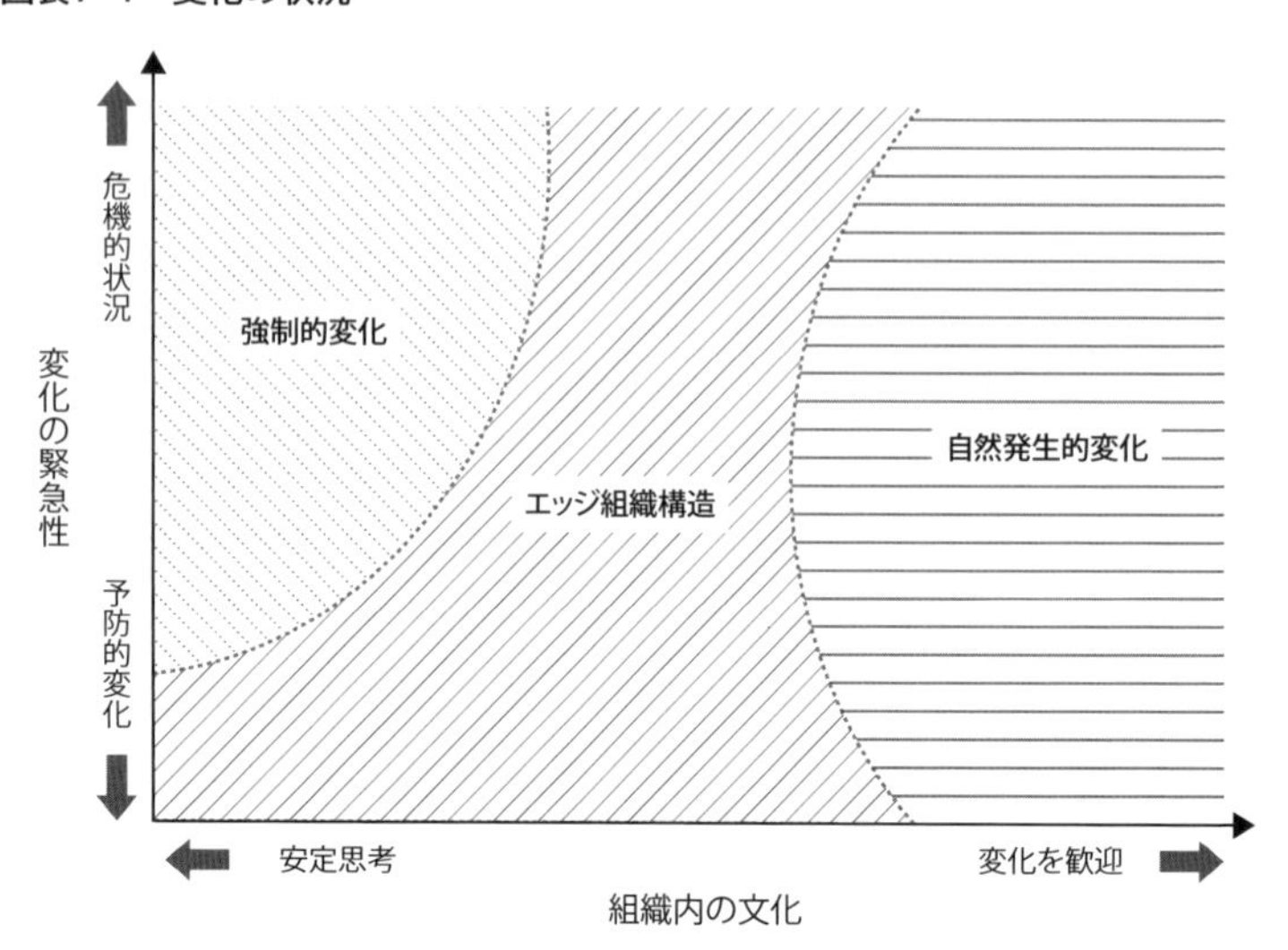

コミュニケーション、そして規律を通じて、特定の変化の状況（例えば緊急の変化、刺激的な未来に向けた変化など）をつくり出すことである。

適切な変革モデルを選択する

図表7－1のモデルを使って変化の状況を把握したら、次のステップは、自然発生的変化を促すか、エッジ組織構造を介して変化を推進するか、または強制的変化を推進するかを決定することだ（これらの定義は次に解説する）。エッジ組織とは、知識と力を組織の「エッジ」に配分し、彼らが自由に変革を進められるようにする構造を指す(1)。時間や能力の面で問題がなく、さらに比較的シンプルなデジタル変化を目標とする場

合には、自然発生的変化によって達成できるだろう。さもなければ、エッジ組織を活用した変化や、強制的な変化を進めなければならない。

自然発生的変化

自然発生的変化には、内部でＤＸの目標を設定すること、適切な機能を構築または購入すること、組織を教育すること、適切なプロジェクトの実行構造を構築することが含まれる。ＧＥはデジタル戦略の一環として、「ＧＥデジタル」と呼ばれる新たな部門を設立したことがよく知られているが、これは自然発生的変化の一例だ。データ企業になろうという戦略は現時点では失敗しているが、それは他の２つの領域（反復実行と戦略の充足性）に関係している。

自然発生的変化を促進するためのアプローチは、飛躍型組織（ＥｘＯ）のテクノロジー、振る舞い、プロセスを実装することだ。ＥｘＯは基本的に、指数関数型テクノロジーを活用した新しい組織運用手法を利用する。そうした手法には、アルゴリズムやクラウドソーシングのような指数関数型ツールと組み合わされた、敏捷でオープンなチームの立ち上げと、迅速な意思決定の活用が含まれる。

エッジ組織

利用可能な時間がほとんどなく、また既存の組織文化が、変化に抵抗感を持っている（閉鎖的ではないにしても）場合、自然発生的変化はうまくいかない。その場合には、エッジ組織が好ましいアプローチだ。それには既存組織から独立した、破壊的イノベーションのための組織をつくることが含まれる。エッジ組織は比較的新しい概念であり、変革を推進する大きな可能性を秘めている。エッジ組織は、変化を創造し、変化に適応するために機敏に行動する、大きな権限を持つ制約のないチームで構成されている。この概念を大企業にも適用しようという動きは、ジョン・ヘーゲル3世が主導している。彼は私がこれまでに出会った中で、最も優れた企業変革の専門家の一人だ。

エッジ組織の伝説的な例が「スカンク・ワークス」である。スカンク・ワークスは、1943年にロッキード マーティンの社内に設置された独立組織で、既存のプロセスやルールに縛られず自由に行動でき、ジェット戦闘機「XP-80」を記録的な速さで開発することに成功した。この種のエッジ組織は、中核組織とは異なる行動を取る、完全な自由が与えられている場合のみ機能する。

強制的変化

既存の能力、時間、変化への抵抗のすべてが問題である場合には、外部の事業体の買収や、パートナーシップの締結を模索するのが最善の策かもしれない。ウォルマートによるジェット・ドットコムの買収はその良い例だ。強制的変化は、買収関連の変化の大部分が失敗することを考えると、それ自体がリスクを伴うものである。しかし買収された企業に強力な権限と、チェンジマネジメントのサポートを与えることで、このアプローチは新しい機能を迅速に立ち上げることができる。

サリム・イスマイルの著書 *Exponential Organizations*（『シンギュラリティ大学が教える飛躍する方法』、日経BP社）[2]には、「大企業が飛躍型企業になるには」という素晴らしい章がある。この章では、私たちの自然発生的変化・エッジ組織・強制的変化という3分類に似た、4つの戦略オプションが詳細に解説されている。

最も適切な変革モデルを選択することで、DXは力強いスタートを切ることができるが、勢いを継続的に維持するためには、組織内の「免疫システム」を乗り越えなければならない。

状況に応じて最適な変革モデル（自然発生的変化、エッジ組織、強制的変化）を選択すること。

組織内の「免疫システム」に対抗する

組織における免疫システムは、必ずしも悪いものではない。人体における免疫系と同じように、それは重要な役割を果たしている。体内では、免疫系が私たちを病気から守り、健康を維持している。免疫系が問題になることがあるのは事実だ（つまり免疫系が機能していないと、体は感染症にかかりやすくなるが、免疫系が過剰に活性化していると、健康な体に攻撃を仕掛けてしまう）。しかしバランスを考えると、免疫系が健全に維持されていることが望ましい。

だとすれば、なぜこれほど多くの変革リーダーが、事態が悪化したときに企業の免疫システムを非難するのだろうか？　優れた変革リーダーは、組織内の免疫システムの強さを理解し、適切な対応の準備をしているのではないか？

私が在籍した3年間で、NGSチームが実施した25の実験（プロジェクト）のそれぞれについて、免疫システムに関する積極的な検討と、対応計画の策定が常に行われていた。それは破壊的変化の受容に関して、従来とは大きな違いを生むこととなった。

この点に関して、次の3つの原則に注意してほしい。

- 免疫系は必ずしも悪いものではなく、その反応を予測し準備することが重要。

●免疫系の反応は組織のあらゆるレベルで起こり得るが、最も難しいのは中間管理職である。
●変化が大きいほど、免疫系の反応は激しくなる（つまりＤＸが難しくなる）。

最初の項目を認識したら、次の中間管理職の反応の問題に焦点を当てよう。ほとんどの組織では、経営幹部が積極的に変革に取り組もうとするものだ。同様に、若い世代もそれにすぐ参加しようとする。問題は中間管理職の層であり、変化を遅らせたり、ブロックしたりする可能性がある。「フローズン・ミドル（凍った中間層）」という言葉は、この現象と関連している。この概念は、ジョナサン・バインズが２００５年に『ハーバード・ビジネス・レビュー』誌に投稿した論文の中で解説されている。[3] ＣＥＯが会社の業績を上げるためにできる最も重要なことは、中間管理職の能力を開発することだ、とバインズは指摘している。

「フローズン・ミドル」という言葉は、中間管理職のレベルにおける免疫システムの問題を正確に表しているが、それは中間管理職が反抗的で惰性的であると非難しているように見えることから、蔑称的な表現になる危険がある。実際には、中間管理職を前進させる責任は変革リーダーとそのスポンサーにある。こう考えてほしい。「フローズン・ミドル」は、人間の免疫システムが有害な変化から体を守るのと同じように、不必要な脱線や変化から企業を保護しているのだと。中間管理職は、業務を安定して運営することで報酬を得ている。この報酬制度が彼らに命じていることを実行しているからといって、彼らを非難できるだろうか？　免疫系の障害と、正常な免疫反応を分けて考えなければならない。

変革を成功させるために、中間管理職に向けた適切な報酬制度を構築することに注意してほしい。

ＮＧＳでは、プロジェクトから影響を受ける中間管理職を特定することに特に注意を払った。そして彼らに積極的に関与してもらうため、各プロジェクトのリーダーと協力して報酬制度を調整し、リーダーシップが発揮されることを促すなど、前もって多くの取り組みが行われた。免疫異常に相当する反応が起きる可能性が高いケースでは、適切なモチベーションシステムを構築するために、スポンサーを巻き込んだ。最悪の場合、それが機能しないために、プロジェクトがすぐ停止されたこともあった。それをうまく進められたのは、いくつかの実行中のプロジェクトを組み合わせて、ポートフォリオを形成していたためである。

DXにおいて「フローズン・ミドル」が重要な理由

フローズン・ミドルという概念は幅広い領域に適用できるが、それを克服することは、DXにおいて特に重要になる。トランスフォーメーションのステージ5を達成するために必要な変化は膨大だ。それは単なるテクノロジーや製品、プロセスの変更ではなく、組織文化の変更でもある。中間管理職は、組織の機敏性の改善、リスクテイク、新しいビジネスモデルの採用と内部プロセス全体の再構築など、デジタル時代における新しい能力と新しい働き方の習得において、組織の他のメンバーをリードする必要がある。デジタルの可能性に対する中間管理の再教育は十分ではない。まったく新しい報酬制度と組織的なプロセスが必要となるだろう。

本章のまとめ

- どの航空機も逆風に備えて離陸計画を立てているが、ほとんどのDXでは、それに後から対応しようとする。効果的な変革モデルの選択に関する原則は、これに対処するように設計されている。
- 本章では、チェンジマネジメントがどのように機能するかを理解するために、2つの成功事例を取り上げた。Y2K問題に対するグローバルな対応と、P&Gへのジレットのシステム統合である。

●最適な変革モデルの選択には、規律のある手順が必要となる。その1つは、組織の変化の状況を明確に理解することである。

●変化の状況に基づいて、3種類のチェンジマネジメント戦略の中から適切なものを選択する。

▼自然発生的変化

▼エッジ組織

▼強制的変化

●最後に、企業の「フローズン・ミドル」に対する報酬制度を調整することで、中間管理職における能力と文化の構築が促され、DXの受容と定着が進む。

チェックリスト

「適切な変革モデルを採用するためのチェックリスト」の質問を使ってDXを評価し、DXの5段階モデルが定義する、規律あるアプローチに従って行動してほしい。

【適切な変革モデルを採用するためのチェックリスト】

1. チェンジマネジメントは、テクノロジーを変革するよりも10倍は困難であるという認識が、リーダーや中核組織の間に広がっているか？
2. 変化の緊急性と組織内の文化を把握して、特定の変化の状況に対処する努力を行ったか？
3. チェンジマネジメントのための適切な戦略（自然発生的変化、エッジ組織、強制的変化）を、意識的に選択したか？
4. 「フローズン・ミドル」になりそうな役職と人物を特定したか？
5. 「フローズン・ミドル」を変革に向けた取り組みに参加させるために、新しい報酬制度を設計したか？

[注]

（1）John Hagel III, John Seely Brown, and Lang Davison, "How to Bring the Core to the Edge," *Harvard Business Review*, February 6, 2009, https://hbr.org/2009/02/how-to-bring-the-edge-to-the-c.html [accessed December 19, 2018].

（2）Ismail et al., *Exponential Organizations*.

(3) Jonathan L. S. Byrnes, "Middle Management Excellence," jlbyrnes.com, December 5, 2005, http://jlbyrnes.com/uploads/Main/Middle Management Excellence HBSWK 12-05.pdf [accessed December 19, 2018].

第8章 戦略の充足性

私が株取引にのめり込んだのは、2000年3月のドットコムバブル崩壊の半年前だった。当時、オンライントレーディング・ツールの性能が飛躍的に向上しつつあった。そしていくつかのハイテク株を試しに買ってみたのだが、数週間後には価値が2倍になっていた。これはやる気をそそられるぞ、と私は感じた。もっと投資してみなくては。ただ私は、市場が下落するリスクが迫っていることを知っていたので、次の投資は個別株ではなく、いくつか投資信託を購入することにした。3カ月後、ドットコムバブルが崩壊し、私の保有総額は当初の投資額の約半分になってしまった。さまざまな種類の投資信託に分散して投資するということをしていなかったのである。幸いなことに、私が株式市場に投じていた資金は多額ではなかった。しかしポートフォリオの重要性を痛感させられるには十分な損失だった。

ご存じのように、優れた財務ポートフォリオ管理は、指定された終了日までにどの程度の投資収益率を達成するかという目標を設定することから始まる。そして市場の低迷や景気循環に直面しても目標を達成する可能性を最大化するために、多様な保有資産（その中には高リスク、中リスク、低リスクの投資が含まれる）の組み合わせをつくる。これが個人投資家にとって有効なモデルであることは、すでに実証されている。それでは話を戻そう。なぜ大部分のＤＸにおいて、それをポートフォリオとして運営するということがなされていないのだろうか？

ＤＸポートフォリオの充足度

金融分野でのポートフォリオ管理における規律は、ＤＸにも適用可能だ。最終目標を設定することもできる（ある特定の日までに、まったく新しいデジタル・ビジネスモデルでビジネスを行っている割合など）。次にリスクの高いプロジェクトと低いプロジェクトを適切に組み合わせることで、ポートフォリオ効果を活用する。最後に、このポートフォリオを実行するのに十分な数のプロジェクトを立ち上げる。目標とする組織変革の割合を達成するのに十分な数だ。私はこのアプローチを「戦略の充足性」と呼んでいる。

NGSポートフォリオ・プロセスはまさにこのように設計されており、本章の最後で説明する。それはなぜ「戦略の充足性」を満たす例がそれほど多くないのかを考えるのに役立つだろう。端的に言えば、それはポートフォリオが厳密に管理されていないと、組織内で変革への熱意を促進することに誤った重点が置かれてしまうためである。

「イノベーション劇場」は戦略の充足性を阻害する

戦略の充足性の核心となるのは、ポートフォリオの構成が十分なものになっているか、そして必要なプロジェクト数が揃っているかの両方をチェックするための規律だ。この対極にあるのが、純粋な熱意に過度に依存する計画である。誤解しないでほしいが、変化に対する情熱は不可欠なものだ。しかし規律に基づいた実行がなされないと、計画は崩壊してしまう。もしDXが、次に挙げる6つの活動のいずれかに重点を置き過ぎているようであれば、厳密な管理を持ち込む時期かもしれない。

● シリコンバレーへの「巡礼」――ビジネスカジュアルを着て、スタートアップ企業の魔法のような製品に驚嘆する数日間の旅行に参加する。あるいは大手テクノロジー企業が設立した、ガラス張りのイノベーションセンターで開催される、「インスピレーションワークショップ」に参加する。

- 孤独なイノベーションの前哨基地――グローバル・イノベーション・ハブを設置して数人のスタッフを配置する。彼らは抑圧的な本社の官僚主義から解放されるが、すぐに忘れ去られたり、中核組織から無視されたりする。
- 社内のクラウドソーシング・ドラマ――社内からイノベーションのアイデアを集めようとする熱心な試みや、アイデアが生まれてもそれを実行する手段のない単発のハッカソンを実施する。
- イノベーションの幻想のアウトソーシング――インスピレーション、反復実行、外部のソリューションの利用に関する説明責任を果たすために、高給のコンサルタントを雇う。それはスタート地点にはなるが、本当の永続的な変革はアウトソーシングできない。
- クールなテクノロジーを追求するラボ――解決すべき問題を明確にすることなく、派手な新技術に焦点を当てようとする誤った試みをしてしまう。
- 熱意が入り過ぎているイノベーショングループ――若手のグループが、社内で最も困難な変革を推進しようと奮戦する。

こうした活動が、破壊的な変革を目的としたプログラムを成功させる上で重要な役割を果たすことも事実だ。しかしこれらの戦術を場当たり的に適用しても、ＤＸのための十分な戦略にはつながらない。

イノベーション劇場は、戦略の充足性とは対極の存在だ。

戦略の充足性を実現するのは、適切なポートフォリオの構成とプロジェクトの数である。ポートフォリオの構成についてはアルファベット（グーグル）の事例を、プロジェクトの適正量についてはヴァージン・グループの事例を通じて、本章で詳しく解説する。これらの企業には、豊かなイノベーション文化が根付いている。彼らは成長サイクルの初期において、最高のビジネス戦略とは常に変化するものだと認識していた。彼らがどうやってそこにたどり着いたかは重要ではない。必要なのは、彼らの規律を分析し、他の組織にも移植できるような本質にたどり着くことだ。

変革アイデアのポートフォリオを十分なものにするために、アルファベット（グーグル）は何をしているか

グーグルは創業以来、常に起業家精神をその生命線としてきたが、元CEOのエリック・シュミットは、日々の業務に加えて、ポートフォリオの構成（そこには現状を一新するようなアイデアもあれば、現在の延長線上で改善を行うことも含まれる）を調整する仕事を通じて、変革が体系的に行われるようにしてきたことを評価されている。

ポートフォリオの構成を、健全なものにすることが重要だ――アイデアのリストが、漸進的な変化や、あるいはリスクの高いアイデアに比重を傾け過ぎると、結果は悪化する。適切なポートフォリオには、日常業務を改善するアイデア、永続的な変革を可能にするアイデア、状況を一変させるような破壊的なアイデア、いわゆる「10X」と呼ばれるもの（10パーセントの改善をするのではなくインパクトを10倍にする）が含まれる。エリック・シュミットは、これらを70-20-10の割合でミックスすることを提唱している。

70-20-10の配分でトランスフォーメーションの充足性を実現する

グーグルが考え出した方程式は、イノベーションを実現するために従業員をどのように配置

するかという割合を示す「70－20－10」だ。[1] これは次の内容を意味する。

- 人員の70パーセントが中核となるビジネスに専念する。
- 人員の20パーセントがそれに隣接するプロジェクトに携わる。
- 人員の10パーセントがこれらとは無関係な新規事業に割り当てられる。

重要なのは、従業員が体系的にリスクを冒し、曖昧な状況を受け入れ、説明資料ではなくプロトタイプを制作することが奨励される場所となるプラットフォームをつくることだった。アイデアは独創的でなければならなかった。そして「ノー」ではなく「イエス」という文化が根付かなければならなかった。また、10Xという破壊的なアイデアを追求する一方で、コアビジネスを成長させる必要もあったのである。

適切なプロジェクト・ポートフォリオを形成し、管理することで、十分な規模を持つＤＸが実現される。

はっきりさせておきたいのは、70-20-10という割合は、あらゆるイノベーション・ポートフォリオに共通する普遍的なルールではない。しかしこの考え方には、確固とした理由がある。『ハーバード・ビジネス・レビュー』誌に2012年5月に掲載された「イノベーション・ポートフォリオを管理する（Managing Your Innovation Portfolio）」[2]という論文において、ジェフ・タフとバンシー・ナジーが、製造業、テクノロジー、消費財部門の企業を対象とした調査の結果を紹介している。それによると、イノベーション活動の70パーセントを中核の活動に、20パーセントをそれに隣接する活動に、10パーセントを変革を実現する活動に配分した企業は、同業他社に比べて株価収益率（PER）が10～20パーセント上回っていた。そうした企業は、中核、隣接、変革イニシアチブの理想的なバランスを取ることだけでなく、そうしたさまざまな取り組みを総合的に管理するツールや能力を社内に構築することができていた。

Column

70-20-10を成文化したエリック・シュミット

2004年のグーグルのIPOに投資した人々は、今ごろさぞかし良い気分だろう。2018年7月の時点で、グーグル（現在はアルファベット）の株価はIPO時点に比べて約2300パーセント増加している。この成長をもたらした主要な要因の1つは、当時のCEOだったエリック・シュミットの努力によって、継続的な変革を実現できたことである。

エリック・エマーソン・シュミットは、バージニア州でエレノアとウィルソン・シュミットの3人の子どもの一人として生まれた。東海岸で学士を取得した後、シュミットはカリフォルニア大学バークレー校に移り、修士号と博士号を取得した。彼はベル研究所、ゼロックスのPARC、サン・マイクロシステムズなどの著名なIT企業や組織でキャリアを積んだ。1997年、彼はノベルのCEO兼取締役会長に就任した。2001年、グーグルの創業者であるラリー・ペイジとセルゲイ・ブリンは自分たちの会社を運営する人物を雇おうと考え、シュミットを選び出した。彼はこの急成長する会社に必要なインフラを構築するよう求められた。

シュミットはすぐに、変化の激しい世界で常に勝利を収めるために最善の方法は、優秀な人材を採用し、彼らの創造性が積極的に発揮される環境をつくり出すことだと気付いた。イノベーションは、研究所で働く少数の人々の仕事ではなかった。最も革新的な組織では、イノベーションは名詞ではなく動詞なのである。

シュミットは、既存のビジネスを継続的に成長させる一方で、新しいビジネスを見出すために、70－20－10モデルを使用するというアイデアを思い付いた。これはコンセプトとしては良いものに思えたが、グーグルの最初の課題は、それをどう実践するかだった。シュミットは『ビジネス2・0』誌とのインタビューにおいて、次のように語っている。「私たちはしばらくの間、プロジェクトを別の部屋に置いてみました。一つの部屋に長くいると、時間を正しく過ごしていないことが分かるものです。ちょっと馬鹿馬鹿しい処置でしたが、これはかなりうまくいきました。今では実際にそれを管理している人がいるので、自分の時間の使い方を把握しています。私は時間を70-20-10のモデルに沿って使っています」

シュミットがグーグルを率いていた頃、70パーセントの「中核」活動の中には、検索や広告といった事業が含まれていた。「隣接」に含まれていたのは、グーグルニュースやグーグルアース、グーグルローカルといったサービスである。そして残りの10パーセントに含まれていた活動として、2000年代初頭のWi-Fiイニシアチブ（より多くの人々をインターネットに参加させるため、ブロードバンドに無料でアクセスすることを可能にするというもの）などが挙げられる。

数字に多少の違いはあるものの、非常に多くの核心的な企業が、この70-20-10モデルを採用している。急進的な変化を目標とするプロジェクトと、漸進的な変化を目標とするプロジェクトでポートフォリオを組むことによる、リスク管理上の効果は否定できない。

70-20-10モデルの「10」にどうやってフォーカスするか

70-20-10モデルにおける「70」と「20」の部分でイノベーションを起こすことについては、理解が進んでいる。問題は破壊的なイノベーションに当たる「10」の部分で、そこではまったく異なるマインドセットと、従ってまったく新しい規律が求められる。アルファベットによって広められた「ムーンショット」という考え方が有効なのは、この領域だ。この言葉は、ジョン・F・ケネディ大統領の有人月旅行計画に由来しており、漸進的な改善ではなく10Xのインパクトをもたらす変革を目指すことを意味する。

アルファベットのX社（以前はグーグルXと呼ばれていた）は、この考え方を支持している。10パーセントの改善を目指すよりも、10倍を目指す方が簡単な場合がある、と彼らは主張する。この主張については議論の余地があるが、重要なのは、10倍の変革を追求するには、この問題に関する既存のパラダイムをすべて破壊する必要があるということだ。さもなければ、漸進的改善しか思いつくことができない。従って、10Xは漸進的な思考と破壊的な思考を分離するための優れたフレームワークだ。

適切なプロセスで破壊的なアイデアを得ることのメリットは大きい。例えばアルファベット（グーグル）傘下で自動運転車の開発を行う企業ウェイモは、ＵＢＳから１０００億ドル以上の価値を持つと評価されている。

Column

「10X（ムーンショット）工場」を設置する

10Xに対するグーグルのアプローチは、独立したエッジ組織「X（旧グーグルX）」をつくることだった。これは多数のアイデアを生み出し、その中からいくつかを選んでポートフォリオにまとめ、実施するという取り組みの優れた事例だ。

アルファベットは自ら何百もの社内ベンチャーのアイデアを生み出し、さらにカンファレンスやクラウドソーシング活動から何千ものアイデアを得ている。これらの中のごく一部だけが、10Xを生み出す「工場」であるXにまで到達するのである。

Xは10Xのプロジェクトのみで構成されたポートフォリオを運用している。他のアルファベット傘下企業は、日常業務（70-20-10の「70」の部分）および漸進的改善（「20」の部分）に注力している。

何千ものアイデアの中から10Xを実現するものを選び出し、小さなポートフォリオを形成することは、確固たるデータと、アイデアの最終的な運命を握る科学者によって行われる。アイデアが選ばれて少数のプロジェクトになった後でも、サイクルの早い段階で価値の低いアイデアをできるだけ多く削除するという選別が、繰り返し実行される。そうした継続的な選別の後に残るのは、少数だが、大きな破壊的変化を生み出す可能性のあるプロジェクトの一群だ。

そうしたプロジェクトの例として、グーグル・ブレイン（音声認識や写真検索、ビデオレコメンデーションなどの技術を提供）、グーグル・コンタクトレンズ（血糖値をモニターすることで糖尿病患者を支援する）、自動運転車などが挙げられる。他にも、プロジェクト・ルーン（成層圏に飛ばした気球を使ってインターネットアクセスを提供する）、プロジェクト・ウィング（「空飛ぶ車」を使って街中に商品を届ける）、プロジェクト・グラス（ヘッドマウントディスプレイによる拡張現実の提供）などの素晴らしいプロダクトを開発している。

驚くことに、DXの多くは、10Xのプロジェクトを集めたポートフォリオを実現する機会を逸している。それがあまりにハイレベル、あるいは費用がかかり過ぎると考えられているためである。しかし、それはまったく見当違いだ。NGSはほとんど、あるいはまったく予算をかけずに、10Xのアイデアだけに焦点を当てて2年足らずで成果を挙げた。

戦略の充足性における、プロジェクト数の重要性

個人的な資産運用を行う際、ポートフォリオの構成を適切なものにすることは、リスクを最適化するのに役立つ。しかしその計画が十分な（例えば引退後の生活を快適に送れるほどの）リタ

ーンを生み出すかどうかは、そこにどれだけ投資するかに懸かっている。この「インプットの量」、つまり変革への取り組みにどれほどのアイデアやプロジェクトがつぎ込まれるかの重要性は、DXにおいても同様だ。十分な数の変革プロジェクトを体系的に立ち上げる（単にアイデアを生み出すだけでなく）ことは、十分な変革をもたらすのに必要な燃料を生成するための基礎となる。

このようなプロジェクトのアイデアを生み出すためのアプローチはたくさんあるが、私が最も気に入っているのは、「イントラプレナーシップ（社内起業家精神）」と呼ばれる、大きな組織の中で起業家精神の実践を促すための仕組みである。それは組織全体の文化を変えることにもつながるからだ。

ターゲットを絞ったイントラプレナーシップは、十分な変革プロジェクト（すなわち燃料）を生み出すことができる。

はっきり言ってしまうと、DXに関する他の規律が守られなければ、イントラプレナーシップはほとんど実を結ばない。しかしこの条件が達成されていれば、それは強力なツールとなる。

多くの著名な製品が、次に示すように、世界有数の企業内のイントラプレナーシップ・プログラムから生まれている。

●ＤＬＰ（Digital Light Processing）技術（テキサス・インスツルメンツ）
●ギター弦のエリクシール（Ｗ・Ｌ・ゴア）
●Ｇメール（グーグル）
●ポストイット（３Ｍ）
●プログラミング言語のＪａｖａ（サン・マイクロシステムズ）
●プレイステーション（ソニー）
●店内診療所（ウォルマート）
●いくつかの映画作品の脚本（ドリームワークス）

私が最も印象的に感じているイントラプレナーシップの例は、ヴァージン・グループである。ヴァージン・グループの創設者であるリチャード・ブランソン卿は、イントラプレナーシップによる規律ある変革を強く支持している。

ヴァージン・グループのイントラプレナーシップへのアプローチ

一切の主観を排して考えたとしても、リチャード・ブランソン卿はシリアル・アントレプレナーとして大成功を収めた人物だ。彼のヴァージン・グループは500社以上の企業を生み出し、現在は200社以上を保有している。設立からまだ50年もたっていないグループとしては、驚くべき成果と言えるだろう。

興味深いのは、グループの傘下にある企業の業界の広さと、ビジネスの成功率である。ヴァージン・グループはどのようにして、こうした多様な事業に一貫性を持たせているのだろうか？　ブランソンは雑誌『アントレプレナー』の記事において、同グループの永続的な変革を推進する上でのイントラプレナーシップの重要性について語っている。

「CEOが『最高〝可能化（Enabling）〟責任者』の意味だとしたらどうでしょうか？　そしてCEOの主な役割が、未来の起業家になるような、企業内起業家を育成することだったらどうでしょうか？」

ブランソンは、ヴァージンがこのモデルにたどり着いたのは、自分たちがほとんど知識を持っていないビジネスに参入したとき、何に取り組んでいるのかを理解している少数の選ばれた人々を支援しなければならなかったからだと認めている。ヴァージン・グループにおいて、社内起業モデルは明らかに成功を収めている。

ヴァージン内の業務プロセスは、イントラプレナーシップを強く促すもので、規律あるコミュニケーション、トレーニング、社内でさまざまな考えが生まれるように設計されたアイデア創出プロセスなどを備えている。ビジネスクラスの座席をヘリンボーン状に配置する（これによりすべての座席が通路に面することになる）など、ヴァージンのイノベーションのいくつかは、イントラプレナーシップ・プログラムによって生まれたものだ（コラム参照）。

ヴァージン・グループの文化は、創業者のスタイルを反映している。ブランソンは、従業員に意思決定の権限を与えることを強く支持している「イネーブラー（Enabler）」として知られている。彼はビジネスにおいていくつか原則を掲げており、そのうちの1つは、マイナス面を抑制するためのものだ。そしてもうひとつの原則が、「ビジネスを楽しむ」というものである。ブランソンはこれを、参入する事業を選ぶ基準にしている。こうした原則に基づくイノベーションをボトムアップ型で集め、トップダウンの戦略と組み合わせるという手法は、彼らの成功の歴史が示すように、ヴァージンにおける絶え間ない変化の源となっている[3][4][5]。

ヴァージンのイントラプレナー文化には、もうひとつ副次的な利点がある。それは継続的な変化を受け入れる文化を広めるのに役立つ。この点については、第11章「アジャイル文化」で触れることにしたい。

Column

リチャード・ブランソン卿はいかにして常に進化する巨大企業を創造したのか

リチャード・チャールズ・ニコラス・ブランソンは、1950年にイングランドのサリー州で、弁護士と客室乗務員の両親の間に生まれた。彼は幼少期に失読症を患い、伝統的な学校教育では苦戦を強いられた。16歳のとき、彼は父親を説得して、イングランドのストウにあった全寮制の学校を中退し、『スチューデント』という雑誌を創刊した。父親はそれに同意したが、そのための費用として広告で4000ポンドを売り上げるようにという条件を付けていた。ブランソンは結局、8000ポンドの広告料を稼ぎ、5万冊の雑誌を無料で配布した。

1969年、ブランソンは雑誌の資金源として、レコードの通販会社を始めることを思い付いた。彼はビジネスパートナーのニック・パウエルと共に、自分たちはビジネスを立ち上げるのがまったく初めての人間だという思いから、自らの会社に「ヴァージン」という名を付けた。この経験がきっかけとなり、彼はオックスフォードシャーにレコード店を開き、最終的にはレコーディングスタジオを開設した。そしてヴァージン・レコードで、彼らのビジネスは大成功を収める。彼らの最初のアーティストとなったマイク・オールドフィールドは、大ヒット曲『チューブラー・ベルズ』を生み出し、それによってヴァージン・レコードは、ローリング・ストーンズやカルチャークラブ、ジェネシスなど著名なアーティストと契約するようになった。

1980年、ブランソンは旅行事業に進出し、ボイジャー・グループを立ち上げ、1984年にはヴァージン・アトランティックを設立した。ヴァージン・グループは1989年に持ち株会社として正式に法人化された。ヴァージンの事業は、旅行（ヴァージン・アトランティック）、健康（ヴァージン・ヘルス・バンク）、書籍（ヴァージン・ブックス）、宇宙（ヴァージン・ギャラクティック）と多岐にわたり、純収益は195億英ポンド（2016年）に達している。

ブランソンは一貫して、イントラプレナーシップの伝道師として活動している。彼はそれが、ヴァージン社内のいくつかのイノベーションを生み出したと考えている。その中でも著名な例について、彼は次のように述べている。

「私の心に浮かんだのは、10年ほど前の、ヴァージン・アトランティック航空でのことです。私たちはアッパークラスの客席について、デザイン上の問題を抱えていたのですが、高い料金を請求する大手デザイン会社はそれを解決できずにいました。しかしジョー・フェリーという名の若いデザイナーが、このプロジェクトを担当したいと志願してきました（執拗にです）。私たちは彼に自由にやらせてみることにし、その結果、ヘリンボーン状に客席を配置した『プライベート・スリーパー・スイート』が誕生しました。それを生み出したのは、彼の『枠にとらわれない』創造性です。そしてこの新しいデザインは、他社に何年も先駆けて、飛行機の中で横になって旅する何百万人もの幸せな人々を生み出したのです」

NGSにおける戦略の充足性

過去のグローバル・ビジネス・サービス部門（GBS）でのイノベーションの試みから得られた教訓の1つは、大きなアイデアが一握りあったとしても、統制の取れた十分なポートフォリオにはならないということだ。そのため、永続的な変革を実現するには、「適切なポートフォリオ構成」と「適切な量」の両方の課題に取り組む必要があった。そしてさまざまな選択肢を検討したが、最終的に、NGSが10Xの破壊的変化に関する実験（プロジェクト）のみにフォーカスして、中核となる組織が漸進的な改善、すなわち70‐20‐10モデルの70と20を推進するように設定した。10Xの破壊的変化には、通常のオペレーションとは異なるプロセスと報酬システムが必要であるため、この分割は理にかなっていた。これにより、NGSではP&G内の他の組織とは異なる報酬、認識、リスク管理の設計を行うことができた。

例えば、ハイリスク・ハイリターンのプロジェクトを育成・支援するために、新しい用語を設けた。「プロジェクト」を「実験」という言葉に置き換えたのである。「プロジェクト」という言葉には成功への期待が伴っているのに対し、「実験」はよりリスクの高い提案であることを、組織の中核に対して示している。

ムーンショットを目指す行動を育成したもうひとつの例は、NGSポートフォリオ自体の構成だ。前述の通り、私たちは「10–5–4–1」という戦略を考え出した。この割合は、ベンチャーキャピタリストたちが彼らのポートフォリオ上で行っていることをベースにしているが、NGSでもそれが功を奏した。

戦略の充足性における「量」の側面を達成するためには、社内外のリソースからなる膨大なエコシステムを活用して、何百ものアイデアを生み出す必要があった。要するに、NGSの戦略充足性が機能した理由は単純で、内部および外部のエコシステムが多数のアイデアを生み出したのである（それは常に、GBSの戦略上の機会領域に対応していた）。そうしたアイデアの中から、毎年10件程度を選んで、正式な実験として実行に移された。そこに10–5–4–1の比率が適用されたのである。

本章のまとめ

● 十分なDXを実現するためには、逸話的なサクセスストーリーと体系的に行われる変革を区別することが重要だ。持続可能なDXとは、多数のイノベーションアイデアを活用し、それらを効率的に検証して、有望でないもの（大部分がそれに該当するだろう）を潰すことである。従って、「戦略の充足性」という概念の中には、アイデアの数の充足性と、それらのアイデアの一部を大きな成功に変えるためのポートフォリオの充足性が含まれている。

- 70－20－10モデルのように効果的なポートフォリオを実行することは、DXの計画を持続可能なものにするのに役立つ。
- ムーンショット思考（10Xアプローチ）は、70－20－10のミックスにおける最後の「10」に相当するアイデアを生み出す強力なツールとなる。
- イントラプレナーシップ・プログラムは、十分な数のアイデアを生み出すための素晴らしいメカニズムとなる。

チェックリスト

「戦略の充足性を満たすためのチェックリスト」の質問を使ってDXを評価し、DXの5段階モデルが定義する、規律あるアプローチに従って行動してほしい。

【戦略の充足性を満たすためのチェックリスト】

1. 中核組織において、十分な数のＤＸプロジェクトを継続的に生み出す仕組み（イントラプレナーシップ）を設計できているか？
2. パイロットテストからいくつかの大規模で破壊的なアイデアを選んで、それを迅速にスケールアップできるような仕組みはあるか？
3. リスク管理や報酬体系など、少なくとも取り組みの50パーセントを早期に中止して、その失敗から学ぶ仕組みを設けているか？
4. 社内のリソースを、70（中核事業に関する活動）・20（中核事業の継続的な改善）・10（破壊的イノベーション）の割合に配分したか？
5. イノベーション劇場ではなく、ＤＸが具体的な成果を生むことが促進されるよう、成功を測定する適切な評価基準を設定したか？

［注］

（1）Quentin Hardy, “Google’s Innovation—and Everyone’s?” Forbes.com, July 16, 2011, https://www.forbes.com/sites/quentinhardy/2011/07/16/googles-innovation-and-everyones/#4a314d4a3066［accessed December 19, 2018］.

(2) Bansi Nagji and Geoff Tuff, "Managing Your Innovation Portfolio," *Harvard Business Review*, May 2012, https://hbr.org/2012/05/managing-your-innovation-portfolio [accessed December 19, 2018].

(3) Biography, "Richard Branson," https://www.biography.com/people/richard-branson-9224520 [accessed December 19, 2018].

(4) Richard Feloni, "Why Richard Branson Is So Successful," Business Insider, February 11, 2015, https://www.businessinsider.com/how-richard-branson-maintains-the-virgin-group-2015-2 [accessed December 19, 2018].

(5) Richard Branson, "Richard Branson on Intrapreneurs," msnbc.com, January 31, 2011, http://www.nbcnews.com/id/41359235/ns/business-small_business/t/richard-branson-intrapreneurs/#.XBqusWhKg2w [accessed December 19, 2018].

ステージ4　全体連携

ステージ4の内容	企業規模のデジタルプラットフォームや、新しいビジネスモデルが完全に定着する。ただしこの段階では、1回限りの変換だ。依然として、1つのテクノロジー（あるいはビジネスモデル）で逆転されてしまう可能性がある。
失敗要因	組織構造の問題またはデジタルリテラシーの問題により、DXを完了できない。
リスクに対処する規律	● 企業のIT部門とその他の部門の両方の技術的能力を再起動するため、「デジタル再編成」を行う。 ● DXを完了し、その継続的な運用を成功させるため、急速に進化するテクノロジーの状況を常に把握する。

DXのステージ4

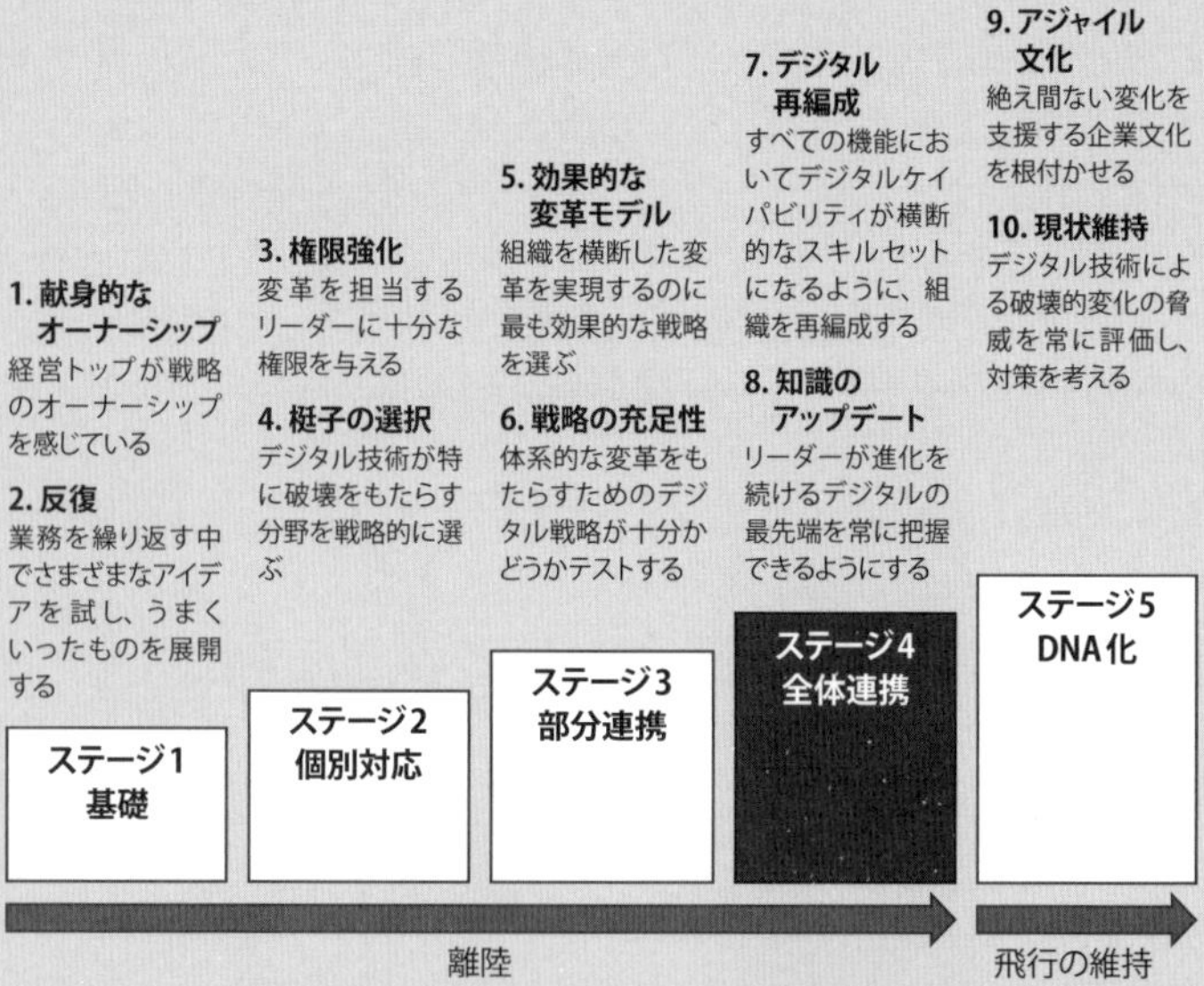

1. 献身的なオーナーシップ
経営トップが戦略のオーナーシップを感じている

2. 反復
業務を繰り返す中でさまざまなアイデアを試し、うまくいったものを展開する

ステージ1 基礎

3. 権限強化
変革を担当するリーダーに十分な権限を与える

4. 梃子の選択
デジタル技術が特に破壊をもたらす分野を戦略的に選ぶ

ステージ2 個別対応

5. 効果的な変革モデル
組織を横断した変革を実現するのに最も効果的な戦略を選ぶ

6. 戦略の充足性
体系的な変革をもたらすためのデジタル戦略が十分かどうかテストする

ステージ3 部分連携

7. デジタル再編成
すべての機能においてデジタルケイパビリティが横断的なスキルセットになるように、組織を再編成する

8. 知識のアップデート
リーダーが進化を続けるデジタルの最先端を常に把握できるようにする

ステージ4 全体連携

9. アジャイル文化
絶え間ない変化を支援する企業文化を根付かせる

10. 現状維持
デジタル技術による破壊的変化の脅威を常に評価し、対策を考える

ステージ5 DNA化

離陸（ステージ1〜4）→ 飛行の維持（ステージ5）

第9章 デジタル再編成

第二次世界大戦中の航空機のエンジンを、現代の民間ジェット機に取り付けることを想像してみてほしい。航空エンジニアでなくても、それが実現不可能な話であると理解できるだろう。古いエンジンには、航空機が離陸して空中にとどまるのに必要な動力がない。しかしまさにこの間違いを犯しているのが、現代の企業だ。DXを進めている企業の大部分は、古い時代のIT組織構造および能力に依存して変革を推進している。このことは、全体連携が達成されたステージ4のDXを実現する際には致命的となる。

現代の航空機にバージョンアップされたエンジンが必要となるように、現代のデジタル企業は、離陸して高度を維持するための新しいエンジン（つまりＩＴ機能）を必要としている。ＤＸに向けた現代のエンジンとは、新しいＩＴ機能の能力だ。さらに言うと、航空機の場合は機体自体も現代の素材で造られる必要があるが、私はこれを、企業全体でデジタルリテラシーを向上させる必要性のアナロジーとして使っている。

まずは最初のトピック、新しいエンジンを設計する必要性から説明を始めよう。繰り返しになるが、ここでも航空機のアナロジーが役に立つ。初期の航空機の設計は、ピストンエンジン（現代では芝刈り機を動かすエンジンとして使われている）に基づいていた。機体は軽く、限られた人数の乗客を乗せ、ほとんどが非加圧キャビンで比較的低い高度を飛行していた。１９４０年代になると、高速化が求められる軍用機の必要性から、産業界はより強力なピストンエンジンを開発するようになった。シンプルな航空機から、より重く、より速く、より性能の良いジェット機への進化は、エンジンの設計を一新する必要性をもたらした。そしてこの変化を促進するために、航空機の設計はガスタービンエンジンへと移行し始めたのである。

第４次産業革命によってビジネスがデジタル化される中で、同様の疑問がＩＴ組織の能力に対しても投げ掛けられている。あなたのＤＸを推進しているのは、ピストンエンジンのＩＴ機能か、それともガスタービンのＩＴ機能か？

Column

航空エンジンの進化――ライト兄弟から現代へ

1903年、ライト兄弟は彼らの新しい航空機に搭載するエンジンを探していた。少なくとも8馬力で、重さ200ポンド以下というのが彼らの条件だった。しかしこの条件に合うエンジンは見つからなかった。そこで、この分野で経験を積んだ彼らは、自分たちで作ることにした。そして完成したライト兄弟による最初のエンジンは、12馬力を達成した。それはガソリンで動き、4つのシリンダーを持っていて、アルミ製で重さは170ポンドであった。それから1世紀がたち、航空エンジンは高度に進化した。まず、ライト兄弟時代に比べてはるかに強力になっている。ライト兄弟のエンジンは12馬力だったが、ボーイング737-500型機の一般的なエンジンは約1万8000馬力である。小さなホンダ・シビックに搭載されているエンジンでさえ、ライト兄弟の最初のエンジンより13倍もパワフルだ。

一方、ライト兄弟が使用したようなガス駆動のピストンエンジンは、その後40年間、航空機の動力源として使用され続けた。しかし最終的に、現代の航空機向けの設計において限界に直面することとなった。量産される航空エンジンは、1930年代後半から40年代初頭にかけて、フランク・ホイットル卿が特許を取得した設計に基づいて、ピストンからガスタービンへと移行していった。

ガスタービンエンジンは、次世代の機能を提供した。それはピストンエンジンとは本質的に異なる機械的原理に基づいて動作する。ピストンエンジンは基本的に、燃焼プロセスからのエネルギーを機械的な動きに変換する往復運動に基づいている。

それとは対照的に、ガスタービンエンジンには往復運動部分がなく、回転部分のみを持っている。エンジンの前部に回転翼があり、これが空気を圧縮して、燃料を混合し燃焼させる。燃焼によって発生したガスは小さな出口から押し出され、推力を生み出す。この設計は、より軽いエンジンでより大きな馬力を出すことを可能にした。小型機ではまだピストンエンジンが使われる傾向があるものの、現在では民間ジェット機のほとんどがガスタービンエンジンを使用している。

新しいIT能力とスキルを、DXを推進する「エンジン」に例えるというのは、突拍子のないものではない。組織設計において、人材は長い間、企業の「変革のエンジン」として考えられてきた。デジタル技術は、組織が収益を上げるための「成長のエンジン」と考えられている。人材とデジタルケイパビリティを「変革のエンジン」として体系的に捉えるというのは、こうした考え方の延長線上にあるものだ。

自社のＩＴ能力は、ピストンエンジンか、それともガスタービンエンジンか？

エンジンの例え話に入る前に、用語について簡単に説明する必要がある。企業によって、ＩＴ機能、最高デジタル責任者（ＣＤＯ）機能、グローバル・ビジネス・サービス（ＧＢＳ）、トランスフォーメーション・オフィスなど、デジタルケイパビリティに関わる組織の名称は異なる。現在、ほとんどの企業では、これらの機能を担う複数の組織が存在している。デジタル化を可能にするこれらの機能は、最終的にはすべてひとつにまとまる必要があると、私は強く信じている。それが本章で取り上げる「エンジンのアップグレード」の大きな部分を占める。一方でこうした複数の組織は、その集合体を何と呼べばいいのかというジレンマを抱えている。本章では、議論を単純化するために、これらを総称して「ＩＴ機能」と呼ぶことにする。

今私たちは、スマートフォンを常にアップグレードする必要に迫られているが、そこから学べるように、テクノロジーの老朽化は早いものだ。それは企業のＩＴ機能にも当てはまる。ＩＴの技術、業務範囲、そしてスキルのライフサイクルは、信じられないほど短い。それは歴史的に見ても変わらず、驚くべきことではない。新しいのは、ピストンエンジンに相当するＩＴ技術が、変曲点に達したということだ。そして今、まったく新しいタイプのエンジンが求められている。もはや必要なのは進化ではなく、設計における根本的な変化である。

新しいＩＴ機能とは、単に新しいテクノロジー・プラットフォーム、業務内容、スキルだけでなく、社内の他のすべての機能や事業部を、テクノロジーに対応した新しいビジネスモデルに導くことを意味する。デジタルエンタープライズでは、デジタルはすべての機能によって行われ、ＩＴによって推進される必要がある。だからこそ新しいＩＴ機能には、まったく新しい信念と新しい名前、つまりデジタルリソース機能が求められる。

ピストンエンジンに相当するＩＴ技術は、変曲点に達した。いまやまったく新しいエンジンと、新しい信念、そして新しい名前――すなわち「デジタルリソース機能」が必要とされている。

次世代のＩＴ能力を根本から再設計する

なぜ新しいＩＴ機能の「エンジン」が必要なのかを理解するためには、まずその役割から始めてみると良いかもしれない。ＩＴの歴史的な役割は、何かを可能にする「イネーブラー」だ

図表9-1　IT機能の成熟度

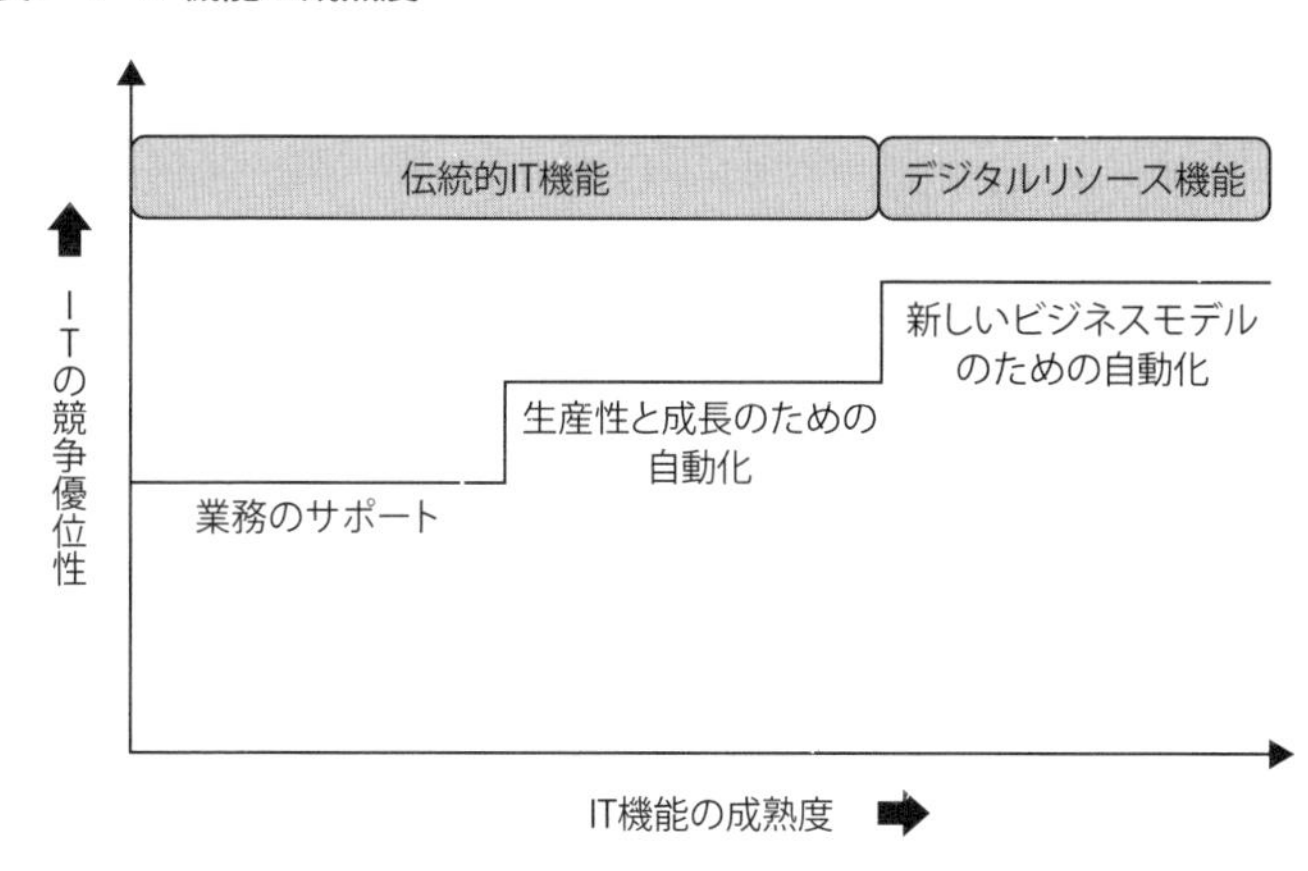

った。それは財務、販売、マーケティング、製造、人事など、企業のプロセスや機能を効率化するための自動化を実現してきたのである。それは今でも、ほとんどのIT組織で基本的な役割であり続けている（図表9−1）。

一方で、過去15年の間に、「デジタルネイティブ企業」という新しいタイプのビジネスが進化し始めた。デジタルネイティブ企業とは、ITを「業務を実現するための機能」として考えるだけでなく、データとデジタル技術をビジネス全体の基盤としている企業である。例えば米国の書店チェーンであるバーンズ&ノーブルは、物理的な店舗と書籍からビジネスをスタートしていたのに対し、アマゾンは注文と支払いを処理するウェブサイトからスタートし、物理的なプロセスは後から構築した。テクノロジーは単なるイネーブラーではなく、彼らのビジネスモデル全体の基盤なのである。

当初、バーンズ&ノーブルはアマゾンを気にしていなかった。このデジタルネイティブ企業には、本当の脅威となるようなパートナーシップ、現実世界における存在感、リソース、運用スキルがないと考えていた。しかし時がたつにつれ、それは誤りであることが判明した。デジタルネイティブ企業には、スピードの面での優位性（例：航空券のオンライン予約vs従来の旅行代理店）と、まったく新しいデジタル・ビジネスモデルを生み出す可能性（例：エアビーアンドビーによる宿泊用の部屋のクラウドソーシング）がある。言い換えれば、ＩＴ技術は従来の企業における「イネーブラー」から、デジタルネイティブ企業が事業を展開する唯一の手段になったのである。このようなＩＴの新たな役割とともに、ＩＴ機能そのものの再生が求められている。

デジタルリソース機能による新世代のＩＴ能力の構築

中心にあるのは、テクノロジーを「管理する」から、企業のデジタルエコシステムを「リードする」への変化である。しかしこの変化は、単に管理に関するものではない。テクノロジー、プラットフォーム、従業員のスキルを再構築する必要があるのだ。私は変化の方向性を、次の6つに整理した。

● **より柔軟なテクノロジー・プラットフォーム**：アマゾンをはじめとするデジタルネイティブ企

業は、システムに何百もの変化を素早く加える能力を持っており、新しいビジネスモデルを毎日テストすることができる。彼らは新世代のデジタル機能を利用して、規模とスピードを融合させ、常に進化するデジタル・ビジネスモデルをサポートしているのだ。対照的に、多くの企業が有している既存のテクノロジーは、もともと彼らの効率性と規模を実現するために構築されたものである。大きく、複雑で、実装に時間がかかり、修正にもさらに時間がかかる。大規模なＥＲＰ（ＳＡＰの製品など）の実装を考えてみてほしい。そうした硬直的なシステムは、かつては非常にうまく機能していたが、それは規模を実現することが当時の目標だったからだ。新しいデジタル革命はその目標を変えた。

●**機敏性の向上**：大企業の事業部のリーダーに、ＩＴプロジェクト全般について意見を聞いてみると、彼らの回答には「数百万ドル」や「カットオーバーまでの年数」といった言葉がちりばめられていることが分かるだろう。一方、デジタルネイティブの新興企業は、注文処理用のソフトウェアを備えたサーバーをレンタルし、数分で事業を立ち上げることができる。大企業のＩＴ組織は、そうしたアジャイル型の行動に関しては大きな課題を抱えている。

●**新しいテクノロジーに関するスキル**：２０１８年の高額報酬スキルトップ５（ＣＩＯマガジン[1]による）は、情報セキュリティー、DevOps、データサイエンス、ビジネスアプリケーション開発、機械学習だ。第４次産業革命のリーダーとして知っておくべき唯一のことは、おそらく５つのうちの１つ（ビジネスアプリケーション開発）だけが、５年前にリストに載っていただろうということである。自社のITプロフェッショナルのうち、5年以上勤務している人は何人いるか？　その中でどのくらいの人々が、最新のスキルを維持しているか？

- **DXをリードする新しい能力**：これからのITプロフェッショナルには、創造性、コミュニケーション力、影響力、チームワークなどの非技術的なスキルが技術的なものと同じくらい必要になってくるだろう。さらに私は、「技術的」という言葉を広い意味で使っていて、IT技術だけでなくプロセスマッピングやビジネスモデル設計、リーン・エグゼキューションなどを含めている。これはIT機能の役割が、テクノロジーを「実現する」からDXを「リードする」へと進化していく中で、期待されていることだ。

新しいデジタルリソース機能には、トランスフォーメーションのリーダーとしてのスキルセットが必要であり、また同時にテクノロジーの第一人者でなくてはならない。従来のアプローチでは、これらの能力を持っていると思われるコンサルティング会社に頼るのが一般的だった。特に移行期には、コンサルティング会社には活躍の場があるだろう。しかしそれは、永続的なステージ5の変革を達成するという目標を念頭に置いた場合、長期的には問題がある（この点についてはステージ5において説明する）。

- **デジタルエコシステムのガバナンス**：米国におけるフリーランスの労働力は、労働力全体に比べて3倍の速さで成長しており、2027年には過半数を占めると予測されている。[2]　さらにフリーランスの労働力の中でも、IT分野の成長は他のほとんどの機能よりも速い。また企業間のシステムの相互接続が進むにつれ、需要が増加する主なスキルセットは、よりガバナンスに関するものになるだろう。

●**ベンダーエコシステムの更新：**従来のＩＴ機能に関連していたＩＴベンダーやパートナーの組み合わせが、デジタルリソース機能には最適ではない可能性が高い。それは容易に理解できるだろう。安定性や費用対効果に関する目標を達成する際に最適だったベンダーは、ＤＸには向いていないかもしれないのだ。しかしそれは問題の半分にすぎない。もう半分は、同じようなデジタルの破壊的な力が、ＩＴ業界にも作用しているということだ。
従来のＩＴサービスパートナーは、彼らの「人に立脚したビジネス」が破壊されることで、窮地に追い込まれている。たとえコモディティと呼べるような分野のＩＴサービスであっても、従来型ＩＴプロバイダーとの数百万ドル規模の複数年契約に縛られることは、その顧客にとって最善の利益にならない可能性がある。現在の契約は、アジリティやイノベーションよりもコスト効率を重視して最適化されているかもしれない。ＩＴアウトソーシングに関する、ちょっとした、しかし汚い秘密を教えよう。アウトソーシングを請け負うＩＴプロバイダーは、作業範囲が特定されると、15～50パーセントのコスト削減を約束する。それが可能なのは、与えられた古い作業範囲の中で徹底的に効率性を高めること、そしてあまり多くのイノベーションを実施しないことが理由である。

デジタルリソース機能「エンジン」のアップグレードは、必要な作業の半分にすぎない。残りの半分とは、次のセクションで説明するように、企業全体の規模で新しいデジタル機能の「機体設計」を行い、補完することだ。

Column

デジタルリソース機能とはどのようなものか？

それは海に住むタコのようだ。中心となる脳はあるものの、複数の脳が分散して存在している。それはデジタルケイパビリティの構築と、破壊的イノベーションのための役割を負いつつ、各種の管理（情報セキュリティー、データ標準、ハイレベルのオープンアーキテクチャ等）のためのレイヤーも有している。これは最終形態だが、DXの最中には、この構造が極めて大きくなることは間違いない。

IT組織内では、「左脳」と「右脳」がミックスされたスキルが求められる。影響力によって管理を行うソフトスキルと、ガバナンスに対するハードスキルである。また新しいビジネスモデルを生み出し続ける創造力と、それを実行するための技術的スキルも必要となる。ユーザー体験、デザイン思考、戦略的な破壊的イノベーション、プロセス・システム思考などの分野は、ハードコア・テクノロジーや業界の垂直的スキルと同様に重要だ。

名前の変更は必須か？

新しい名前自体が、重要な意思表示となる。これは技術中心型から資源中心型へのシフトだ。またそれは、ステージ5の永続的なＤＸの明確な方向性を設定する機会でもある。より戦術的な話をすれば、名前の変更は、例えば最高デジタル責任者や最高データ責任者、最高分析責任者、変革責任者、最高情報セキュリティー責任者、最高情報責任者、グローバル・ビジネス・サービス責任者など、突如として発生し、混乱をもたらしたさまざまな役職名に秩序をもたらすことができる。

企業全体での新たなデジタル人材の構築

ＡＴ＆Ｔは２０１４年に、将来のデジタル化に備えて10万人の従業員を再教育するという、野心的な取り組みを開始した。同社の25万人の従業員のうち、およそ半分が科学、テクノロジー、エンジニアリング、数学の分野で働いていた。そして約10万人が、次の10年間には存在しないような、ハードウェア機能の領域で働いていた。[3] 新しいテクノロジーに精通した数万人の人材を雇用するか、既存の従業員の再トレーニングに多額の投資をするか――選択は容易ではなかった。そしてAT&Tは、後者を選んだのである。現在、この「ワークフォース2020」プログラムは、将来のキャリア開発のための新たな社内機能を構築するだけでなく、大学やオンライン教育プロバイダーとの提携を含む、ウェブベースの複数年プロジェクトに10億ドルを投じる計画だ。

この戦略は大胆だが、根拠に基づいたものだ。AIやクラウドコンピューティング、サイバーセキュリティーなどの分野では、新しいデジタルテクノロジーのスキルが不足しているだけでなく、新しい人材を雇用するよりも速いペースで技術が進化している。(4) 従来の雇用とトレーニングプログラムでは追い付けない。それに代わるアプローチが、そうしたギャップに対処するために、既存の労働力を再教育することである。

企業全体でのデジタルスキルの再教育は、
企業の新しいデジタルバックボーンを運用するために必要となる、
重要な人材を構築する。

ステージ5のDXでは、企業の奥深くにまでデジタル機能を埋め込むことが要求される。この戦略においては、企業の新しいデジタルバックボーンを運用する、新たな人材能力が必要となる。そのために現在の従業員を再訓練することは、主要な選択肢の1つだ。しかし企業の新しいデジタルバックボーン（すなわち、テクノロジーが単なるイネーブラーではなく、ビジネスモデルそのものの全体的な基盤となる段階）を開発するためには、従業員の再教育以上のものが求められる。その全体像を整理しておこう。

- **従業員全体の再教育**：未来のデジタル・ワークフォースを生み出すことを意図した、「人事トランスフォーメーション計画」は立案されているか？
- **リーダーの再教育**：デジタルを真に活用するために、トップリーダーのレベルで十分なスキルが備わっているか？　民間企業では、これは役員レベルから始まる。
- **新しいヒューマン／マシン・インターフェースの方針**：人間と機械がどこで、どのように共存していくのか、新しいガイドラインやポリシーを作成しているか？
- **新しいセキュリティー・プロトコル**：デジタルの世界における個人情報や機密情報のセキュリティーについて、ポリシーとテクノロジーの両方において、十分な能力を持っているか？
- **流動的な組織構造**：「ポスト機能の世界」における、組織化モデルとはどのようなものか？これまで従業員は、機能をベースとした明確な境界線によって分けられていたが、これからのタスクを中心とした組織化をどのように進めるべきか？　この検討は、デジタルリソース機能の組織化モデルから始まるだろう。

再構築されたＩＴ機能と、再教育によって生まれる企業内のデジタルケイパビリティにより、新しいデジタルケイパビリティとツールが定着する機会が提供される。それらは第４次産業革命のために再設計された、完全な「航空機」を実現するだろう。

本章のまとめ

- ●ステージ４のＤＸが失敗するのは、デジタルオペレーションが定着しないためだ。これは主に、人間の能力と再教育の課題である。
- ●再教育は２つの部分から成る。１つ目は、私が「デジタルリソース機能」と呼んでいる新しいＩＴ機能の構築であり、これはデジタルイノベーションの実現、ガバナンス、継続的なファシリテーションの役割を担う。２つ目は、企業の残りの部分のデジタル再教育である。
- ●デジタルリソース機能の構造は、デジタルシステムとプロセスの敏捷性、新しいテクノロジーとプロセスに関するＩＴ専門家の再教育、新しい経済のためのベンダーエコシステムの再構築に対応したものでなければならない。
- ●企業全体のデジタル再教育では、取締役会のデジタルリテラシー、ヒューマン／マシン・インターフェースに関する方針、デジタルセキュリティー、流動的な組織構造といった課題に取り組まなければならない。

チェックリスト

「デジタル再編成のためのチェックリスト」の質問を使ってDXを評価し、DXの5段階モデルが定義する、規律あるアプローチに従って行動してほしい。

【デジタル再編成のためのチェックリスト】

1. リーダーや従業員のデジタルリテラシー、ヒューマン／マシン・インターフェースの方針、流動的な組織構造、デジタルセキュリティーなどの観点から、デジタル時代に向けた人材の再教育に取り組むための戦略と具体的な計画を策定しているか？
2. デジタルリソース機能を実現するために、企業内のさまざまな「デジタル／IT」機能を統合する戦略を策定しているか？
3. デジタルリソース機能は、より柔軟で拡張性の高いテクノロジー・プラットフォームの導入を計画しているか？

4. デジタルリソース機能は、実行における敏捷性や新技術の専門性を高め、エコシステムを統率する新しい能力を備えるように、人材能力をアップグレードしたか？
5. デジタル化された環境で成功する際に必要なスキルセットに対応するために、ベンダーのエコシステムをアップグレードしたか？

[注]

（1）Gianna Scorsone, "5 Hot and High-Paying Tech Skills for 2018," CIO.com, April 23, 2018, https://www.cio.com/article/3269251/it-skills-training/5-hot-and-high-paying-tech-skills-for-2018.html [accessed December 19, 2018].

（2）Susan Caminiti, "4 Gig Economy Trends That Are Radically Transforming the US Job Market," CNBC, October 29, 2018, https://www.cnbc.com/2018/10/29/4-gig-economy-trends-that-are-radically-transforming-the-us-job-market.html [accessed December 19, 2018].

（3）Susan Caminiti, "AT&T's $1 Billion Gambit: Retraining Nearly Half Its Workforce for Jobs of the Future," CNBC, March 13, 2018, https://www.cnbc.com/2018/03/13/atts-1-billion-gambit-retraining-nearly-half-its-workforce.html [accessed December 19, 2018].

（4）John Donovan and Cathy Benko, "AT&T's Talent Overhaul," *Harvard Business Review*, October 2016, https://hbr.org/2016/10/atts-talent-overhaul [accessed December 19, 2018].

第10章

知識のアップデート

「ブロックチェーンはP&Gにおいてどのように活用できるだろうか?」。2015年6月、私はスタートアップ企業の創業者数人に、こんな質問を投げかけた。場所は彼らがシリコンバレーに開設したオフィスの中にあった、アトリウムの天井からつるされたガラス張りの会議室で、それはブロックチェーン技術と同じくらい未来的だった。ブロックチェーンとは、基本的にはデータのブロックをチェーン状につないだもので、各ブロックは前のブロックに接続されていて、その正しさが完全に検証されており、中央集権的な構造を持たずに安全に管理される。

この技術が魅力的なのは、ハッキングが困難だと考えられているからだ。それはあらゆるトランザクションを正確かつ安全に記録する力を持っており、検証や照合などのプロセスを排除することが可能になる。どんな企業でも、ほとんどの業務はトランザクションとして行われているため（注文や支払いなど）、これは重要な意味を持つ。トランザクションを最初から最後まで（例えばペルーでジャガイモを調達することから、英国でポテトチップスを販売することまで）正確かつ安全に行えるようになれば、企業のオペレーションの実行方法が大きく変化することは間違いない。

私の質問に続いて行われたブレインストーミングは、知性を大いに刺激されるものだったが、満足のいくものではなかった。この技術の用途として、割引クーポンや広告の追跡、P&G独自の暗号通貨（クリプトカレンシー）を開発して、企業内取引や国をまたいでの販売を容易にするなどが考えられた。問題はこれらのどれもが、初歩的な形であっても、ソリューションとして利用できないことだった。そのスタートアップ企業の製品は、一般消費者向けのもの（お店でのコーヒーの支払い方法など）ばかりだったのである。私は「ブロックチェーンは強力なテクノロジーだが、企業の中核で活用するにはまだ早い」という結論を胸に、会議を後にした。

その半年後、私はブレインストーミングをしたスタートアップ企業に再び出くわした。そのとき彼らが提供していた製品には、サプライヤーが行った国際配送の追跡、安全性の高い財務会計、消費者製品の偽造防止認証など、いくつかの企業向けブロックチェーンソリューションが含まれていた。私はその進歩に喜びを感じたが、同時に少し落胆した。変革リーダーの役割を担っている私が、テクノロジーの変化のスピードに十分対応できていないのだとしたら、平均的な業務リーダーはどのように対処するだろうか？

変化の速いデジタル世界で知識をアップデートする

デジタルの世界において、破壊的変化をもたらすすべての要因とその可能性を追い続けることは、不可能な話に思えるかもしれない。それは消費者だけでなく、起業家や経営者、公共部門のリーダーなど、プロフェッショナルな人々についても言える。デジタル技術の爆発的な進化には驚かされる。現在のティーンエイジャーがスマートフォンで利用可能なコンピューティングパワーは、ビル・クリントン大統領が在任中に使えたそれよりも大きい。彼らはメッセージアプリ「ワッツアップ」を使って、アジアやアフリカに無料で電話をかけることができるが、30年前であれば1分3ドルの通話料を払わなければならなかった。

今ヤフーなどのサイトには、金融やスポーツといった分野の最新情報を伝える記事が、リアルタイムで投稿されている。そうした記事はいずれも短く、似たような表現が使われている。当然だ、その9割を書いているのはロボットなのである。また私の住む都市であるシンシナティの警察は、ツイッター上に次のような投稿を行っている。「アボンデールで今夜、銃撃事件が発生。被害者は@shotspotterによる証拠を突き付けるまで、場所について嘘をついていました！@CinciPD」。ショットスポッター（ShotSpotter）とは、ロンドンやニューヨークなどでも使われている技術で、音とアナリティクスを活用して三角測量を行い、銃声が発せられた場所をピンポイントで特定できる。警察はその情報を基に、発砲があった場所に向かうのだ。

企業の経営者である私は、テクノロジーに精通した大手の顧客が、1回の注文で数千件もの売掛金の請求を行うのを目にしている。そうした請求は明らかにロボットによって作成されている。人間がこのような細かいトランザクションを作成するのは、明らかに費用対効果が高いとは言えない。

NGSがP&G向けのソリューションを探す過程においては、契約交渉において経験豊富な弁護士に取って代わることのできる、高度なパーソナライゼーションが実現されたAIや、もともとは映画『ロボコップ』に登場するロボット警官のような、防衛用アプリケーションとして作られたロボット製品などを目にした。また会議の参加者が部屋に入ると、彼らを認識して、カレンダー上に設定されているビデオ会議をクリックなしで開始してくれる、自動化された会議室というものもあった。出張経費報告書を作成するという作業全体を、過去のものにしてしまうようなソリューションや、経験豊富な翻訳者に匹敵する、リアルタイム翻訳アプリケーションも目にした。まず何が可能かを理解し、次にどこにフォーカスするかを決定するという経営者にとっては、少々圧倒されてしまう状況かもしれない。

どこに焦点を当てて知識をアップデートするか

すべての新しいデジタル技術においてトップに立とうとするのは、明らかに時間と労力の無駄だ。私は長年の経験を通じて、集中して最新の情報を得るためには、いくつかの原則があることに気付いた。それは知識を最新の状態に保つ場合だけでなく、破壊的変化をもたらす製品を活用する場合にも同じことが言える。

●**破壊的変化の可能性を追うが、実用化されたイノベーションのみに投資する**：P＆Gで新技術を模索していたとき、私が２００７年に初めて出合ったのは、小売店の棚に並んでいる商品を認識するための画像撮影技術だ。これを使うと、メーカー側に商品の在庫切れや陳列の間違いをすぐに伝えることができる。まだ実用化には至っていなかったが、面白いコンセプトだった。その後も毎年のようにこの技術の進化をチェックしてきたのだが、２０１０年代に入ると、実用に堪え得るまでに急速に成熟した。この段階に達してから、私たちは展開を始めたのである。

●**後から来る快速列車を待たずに、今来ている鈍行に乗る**：これはサリム・イスマイルとの会話で出てきた興味深い喩え話だ。破壊的変化をもたらすテクノロジーについては、後から来るかもしれない快速列車を待つよりも、一般的には、今来ている鈍行に飛び乗った方がよい。その方が価値を早く手にできる。なぜなら、どのソリューションも永続的なものではないからだ。言い換えれば、現在の製品が不完全なものであっても、すでに実行可能であれば実験を始めるのを待つ必要はないということである。

● **すぐに効果が得られる「使い捨て」のソリューションを探す：** これはひとつ前の原則に付随するものだ。不完全な破壊的ソリューションでお金を失うリスクは、1年か2年で効果が得られれば軽減される。

こうした原則は、どこに焦点を当てるべきかを評価し、選択するのに役立つ。しかし現実的に、どうやって知識をアップデートするかという問題が残っている。この点について、いくつかのアイデアを紹介しよう。さらに知識のアップデートを簡単に行うために、巻末の付録Bでは、企業に破壊的な影響を与える可能性の高い、いくつかの指数関数型テクノロジーについて基本的な情報をまとめている。そこで取り上げたのは、人工知能、ブロックチェーン、スマートプロセスオートメーション、ドローンとロボット、業界固有技術（ゲノム編集など）であり、私はこれらをまとめて「エクスポネンシャル・ファイブ」と呼んでいる。

デジタル技術に関する知識をアップデートするための規律

実践的に知識をアップデートする方法は、時間のかかることではなく、リーダーの日々のルーティンの中に組み込むことができる。ここでは、すべての企業のプロセスに組み込むことのできるいくつかの活動を紹介する。これらは非常に効果的なものだ。

●経営幹部向けの学習機会を創出する
●ベンチャーキャピタル（VC）やスタートアップ企業と提携する
●パートナーを活用する
●API（データゲートウェイ）を介してデータを開放する
●デジタルアンバサダー（テクノロジーに精通したユーザー）の力を借りる

この規律について、詳しく解説してみよう。

経営幹部向けの学習機会を創出する

P&Gに在籍している間、私は毎月、デジタル技術の専門家に会う時間を確保していた。またそれに加えて、本やオンライン記事を読む時間も確保していた。具体的な戦術は、私がどのような役割に就いていたかによって異なるが、次のようなものが挙げられる。

●**逆メンタリング**：NGSを担当していた際、幸運なことに、私のチームには社外から最高の業界専門家が何人か配属されていた。昼食中やハッピーアワーの間に行われた会話は、私のキャリアの中で最高の学習機会となった。このアプローチの派生形として、IT組織や外部機関のシニアメンバーが同じことを行うピア・メンタリングがある。

組織内の知識を最新の状態に保つのに、手本を示すより優れた方法はない。

●**破壊的変化の問題の定義**：破壊的変化の問題をより頻繁に定義するというのも、もうひとつのウィン・ウィンの手段だ。NGSでは、インフォーマルなコミュニケーションを奨励する文化が役に立った。オープンフォーラムでは、ありとあらゆる種類の問題が議論された。私は日常的な問題解決を促すために、自分のビジネス経験を披露することでそうした議論に貢献したが、その一方で、デジタルの可能性について多くを学ぶことができた。

- **隣接する／補完する業界の参照：**NGSでは、グループ全体で最も破壊的なアイデアを共有するために、「シェアードサービス・イノベーション・アライアンス」と名付けられた、約10の大企業のシェアードサービス組織と提携した。私たちは半年ごとに会合を開き、少人数のグループで、有意義な話し合いを行った。
- **アドバイザリー・リソースの組織化：**特定のトピックに関して質問することのできる「アドバイザリー・エコシステム」を組織化することも効果的だ。シンギュラリティ大学（SU）のリソースは、私たちにとって特に貴重だった。DXのより大きな課題とは、チェンジマネジメントであると私は考えており、これに関してはジョン・ヘーゲル3世らのSUネットワークが非常に役に立った。

ベンチャーキャピタル（VC）やスタートアップ企業と提携する

NGSで取り組んだ破壊的変化のアイデアの90パーセントは、スタートアップ企業から得られたものだった。NGSのエコシステムには、世界有数の大手デジタル企業が含まれていたにもかかわらずである。しかしそれは不思議なことではない。破壊的変化とは、スタートアップ企業が起こすものだからだ。彼らの知見を利用するために、私たちは単純なプロセスを設定した。グローバル・ビジネス・サービス部門（GBS）にとって大きな機会が見つかると、それはすぐに短い文書にまとめられ、VCのパートナーにメールで送られた。私たちのベンチャーキャピタリストは、各分野のスタートアップ企業と私たちを結び付けることに長けており、その後に行われた対話は、非常に有益な洞察とビジネス関係を生み出した。

VCやスタートアップと大企業の間には、共生的な関係がある。VCとスタートアップは、実際の「ユーザー」組織からのフィードバックを必要とし、企業は彼らからの最新の情報を必要としている。自社の施設内で彼らと定期的な会合を開いたり（彼らは喜んで足を運んでくれる）、6～12カ月ごとにVCを訪問したりすることは、良いスタートになるだろう。

主要なパートナー企業を招き、自社のデジタルリテラシーを高める機会を定期的に設定することは、関係するすべての組織にとって有益だ。

パートナーを活用する

NGSチームでは、「注目の最新技術」に関するさまざまなトピックの会議を月次で設定し、ベンダーと社内の専門家の両方に、短時間で知識を共有する機会を提供した。ほとんどのパートナー企業は、自社が専門知識を公平に提供する存在であることを印象付けようと、顧客企業に専門家を招聘する無償の機会を熱心に活用する。主要なパートナー企業を招き、自社のデジタルリテラシーを高める機会を定期的に設定することは、関係するすべての組織にとって有益だ。

ＡＰＩを介してデータを開放する

これは「実用的な」イノベーションを生み出すと同時に、知識のアップデートも可能にする革新的な手段だ。どういうことか説明しよう。特定分野の専門家やソフトウェア開発者を招き、自社内のデータへのアクセスを提供して、特定の問題を解決してもらったり、その画期的な利用方法を創造してもらったりするのだ。その際、事前に契約を結んでおき、最も画期的なアイデアやアプリを思い付いた人物に対して報酬を支払うようにする。データへのアクセスは、ＡＰＩを通じて提供する（ＡＰＩとは、特定のデータにアクセスしたり、プログラムと対話したりするためのツールだ）。

こうした競争の場が用意されると、創造性の爆発が起きる。多数のアプリケーションのアイデアを集め、実現する組織の能力は、飛躍的に拡大する。ＡＴ＆Ｔやウォルマート、フェデックスといったいくつかの大企業は、このようなＡＰＩベースの開発者ネットワークを構築している。ＮＧＳではＡＰＩポータルは設置せず、機密情報ではないデータを使うことで、クラウドソーシングによる懸賞型のイベントを実施した。

> ＡＰＩを通じて、内部および外部の開発者に対して関連するデータへのアクセスを提供し、彼らが開発する画期的なアプリケーションから利益を得るためのモデルを構築する。

デジタルアンバサダーの力を借りる

Ｐ＆Ｇでは、テクノロジーに精通したユーザーたちの力を借りて、他のユーザーをトレーニングしてもらったり、対象分野のＩＴロードショーをリードしてもらったりした。彼らは自らの専門知識が認められる機会を得られたことを気に入っていた。そして私たちは、ＩＴ部門の能力を倍増させ、貴重な専門家を活用して迅速に業務を拡大することができた。

ＩＴ以外の分野のエキスパートユーザーは、
自社のデジタルリテラシーを大きく拡張する存在になり得る。

本章のまとめ

●最高のＤＸのアイデアであっても、それを最大限に活用する能力を持たない組織には根付かないことがある。いくつかのケースでは、その原因はデジタル機能の理解不足だ。デジタル技術の変化のペースが速いために、この問題を解決することは難しい。
●デジタルケイパビリティを常に最新の状態に保つのに役立つ、いくつかの原則がある。それは次のようなものである。
▼破壊的変化の可能性を追うが、実用化されたイノベーションのみに投資する。
▼後から来る快速列車を待たずに、今来ている鈍行に乗る。
▼すぐに効果が得られる「使い捨て」のソリューションを探す。
●最新のテクノロジーに関する知識を、最新の状態に保てるようにするための方法がある。本

章では次の5つを紹介した。

▼経営幹部向けの学習機会を創出する
▼VCやスタートアップ企業と提携する
▼パートナーを活用する
▼APIを介してデータを開放する
▼デジタルアンバサダー（テクノロジーに精通したユーザー）の力を借りる

●現在、破壊的変化を引き起こす可能性が最も大きい技術は、次のような指数関数型（つまりその能力が加速度的に進化している）テクノロジーだ。本書の付録Bは、私が選んだ最も破壊的なデジタル技術の簡単な入門編となっている。ここではその要約を紹介する。

▼**人工知能（AI）**：これは最も普及している、破壊的変化をもたらすデジタル技術だ。
▼**スマートプロセスオートメーション**：これは企業の効率化を実現する簡単な手段かもしれないが、運用の機敏性を構築するための重要な機能も備えている。
▼**ブロックチェーン**：分散化されたトランザクション、多数の関係者への容易なアクセス、非常に高いセキュリティーが組み合わされることで、あらゆるトランザクション系システムに対して破壊的変化をもたらすことができる。
▼**ロボットとドローン**：ロボットとドローンは、物理的な空間において見る、感知する、補助する、移動する、測定する、配送する必要のあるあらゆる作業（遠隔地で行われるものも含

まれる）に対して破壊的変化をもたらすだろう。

▼特殊機能テクノロジー（仮想現実、3Dプリンティング、IoT、ナノテク、エネルギー貯蔵、バイオテクノロジー、先端素材等）：ほとんどの業界には、ビジネスモデルを混乱させるような1つまたは複数のテクノロジーが存在している。重要なのは、投資対象を特定してターゲットを絞ることだ。

チェックリスト

「知識をアップデートするためのチェックリスト」の質問を使ってDXを評価し、DXの5段階モデルが定義する、規律あるアプローチに従って行動してほしい。

【知識をアップデートするためのチェックリスト】

1. 組織がデジタル技術に関する知識を最新に保つための戦略を策定したか？
2. 経営陣がデジタル技術に関する方向性を定めるのに役立つ、経営幹部向けの集中的なデジタルリテラシー・プログラムはあるか？
3. 自社の業界における最新の破壊的変化を理解するために、VCやスタートアップ企業を十分に活用しているか？

4. ベンダー、パートナー、およびテクノロジーに精通したユーザーを招いて、継続的な教育の機会が無料で提供されるようにしているか？

5. 革新的なユースケースを、社内・社外で多数生み出すために、オープンなエコシステムの構築について十分に検討したか（APIを通じて開発者向けにデータを開放するなど）？

ステージ5　DNA化

ステージ5の内容	永続的な変化が実現されるステージ。絶え間ない改革と極めてアジャイルな文化が組織に根付く。企業は規律のある市場リーダーとなる。
失敗要因	アジャイルな文化が不十分であったり、新たなビジネスディスラプションのリスクを察知して対応するための規律が欠如していたりするために、ステージ4のトランスフォーメーションを実現していた強みが失われる。
リスクに対処する規律	● 事業と組織の継続的な進化を支える、アジャイルな文化を根付かせる。 ● リスクを検知し、統制された形でそれに対応する。

DXのステージ5

1. 献身的なオーナーシップ
経営トップが戦略のオーナーシップを感じている
2. 反復
業務を繰り返す中でさまざまなアイデアを試し、うまくいったものを展開する
ステージ1
基礎
3. 権限強化
変革を担当するリーダーに十分な権限を与える
4. 梃子の選択
デジタル技術が特に破壊をもたらす分野を戦略的に選ぶ
ステージ2
個別対応
5. 効果的な変革モデル
組織を横断した変革を実現するのに最も効果的な戦略を選ぶ
6. 戦略の充足性
体系的な変革をもたらすためのデジタル戦略が十分かどうかテストする
ステージ3
部分連携
7. デジタル再編成
すべての機能においてデジタル能力が横断的なスキルセットになるように、組織を再編成する
8. 知識のアップデート
リーダーが進化を続けるデジタルの最先端を常に把握できるようにする
ステージ4
全体連携
9. アジャイル文化
絶え間ない変化を支援する企業文化を根付かせる
10. 現状維持
デジタル技術による破壊的変化の脅威を常に評価し、対策を考える
ステージ5
DNA化
離陸
飛行の維持

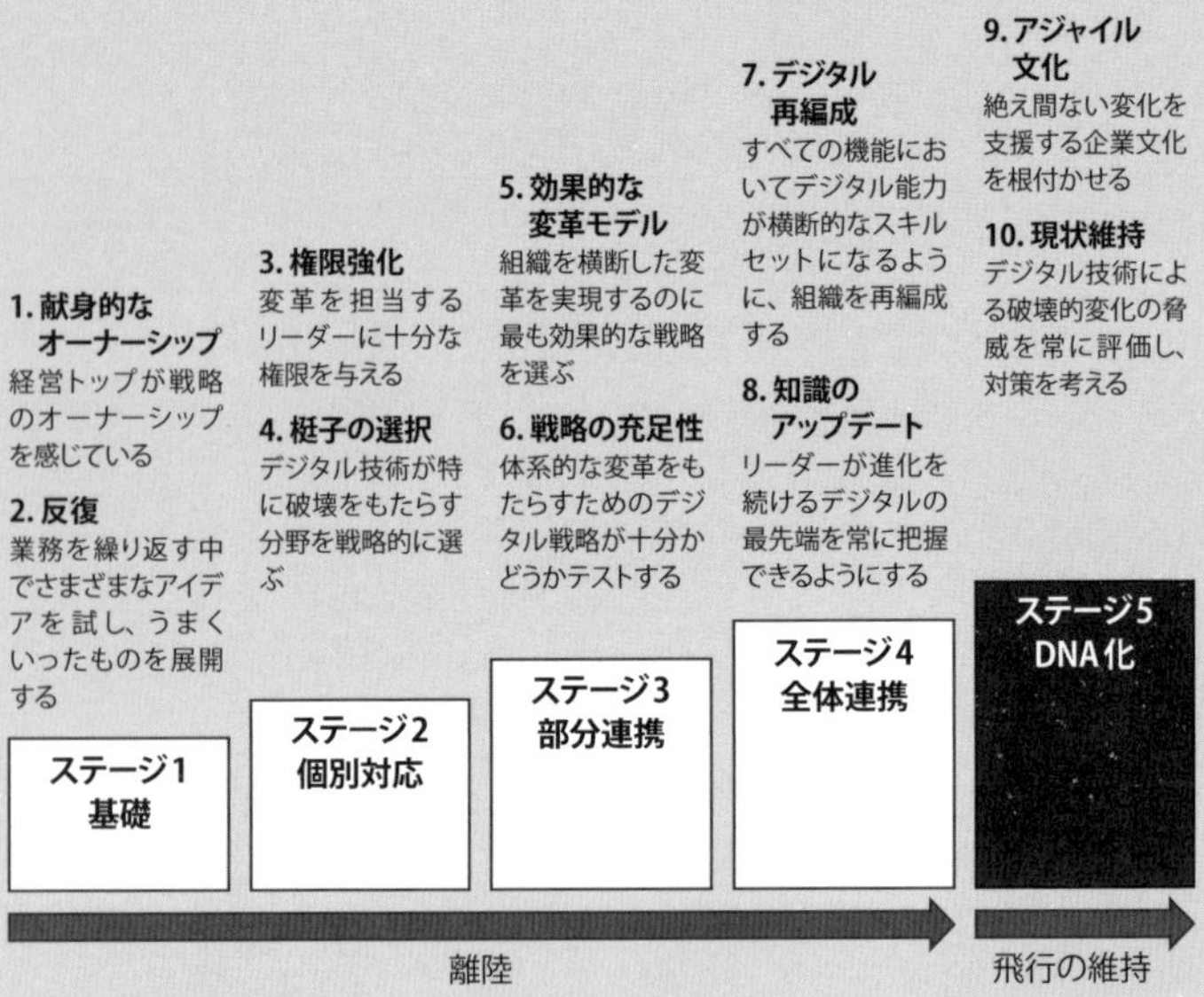

第11章

アジャイル文化

産業革命期には、破壊的変化が絶え間なく発生する。デジタライゼーションにおける破壊者の代表例であるウーバーも、自動運転車や各地域のローカルなライドシェアサービス、さらには「空飛ぶタクシー」といった潜在的な挑戦者に直面している。それこそステージ5の変革、すなわち永続的なDXが必要な理由だ。

アジャイル文化を構築するための規律は、絶え間のない再発明を促すアプローチで、実践の中でその有効性が証明されている。世界的なソフトウェア会社であるアドビは、絶えず改革を行っている企業の好例だ。アドビは1980年代に印刷ソフトの「ポストスクリプト」を開発する企業としてスタートし、その後グラフィック編集ソフトの「フォトショップ」へと移り、2000年代初頭にはメディアやプレゼンテーションの分野における見事なソフトウェア帝国を築き上げた。

しかし2013年、アドビは自らを再構築することに取り組み、ソフトウェアパッケージを販売するデジタルメディアとマーケティングの企業から、その機能のライセンス販売を行う企業に生まれ変わった。この動きは、大手ソフトウェア会社の製品販売方法に革命をもたらした。アドビは現在、Eコマースにおける新しいビジネスへと進化しようとしている。

こうしたビジネスにおける敏捷性は、次の例で解説するように、アドビの称賛に値する企業文化に基づいている。

絶え間ない進化を実現するアドビの敏捷性

2012年、アドビの幹部が（善意から）間違いを犯し[1]、それが同社にとって大きな成功へとつながった。『フォーブス』誌の記事によれば[2]、2012年3月、アドビの人事担当シニアバイスプレジデントであるドナ・モリスはインドに出張していた。彼女はちょうどインドに到着したばかりで、まだ少し時差ぼけしていたが、『エコノミック・タイムズ』紙の記者のインタビューに応じた。人事部を変革するために何ができるか、と問われた彼女は、「年次業績評価制度を廃止する予定です」と語った。彼女は、業績評価が従業員のパフォーマンスを損なう傾向があると感じていたのである。これは素晴らしい回答だったが、1つ問題があった――彼女はこのアイデアについて、まだCEOに相談していなかったのである！

翌日、この発言が新聞の1面に掲載された。モリスはそれに仰天した。彼女は急いでアドビのコミュニケーションチームと協力し、同社のイントラネットに記事を投稿して、アドビの業績評価方法をできるだけ早く評価し変更しようと社員に呼びかけた。

新しいアイデアを歓迎する文化は、
たとえ見当違いの熱意を許すほどだとしても、
常により速く進化するだろう。

結局、すべてがうまく収まった。数カ月後、アドビは新しいパフォーマンス評価プロセスを開始した。年次評価は、四半期ごとのインフォーマルな「チェックイン」に置き換えられた。書類作業は必要なくなり、個人に対する期待とフィードバック、成長・発展計画の3つを話し合うことが求められるようになった。驚くことではないが、この新しいプロセスは熱狂的に受け入れられた。このプロセスが導入されてから2年以内で、アドビでは高評価の人材の離職率が30パーセント減少し、低評価の人材の離職率は50パーセント増加した。新しいアイデアを歓迎する（見当違いの熱意を許すほどのものであっても）企業文化は、永続的な変革を可能にする敏捷性を持つことになる。アドビには、度重なる破壊的変化に直面しても常に変革を続けるために必要な、アジャイルな文化が存在している。(3)

Column

アドビ：社員の発想の転換を促す

ドナ・モリスの話は、アドビのアジャイル文化を示す唯一の例ではない。2013年以来、アドビの「キックボックス」と呼ばれるイノベーション・ツールキットは、従業員が生み出したアイデアを土台として、収益と利益を顕著に増加させたとされている。その仕組みは次の通りだ。まず社員に、アイデアを作成してテストするために必要なものがすべて入った、文字通りの「箱（ボックス）」が与えられる、箱の中には、この仕組みに関する説明書、ペン、ポストイット2つ、ノート2冊、チョコレート1枚、スターバックスのギフトカード、1000ドルのプリペイドカードが入っている。説明書には、チェックリストと練習問題を含む、6つのステップのプロセスが解説されており、最後のステップは経営陣に対する売り込みとなっている。その目的は、誰もがアイデアを提供できる、オープンなイノベーション・プロセスを作ることだ。実際に現在では、誰でもベーシック版のキックボックスをダウンロードできるようになっている。

キックボックスのアイデアが秀逸なのは、アイデアをクラウドソーシングするだけでなく、従業員を信頼し、権限を与えるという点だ。１箱につき、アドビは１０００ドルと従業員の時間が無駄に費やされるリスクを負うことになる。しかし彼らのイノベーションの成績が証明しているように、そのリスクに見合うだけのリターンを得られるのである。

なぜアジャイル文化は永続的なDXを可能にするのか

アジャイル文化は、破壊的な技術や新しいビジネスモデルではなく、究極の破壊的変化だ。少し陳腐な表現のように思えるかもしれないが、これから説明するように、それが実現可能になれば、陳腐に聞こえるリスクを冒す価値があることに同意してもらえるだろう。

文化についての解説が役に立たないと思われがちな理由は、文化は行動ではなく、結果だからである。そう考えると、文化に関するいかなる発言も、真実だが役に立たないものになってしまう可能性が高い。しかしＤＸに失敗した企業の調査を通じて、私は永続的なＤＸを実現するアジャイル文化には、３つの統制された行動が含まれていることを把握した。それは顧客中心型イノベーションの推進、適応を促す環境の構築、共通目的の確立の３つである。これらは成功のために必要な結果をもたらす。

この文脈におけるアジャイル文化は、航空機のアナロジーを使えば、空気密度に例えられるかもしれない。空気密度は、航空機が生み出す揚力に関係する。高度が高く気温が高いと、航空機はより大きな揚力を発生させる。しかし航空機には、これ以上高く飛ぶことができないという「上昇限度」が存在する。それは空気が薄くなり、飛行を続けるのに十分な揚力が生み出せなくなるためだ。永続的なＤＸでは、十分なアジャイル文化（空気密度）を生み出し、絶え間のない破壊的変化のトレンド（上昇限度）を超えて飛行を続けることを可能にする。

革新的な文化を学ぶための典型的な場所は、シリコンバレーだ。それは驚くような話ではなく、だからこそ企業の間でシリコンバレーへの「観光」が人気なのである。ドットコムバブルの時代、そうしたツアーから企業が学んだのは、カジュアルな服装やテーブル・フットボールの台など、自由であるという「雰囲気」を従業員のために用意するという程度だった。しかし時がたつにつれ、彼らも成熟し、継続的なイノベーションと敏捷性を実現するために、シリコンバレー企業のプロセスとプラクティスの全体を輸入するケースまで出てきた。それには先に述べた3つの教訓（顧客中心型のイノベーション、適応を促す環境、共通の目的）が含まれており、これらを組み合わせることで、アジャイルな文化を定義することができる。この点をより詳しく説明するために、3つのケーススタディを取り上げてみよう。

ステージ5のDXのためのアジャイル文化＝顧客中心型のイノベーション＋適応を促す環境＋共通の目的

ザッポス：顧客中心型イノベーションはいかに他社への優位性をもたらすか

ザッポスは、その顧客中心の文化でよく知られている。顧客への献身的な姿勢は、伝説級と呼べるほどだ。ザッポスは1999年に、ShoeSite.comというドメイン名で設立された。その数カ月後、扱う商品の幅を広げるために、「ザッポス」に社名変更した（スペイン語で靴を意味する「ザパトス」に基づいている）。靴のショッピングという、個人個人への対応が求められる難しい領域において、同社の2008年の売上高は10億ドルを突破した。そして2009年、ザッポスはアマゾンに買収された。

ザッポスは、顧客中心の姿勢をビジネスモデルにまで昇華させることを他社に先駆けて追求し、それを完璧なものにした。彼らがそれを進めたのはオンラインショッピングの黎明期で、その頃はまだ、オンライン販売チャネルが収益を上げるのは難しかった。ザッポスが示す顧客への献身的な姿勢は、彼らのコールセンター業務に最も明確に表れている。コールセンターのエージェントは、顧客の満足を達成するためにあらゆる手を尽くそうとする。彼らが1回の通話に費やす時間に上限は設けられていない。2012年12月に記録されたある事例では、ザッポスのカスタマーサービス担当者が顧客との通話に費やした時間は、なんと10時間29分にも達した。さらに驚くべきことに、その電話の内容は注文や苦情ではなく、ラスベガスでの生活に関する相談だった。

また別の例では、結婚式で花婿の付添人を務める予定だった顧客に対し、配送業者が商品の発送ミスを犯してしまったことで、彼をザッポスの忠実なファンに変えることができた。ザッポスは一晩で正しい商品を届けただけでなく、彼をVIPステータスにアップグレードして、全額返金したのである。

こうした例は象徴的なものではなく、意図的な戦略の結果だ。ザッポスは適切な人材を雇うように尽力しており、ほとんどの人材をエントリーレベルで採用して、5～7年以内にシニアリーダーになるよう育成している。コールセンターでは、新人は電話に出る前に7週間のトレーニングを受ける。ザッポスは究極の顧客中心型ビジネスモデルを採用することで、オンライン靴販売が持つ「物理的な接触がない」というデメリットを中和しようとしたのだ。

最後にもうひとつ、興味深い話がある。トニー・シェイも、この話を繰り返し披露している。ある晩のこと、彼はクライアントと共にバーをはしごした後で、滞在していたホテルに戻ってきた。そのときクライアントの一人が、「ピザが食べたいな」と言い出した。しかしホテルのルームサービスはすでに終了している。するとシェイは、ザッポスのカスタマーサービスに電話しようと言い出した。その電話に応対したコールセンターの担当者は、最初は驚いていたが、数分後にはその時間帯に営業していた近くのピザ屋3軒の名前を教え、ピザを宅配してもらえるよう手伝った。[4]

顧客第一主義の文化は、顧客サービスを維持するために必要な変化を受け入れやすくする。

企業が市場の変化に歩調を合わせ続けるための最善の策は、堅実な顧客中心主義を育成することである。ただはっきりさせておくと、ザッポスのように、それがビジネスモデル全体を支えているという状態を目指す必要はない[5]。ザッポスは当初、実店舗での経験を持たないというデメリットを克服するために、顧客中心主義を選択した。ザッポスがそれを通じて発見したのは、顧客第一主義の文化は、顧客サービスを維持するために必要な変化を受け入れやすくするということだ。

次のケーススタディは、いかにして適応を促す環境（もしくはその欠如）がイノベーションに影響を及ぼすかに焦点を当てている。

Column

ザッポス：究極の顧客中心主義が組織をアジャイルへと導く

雑誌『Inc.』のインタビューにおいて、ザッポスのCEO兼共同創業者のトニー・シェイは、ザッポスの文化的背景を最もよく表す興味深い話を語っている。1999年、シェイと彼の同僚だったアルフレッド・リンは、若い起業家のニック・スウィンマーンから電話を受けた。話の内容は、靴をオンラインで販売するというアイデアについてだった。当時シェイはまだ24歳で、自らが立ち上げたリンクエクスチェンジ社を、マイクロソフトに約25億ドルで売却したばかりだった。彼はスウィンマーンの残したボイスメールを削除しようとしていたのだが、靴の小売市場規模は400億ドルで、毎年5パーセントの成長を遂げていると聞いて考えを変えた。

彼ら若い創業者たちの課題は、物理的な空間における体験をベースにした製品を扱いながら、オンラインで勝つにはどうしたらいいかということだった。その答えは、「絶対的に最高の」サービスを提供することだと彼らは考えた。シェイは当時を振り返り、「私たちはサービス会社で、たまたま靴を売っているにすぎない」という素晴らしいビジョンを掲げることで合意した、と語っている。

ボスは顧客

このビジョンから、時にはリスクを伴う顧客中心のイノベーションが生まれた。彼らのビジョンを実現するためには、顧客体験の全体をコントロールする必要があった。それはメーカーが直接顧客に製品を出荷するモデルをやめ、代わりにザッポスの倉庫から商品を出荷することを意味する。これはサプライチェーンの専門家たちが嫌がるような決断だった。しかしザッポスは顧客に最速で商品を届けるために、24時間365日休まず倉庫を運営することを決めた。さらに最高のサービスを提供するというのは、顧客が必要とあれば、競合他社から靴を仕入れるのも辞さないこと、そして配送料無料と、365日いつでも、いかなる理由でも無料返品できるポリシーを採用することを意味した。シェイは広告ではなく、顧客サービスの向上に投資し、長期的なファンを得るために口コミに賭けることを好んだ。

ザッポスの脅威的な顧客中心主義

ザッポスの従業員は、常に顧客の期待を上回ろうとする。例えばある顧客は、靴を返品しようと思っていたのだが、母親が他界したショックで悲嘆に暮れてしまい、返品する時間を取れなかった。ザッポスがこの顧客に対し、返品の状況に関する問い合わせメールを送ったとき、彼女は何が起きていたのかを説明した。するとザッポスは、宅配業者を追加料金なしで靴の集荷に向かわせただけでなく、大きなフラワーアレンジメントを送ったのである。

適応を促す文化：なぜニューヨーク・タイムズの当初のDXはトラブルに陥ったのか

2014年5月、ニューヨーク・タイムズのデジタルイノベーションに関する内部レポートがリークされた。その内容は、同社がデジタルパブリッシングを中心とした新しい働き方を取り入れるのに苦労していることを示していた。デジタル部隊は、組織の将来のために必要な人材、プロセス、システムが揃っていないと不満を漏らしていた。それはデジタル時代と真っ向から対立する、印刷ファースト主義の問題を浮き彫りにした。

例えば、日々の活動や編集作業の多くは、「A1」と呼ばれる1面の最終決定に向けられていた。[6] A1は午前10時の会議から始まり、午後の早い時間に記者たちが要約を提出して、どの記事が1面に載るかの評決に至るまでの時間を指す。これらの活動はすべて、リアルタイムで更新されるウェブベースのニュースではなく、伝統的な日刊新聞のリズムに合わせたものだった。

報告書はまた、ウェブファーストの将来を実現するために重要となる、新システムの必要性も指摘している。ニューヨーク・タイムズは、データのタグ付けと構造化の面で他社に遅れていた。例えば「9月11日（セプテンバー・イレブン）」というタグを付けるのにさえ、7年を要した。また特定のトピックを「フォロー」する機能も不十分だった。これらはすべて、印刷ファーストの世界ではそれほど重要ではないが、デジタルファーストの世界では欠かすことのできないシステムだった。

もうひとつ注目されていたのは、デジタル世界における読者のニーズをより深く理解する能力である。[7] 読者はグラフィックやインタラクティブなどの機能が重要だと考えていたが、印刷ファーストの組織では、それはあまり重視されていなかった。またデジタルファーストのアプローチを採用して、コメント欄を読みにきた読者たちを他の記事へと誘導することが必要とされていたが、ニューヨーク・タイムズにはそうした能力が欠けていた。

デジタルファーストなチームのプロセスと機能を充実させるために、より多くの対応が求められていた。例えば編集室にいるスタッフの多くは、ソーシャルメディアのチームは自分たちの仕事を推進するために存在しているという印象を抱いていたが、実際には、このチームはもともと、情報収集のための組織として考えられていた。

ニューヨーク・タイムズのシステム、プロセス、スタッフは、全体的に見て、長期的な生存を確実にするための変化に、場当たり的に取り組んでいるかのようだった。彼らの「頭」は変化の必要性を認識していたのだが、「心」はその変化に適応するのに苦労していたのである。ニューヨーク・タイムズは最終的に、必要な機能をすべて構築できたが、ワシントン・ポストをはじめとする他の新聞社は、その過程でタイムズに追い付くことができた。

ニューヨーク・タイムズの事例に関して、社内文化の変容という点でもうひとつ指摘しておくべき点がある。変革を起こす文化を築くには、変革の初期の段階から対応を始める必要がある。DXのステージ4に到達した後で、変革を起こす文化を築き始めるというのでは遅過ぎる。「他社の先を行く」ための文化の基盤は、第8章で解説した、戦略の充足性の領域（特にイントラプレナーシップに関わる部分）で行われる決定に関係しているからだ。

永続的な変革を可能にする文化について、本章で取り上げる最後の事例は、現代において最も多くの破壊的変化を起こしている人物の一人である、イーロン・マスクに関するものだ。特に彼が立ち上げたスペースX社は、共通目的の力を示す、興味深い研究対象である。

スペースX：いかに共通目的がアジャイルな文化を築くか

2018年3月、スペースXの創業者イーロン・マスクは、同社には創業時、ビジネスモデルがなかったと発言して周囲を驚かせた。[8] 彼が次に立ち上げた企業、ザ・ボーリング・カンパニーについても同様だ。実際にマスクは、彼が創業した中で最もよく知られている2つの企業、スペースXとテスラの立ち上げについて、起業という観点では「荒唐無稽としか言えない取り組みだった」と表現している。[9]

スペースXの歴史は、マスクによる他のスタートアップ企業と同様に、ビジョン、情熱、そして従来のやり方を踏襲するのではなく、リスクを取ることの歴史である。スペースXは数々の苦難を乗り越えてきた。2006年に行われた、スペースXが初めて行ったロケットの打ち上げは、発射から33秒で失敗に終わった。翌年に行われた打ち上げでは、ロケットが軌道に届かなかった。その翌年には、NASAから依頼を受けた貨物を運ぶためのロケットが海中に沈み、スペースXは倒産の危機に瀕した。2015年の打ち上げでは、国際宇宙ステーションのためのNASAの貨物がさらに2つ破壊され、2016年には給油中にロケットが爆発した。[10] これらの失敗はすべて、実利主義よりも情熱を優先する、マスクの経営スタイルを象徴するものだ。

こうした失敗を重ねれば無理もないが、スペースXは頻繁に計画を見直さなければならなかった。大がかりなビジネスモデルがなかったことで、逆にそれがスムーズに進んだのかもしれない。この組織化された混沌の中で、スペースXはどのようにして成功を収めたのだろうか？

スペースXが採用した従業員の特徴を見ることで、同社の高度なアジャイル文化に関する知見を得られる。スペースXが従業員に対して求める4つの資質のうち、トップに位置付けられているのが探究心である。スペースXが掲げるミッションは明確だ。彼らは「人類が他の惑星に移植する」という目標を達成するために存在している（ちなみに他の資質は情熱、意欲、才能だ）。

スペースXは、共通目的を掲げることで、あらゆる困難に直面しても粘り強く立ち向かう敏捷性を組織に定着させられることを示す素晴らしい例である。

アジャイルな文化を定着させるための規律

ザッポス、ニューヨーク・タイムズ、スペースXの事例は、永続的な変革をもたらす文化の形成についての知見を与えてくれる。最も大きな変化を社内で促進する企業は、常に進化できる可能性が最も高い。そして、企業がその屋台骨とするデジタルケイパビリティを絶え間なく進化させることができれば、「一発屋」的なＤＸで終わってしまうリスクを回避できる。

シリコンバレーのトップ企業が、これら3つの特徴を共有しているのは偶然ではない。Ｐ＆ＧのＮＧＳではこれをお手本としている。本書の第3部では、これまで説明してきた規律がどのように組み合わさり、NGSを成功に導いたかを見ていこう。

本章のまとめ

●「企業文化は戦略を朝食にする」という言葉がある（一説によれば昼食にもするらしい）。これは「企業文化は戦略に勝る」という意味だ。表現はどうであれ、より具体的に言うと、組織がDXを取り入れるためには、3つの行動を取らなければならない。それは顧客中心型イノベーションの推進、適応を促す環境の構築、共通目的の確立だ。これらは永続的なDXのDNAを構築するために必要な、「アジャイル文化」を組織にもたらす。

●アジャイルな文化の構築は、DXの早いステージから始めなければならない。ステージ5までに完成させなければならないが、ステージ4以降に着手したのでは遅過ぎる。

●ザッポスのようなシリコンバレーの成功企業の教訓は、顧客中心型のイノベーションによる変革を促進する上で、文化がいかに重要な役割を果たしているかを示している。

●2014年にリークされたニューヨーク・タイムズのDXに関する内部メモは、適応を促す環境が欠けていると、組織の自然な勢いが著しく鈍り、DXへの抵抗が生まれる可能性があることを示している。

●スペースXの驚くべき物語と、彼らが他の惑星に人類を送り込むためにいかにパラダイムの転換を続けているかは、目的に基づいた敏捷性がいかに重要であるかを明確に示している。

チェックリスト

「アジャイルな文化を定着させるためのチェックリスト」の質問を使ってDXを評価し、DXの5段階モデルが定義する規律あるアプローチに従って行動してほしい。

【アジャイルな文化を定着させるためのチェックリスト】

1. 現在進行形の変革を持続させることを目的とした、DXの離陸を支えるアジャイルな文化は組織内に定着しているか？
2. 組織全体に顧客中心主義が定着しているか？ そしてデジタルプログラムがそれをさらに拡大しようとしているか？
3. 中核組織や関連組織の中に、早いステージで失敗してもそこから学ぶことで賢明なリスクテイクを可能にする文化を定着させているか？
4. 永続的な変革を支援するために、組織全体で共通の目的をつくり、伝えたか？
5. 絶え間ない進化の精神を生み出したか？ つまり変化こそが唯一変わらないものであ

ることを、組織全体が認識しているか？

［注］

（1）Prachi Bhardwaj, "An Adobe Executive Once Accidentally Leaked Plans to the Press Before Discussing Them with the CEO—And It Was the Best Thing to Happen to the Company's Productivity," Business Insider, July 14, 2018, https://www.businessinsider.com/adobe-donna-morris-productivity-hr-2018-7 [accessed December 19, 2018].

（2）David Burkus, "How Adobe Scrapped Its Performance Review System and Why It Worked," Forbes.com, June 1, 2016, https://www.forbes.com/sites/davidburkus/2016/06/01/how-adobe-scrapped-its-performance-review-system-and-why-it-worked/#64fd21fa55e8 [accessed December 19, 2018].

（3）David Burkus, "Inside Adobe's Innovation Kit," *Harvard Business Review*, February 23, 2015, https://hbr.org/2015/02/inside-adobes-innovation-kit [accessed December 19, 2018].

（4）Infinit Contact, "10 Zappos Stories That Will Change the Way You Look at Customer Service Forever," infinitcontact.com, October 29, 2013, https://www.infinitcontact.com/blog/zappos-stories-that-will-change-the-way-you-look-at-customer-service [accessed December 19, 2018].

（5）Tony Hsieh, "How I Did It: Tony Hsieh, CEO, Zappos.com," Inc. com, September 1, 2006, https://www.inc.com/magazine/20060901/hidi-hsieh.html [accessed December 20, 2018].

（6）Craig Silverman, "How to Create a Culture and Structure for Innovation," American Press Institute, May 27, 2015, https://www.americanpressinstitute.org/publications/reports/strategy-studies/culture-and-structure-for-innovation/ [accessed December 19, 2018].

（7）Joshua Benton, "The Leaked New York Times Innovation Report Is One of the Key Documents of This Media Age," Nieman Lab, May 15, 2014, http://www.niemanlab.org/2014/05/the-leaked-new-york-times-innovation-report-is-one-of-the-key-documents-of-this-media-age/〔accessed December 19, 2018〕.

（8）Allana Akhtar, "Elon Musk Says SpaceX Didn't Have a Business Model When It Started," Money.com, March 12, 2018, http://time.com/money/5195687/elon-musk-business-model-space-x〔accessed December 19, 2018〕.

（9）Marco della Cava, "Elon Musk: Rockets and Electric Cars 'Dumbest' Possible Business Ventures," *USA Today*, March 12, 2018, https://www.usatoday.com/story/tech/2018/03/12/elon-musk-sxsw-rockets-and-electric-cars-dumbest-possible-business-ventures/416670002/〔accessed December 19, 2018〕.

（10）Louis Anslow, "SpaceX: A History of Fiery Failures," Timeline.com, September 1, 2016, https://timeline.com/spacex-musk-rocket-failures-c22975218fbe〔accessed December 19, 2018〕.

第12章 リスクを検知する

私がＮＧＳの創設を主導するまでのおよそ10年間となる、２００２年から15年にかけて、Ｐ＆ＧのＧＢＳは一定の変化のサイクルを忠実に守ってきた。組織の設計は、24カ月ごとに見直された。時間の経過とともに、オフショアサービスセンターによるコスト削減という初期のモデルは、アウトソーシング型へと進化していった。その後、コストを削減するだけでなく、ビジネスの成長を支えるサービスを提供する完全な価値主導モデルへと進化した。次に進められた進化によって、優れた運用性が実現され、大きなアイデアを提供するスピードがさらに向上した。この旅は現在、シェアードサービスの第４世代への進化という段階に達している。

P&GのGBSには、変化を繰り返すという贅沢が許されていたが、ジョン・スティーブンソン・カンパニーなど本書で取り上げた事例の多くでは、状況は違っていた。DXがステージ4で終わってしまい、「一発屋」になってしまう原因の1つは、自らの手で変革を進める際の時間的リスクが認識されていないためだ。その結果、企業はゆでガエル症候群に陥ってしまう（カエルは湯の中に入れられると飛び出すが、冷たい水の中に入れられ、ゆっくり熱せられると、逃げずに死んでしまうのである）。

第4次産業革命に関する良いニュースは、質の高い早期警戒システムが利用できることだ。しかし欠けているのは、それを継続的に読み取るための新しい規律である。

潜在的な破壊的変化を検知する質の高い早期警戒システムが存在していたらどうだろうか？さらにそれが利用可能で、必要なものがそれを読み取るための規律だとしたら？　これは第4次産業革命に関する良いニュースだ。高品質の早期警戒システムが利用できるのである。不足しているのは、それを継続的に解析するための新しい規律である。

破壊的変化のリスクを測定し、それに対処するための規律

すでに存在している企業を、再構築しなければならないという必要性は、目新しいものではない。これまでと違うのは、再構築の頻度が上がっていることだ。公的機関、民間企業、非営利団体を問わず、すでにほとんどの組織には戦略策定プロセスがある。戦略のプランニングは、特にリスクを捕捉することを意図している。先手を打って行動するタイプのリーダーは、例えば悪いかもしれないが、ゆっくりと熱せられていく湯の中にいる、特別な才能を持つカエルのように、「うーん、なんだか熱くなってきたぞ」とデジタル技術による破壊的変化のリスクを察知する。戦略策定にデジタルの破壊的変化に関する指標を追加すれば、直感だけに基づいて行動する必要はなくなる。

戦略策定にデジタルの破壊的変化に関する指標を追加すれば、直感だけに基づいて行動する必要はなくなる。

私はその指標を、「デジタル・ディスラプション指数」と呼んでいる。それは4つの評価を、5つの項目について行ったもので、レーダーチャートを使うことで可視化される（図表12−1）。警戒すべき徴候は、以下のようなリスク領域から生じる。

●業界のトレンド
●顧客情報
●ビジネスモデルのトレンド
●自社のデジタルビジネスのパフォーマンスと、デジタル組織のフィードバック

デジタル・ディスラプション指数は、これら4つのリスク要素を視覚化し、脅威レベルについてより包括的な測定を行うために使用することができる。グラフ化した際に、これら4つの要素がつくる図形の面積が大きければ大きいほど、リスクも大きいことを意味する。従って図表12−1では、パフォーマンスリスクの範囲は比較的小さいが、他の2つの要素（業界とビジネスモデルのトレンド）のリスクには注意が必要である。これらのリスクの詳細を定期的にレビューすることは、破壊的変化に対する「ゆでガエル症候群」を回避するのに役立つ。

図表12−1　デジタル・ディスラプション指標

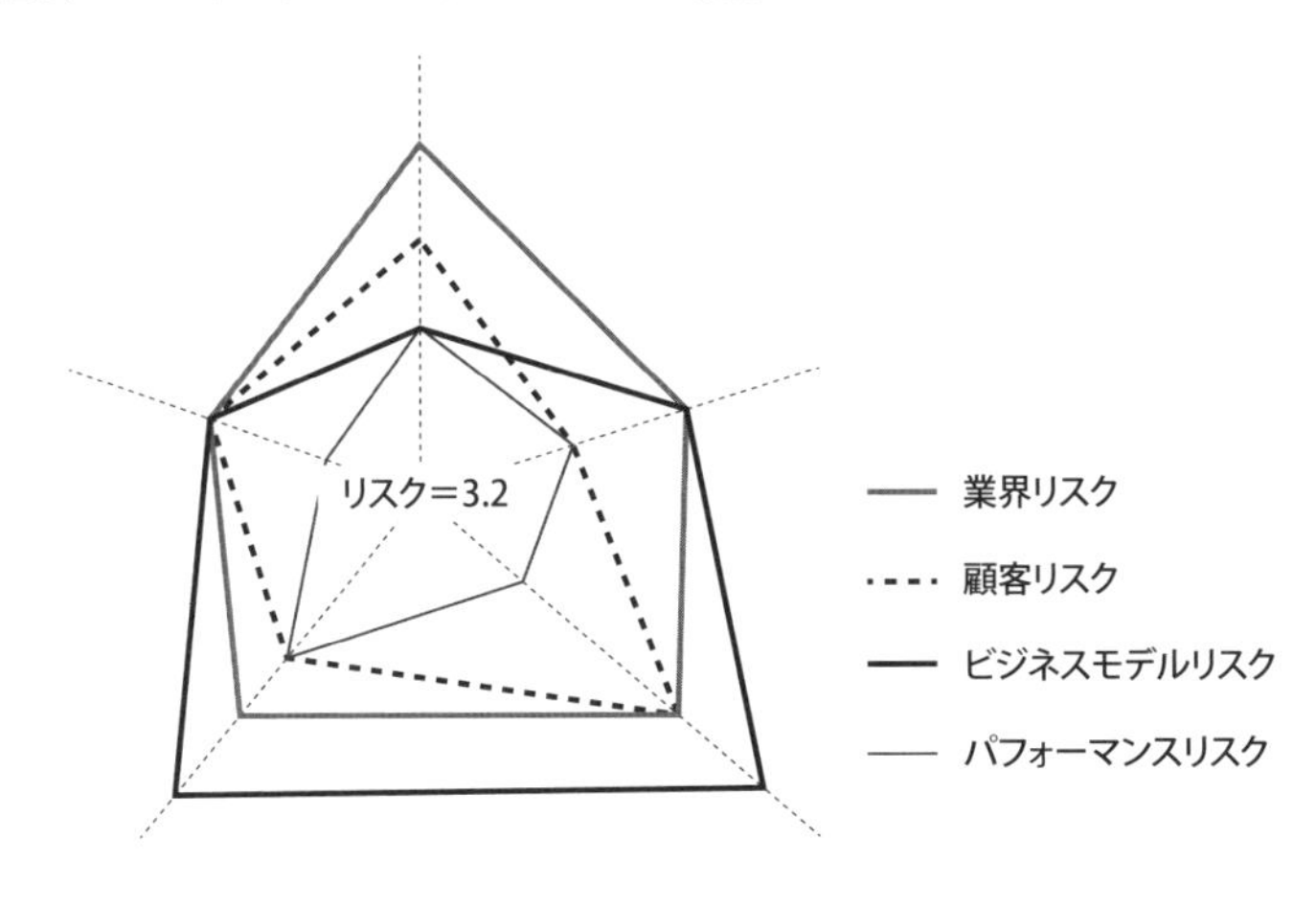

P&GのGBSにおけるリスク評価

２０１５年、グローバル・ビジネス・サービス部門（GBS）のヘッド、ジュリオ・ネメスが現在のビジネスモデルを一新させる必要があると確信したとき、彼は完全に直感に基づいて判断していた。しかし前述の４つのリスク要素を念頭に置いてGBSを見ると、当時のGBSのビジネスモデルについて、時間の経過とともに衰退する兆候が見られたことが分かる。

●**業界トレンド**：シェアードサービスの主要なサプライヤーであるビジネスプロセスアウトソーシング（BPO）業界は、すでに混乱の兆しを示していた。業界全体の市場が成長を続ける一方で、IBMやHPなどのグローバルサービスプロバイダーは、厳しい時代に突入していた。インドのＢＰＯプロバイダーは依然として成長していたが、２００８年の景気後退後に起きた景気回復が過ぎた後でも、利益率は低下していた。それと並行して、ＶＣ／スタートアップ市場も進化していた。スタートアップ企業によるエンタープライズＩＴソリューションの開発が活性化しており、新世代のＧＢＳ機能が利用できるようになりつつあった。

●**顧客情報：**家電の進化は、ユーザー体験向上の期待を高めた。さらに事業部のリーダーの間で、デジタル・ディスラプションの緊急性に対する認識が高まったことで、より多くのイノベーションが期待されるようになった。

●**ビジネスモデルトレンド：**デジタル機能をＰ＆Ｇの事業に適用する必要性が高まったため（Ｅコマース、デジタル広告、デジタルサプライチェーンなど）、事業部は再び、複数のＩＴベンダーと直接連携することになった。ＧＢＳ／ＩＴ組織の以前のＰ＆Ｇモデルは、すべてのデジタル機能のためのファネルであったが、もはや十分ではなかった。

●**自社のパフォーマンス：**ＧＢＳは順調に財務およびサービスレベルの目標を上回り続けていたが、プロジェクト作業の削減により達成すべきコスト削減額が増加傾向にあった。

「ＧＢＳに自ら破壊的変化をもたらす」というジュリオの決断は、直感的な仮説に基づいたものだった。しかしこの決断を、４つのリスク要素に基づいて成文化し、継続的なリスク把握に役立てることができる。それぞれの要素について詳しく見ていこう。

業界トレンドからの警報

デジタル技術が引き起こす破壊的変化から逃れられる業界はないという事実は、今では広く理解されている。そうした変化の最初の例は、メディアや金融、エンターテインメント、小売、テクノロジーサービス、製造業などの業界から出てくるかもしれないが、誰もそれを回避することはできない。より適切な問いは、「ある業界内の特定のプロセスがいつ、どのような形で破壊されているか」というものだ。このような特定の混乱を示すシグナルのいくつかは、業界データから入手することができる。ここでシグナルの例をいくつか紹介しよう。

- コアプロセスのデジタル化の可能性
- デジタルネイティブのスタートアップ企業の数
- 成功した破壊的スタートアップ企業の数
- 業界全体の成長と収益性
- 隣接する業界の混乱
- VCのビジネス動向

こうした指標のほとんどは容易に入手できるが、私が注目したい新しい情報源は、ベンチャーキャピタリストのデータである（コラム参照）。

Column

デジタル時代におけるベンチャーキャピタリストとの関係とデータに注目する

ベンチャーキャピタリストは、変革を目指すリーダーのベストパートナーになり得る。これは非常に共生的な関係だ。ＶＣはスタートアップに対するフィードバックを必要とし、企業は新しいアイデアを必要としている。大部分のＶＣが、企業との接点を設ける個別のプログラムを実施しており、例えばクライアント企業とスタートアップを引き合わせるサービスなどを提供している。ＶＣは、企業を変革するリーダーが大好きなのだ。

しかし多くの企業が、現在の主力製品やサービスにのみ焦点を当てているため、ＶＣとの関係がうまくいかないことが多い。それでは他のタイプの破壊的変化、すなわち業務効率やビジネスモデルに関する変化を予測するには不十分だ。例えば健康や美容、パーソナルケア製品のサブスクリプション型Ｅコマースモデルは、業界の本質を変えてしまった。製品における競争のみに対応するためにＶＣとの関係を構築していては、この脅威を完全に見逃してしまうことになる。

その解決策は単純で、ＶＣをより深く自社組織と関係させ、その力を活用して、より広い範囲から情報収集を行えばよい。そうすることで、潜在的な機会と脅威を十分に理解することが可能になるだろう。前の章で解説したように、変革の可能性は、製品、ビジネスモデル、または革新的な業務運営能力からもたらされる。ＶＣとの関係は、３つの分野すべてをカバーする全体的なものでなければならない。

例えば、もしエナジードリンク業界でビジネスしているのであれば、製品以外の脅威（破壊的な変化をもたらす新たな業務運営のトレンドなど）まで監視していることが望ましい。レッドブルを例に挙げると、同社のソーシャルマーケティングの巧妙さは、エナジードリンク業界に大きな影響を与えている。レッドブルの成功は、製品だけでなく、その卓越したコンテンツマーケティングによるところが大きい。彼らはフェリックス・バウムガルトナーによる、成層圏からダイビングするというチャレンジのスポンサーになったり、エクストリームスポーツのユーチューブ動画を通じて３００万人ものチャンネル登録者を集めたりしている。いずれにしても、いまやレッドブルのビジネスモデルは、製品だけでなくマーケティングにも大きく依存している。

ＶＣが持つデータも、以前よりもさらに企業が利用できるようになってきている。スタートアップ企業のデータベースである「クランチベース（Crunchbase）」のような情報源から始めるのが良いだろう。このデータベースは、ＶＣの投資動向から各スタートアップの詳細まで、多くの情報が無料で提供されている。さらに他の情報源、例えばCBインサイツ（CB Insights）やシグナルズ・アナリティクス（Signals Analytics）などでは、「誰が自分たちに破壊的変化をもたらす可能性があるか」といった観点から、カスタマイズされた分析を行うことができる。

顧客からの警報

クレイグスリスト、ネットフリックス、フールー、アマゾン、アリババ、ウーバーなど、破壊的変化をもたらす企業の多くには共通点がある。彼らは皆、顧客体験を向上させる新たなチャンスを見出した。デジタル技術による破壊的変化において、新たなＣＸ（カスタマーエクスペリエンス：顧客体験）の法則が現れている。それは「デジタル化によって改善される可能性のある問題を抱えている顧客体験は、すべて実際に改善されるだろう」というものだ。

ただ、話はもう少し複雑だ。変化を促す要因は、必ずしも以前のサービスがどれだけ貧弱だったか、あるいは高価だったかではない――以前の状態からどれだけ改善できるか、ということである。紙の新聞に掲載されている「クラシファイド広告」をめぐる体験は、それほどひどいものではなかった。しかし無料で利用できるオンライン・クラシファイド広告の方がずっと使いやすい。その結果、クレイグスリストをはじめとするオンラインのクラシファイド広告が、紙媒体のクラシファイド広告を圧倒したのである。

変化を促す要因は、以前のサービスがどれだけ貧弱だったか、
あるいは高価だったかではない。
どれだけ以前の状態から改善できるかだ。

顧客満足度スコアの測定と、顧客体験の間には大きな違いがある。優れた顧客満足度スコアや、優れた製品パフォーマンススコアは、顧客の忠誠心が永続することを保証するものではないのだ。それよりも、顧客が感じる手間や煩わしさを解消することに専念する方が賢明である。

顧客は長い間、最も信頼性の高い早期警戒シグナルの情報源となってきた。しかし従来の市場シェアや顧客満足度といった情報だけでなく、デジタル・ディスラプションの可能性をより確実に示す、新しい種類の顧客満足度指標が登場している。「ソーシャル・カスタマー・インフルエンス」や「カスタマー・エンゲージメント」のような指標は、特にそれが隣接する業界まで含めて把握される場合、自社にとってCXがどの程度問題となる可能性があるかだけでなく、潜在的な破壊的変化を示す優れた指標となる。「カスタマー・エフォート・スコア（CES：顧客

努力指標）」は、特定のタスクを達成するために必要な労力を表したもので、特にデジタル・オルタナティブと比較した場合、もうひとつの優れた指標となり得る。CESのスコアが高ければ、CXによって引き起こされる破壊的変化に影響を受ける可能性があることを示している。

従って、顧客満足度に関するデジタルリスクとして含めるべき指標は次の通りだ。

- 顧客体験のデジタル化の可能性
- 顧客サービス上の問題点
- ソーシャル・カスタマー・インフルエンス、カスタマー・エンゲージメント
- カスタマー・エフォート・スコア

ビジネスモデルからの警報

どのようなビジネスモデルの脅威が組織を根底から覆す可能性があるか、リーダーはすでに知っているだろう。ウーバーのような企業によって、業界が一夜にして破壊されてしまったなどという話は、読み物としては良いかもしれないが、精査してみれば現実は異なることが分かるだろう。ほとんどの組織にとっての問題は、現在のビジネスモデルに対する脅威の認識ではなく、脅威がどのくらい身近に迫っているかを過小評価していることである。

実際には、動きの素早い競争相手が、顧客のニーズをより満たそうと取り組む（市場への新た

なアクセスを見つけたり、新たな価値創造の手段を見つけたりするなどして）ことで、最終的に自社のビジネスモデルが破壊されることになる。問題はそのタイミングだ。

次のような情報を用いて、新たなビジネスモデルのトレンドを測定することは、ビジネスモデルの変化がどの程度切迫しているかを示す良い指標となる。

- チャネルの進化
- バリュー・プロポジションの変化
- スタートアップ企業における、事業運営上での主要な活動の変化
- 事業に投入する主要な経営資源の変化
- パートナーシップのあり方の変化

デジタルビジネスのパフォーマンスとデジタル組織のフィードバックからの警報

これらの指標は、製品、プロセス、および人員に対するデジタル投資のレベルと、その結果を反映する。2015年にIBMインスティテュート・フォー・ビジネス・バリュー（IBV）が実施した調査「境界の再定義――グローバル経営層スタディ[1]から得られた知見」は、経営幹部に対する2万8000件以上のインタビューからデータを収集し、分析を行った。そして回答者のおよそ5パーセントに相当する「トーチベアラー（啓蒙家）」を特定した。彼らはイノベ

ーションを起こすことに長けていると評価されており、成長と収益性の点で同業他社を上回る業績を残していた。研究によれば、トーチベアラーは他の人々に比べて20～40パーセント多い額の投資を、「大きな賭け」となる新技術に対して行っていた。また顧客からのフィードバックに22パーセント多くの注意を払っていたが、それは主に、競合他社への注意を22パーセント減らすことによるものだった。

新しいテクノロジーへの投資のレベルを測定するだけでなく、主要なテクノロジー投資がどこに向けられているかを調査する必要もある。もしIT投資（IT予算と非IT予算の両方）の大半が収益改善に向けられているのなら、問題があるかもしれない。企業は通常業務に費やすコスト、継続的な改善のために費やすコスト、破壊的なイノベーションに費やすコストへの配分に関して、グーグルが提唱する比率「70‐20‐10」を必ずしも守る必要はない。しかし企業が生産性の向上によって節約したコストを、顧客サービスやビジネスの成長、新しいビジネスモデルの創出に再投資できなければ、デジタル技術による破壊的変化にさらされるリスクがある。

デジタル投資の指標として、次のようなものを含めるべきだろう。

● 新技術に対する投資のレベル
● デジタル・ワークフォースへの投資
● デジタルを基盤としたビジネスの割合

- 顧客にフォーカスしたデジタル投資の量
- 継続して行われるデジタル投資の割合

最後の継続的なデジタル投資に関しては、使用可能なキャッシュの量を増やすために、「再投資に向けた貯蓄」、すなわちさらなる節約（他のＩＴ分野を含む）を促す必要があるかもしれない。

なぜ警報が無視されるのか

繰り返しになるが、リーダーは組織がデジタル技術による破壊的変化のリスクにさらされていることを、すでに感じ取っているものだ。より大きな問題は、彼らがそれにどの程度反応しているのか、そして十分でないとすれば、それはなぜなのかということである。これに対する答えは、社会学的なものになる傾向がある――不安、惰性、判断ミスである。既存製品とのカニバリゼーションが起きるのではないか、変化に向けたコストがかさむのではないかといった不安、現在の戦略がこれまで成功してきたという自己満足による惰性。最後に、デジタル技術による破壊的変化の潜在的な影響に対する誤った判断と、組織が新たな競争にどれだけ耐えられるか、という点に対する楽観的な観測だ。本章の残りの部分では、これらの要因をさらに掘り下げ、対処法を提案する。その対処法とは、年次の戦略策定プロセスの一部としてこの問題に取り組むためのアプローチだ。

不安

製品のカニバリゼーションや変更コストの高さ、事業リスクに対する不安は、一般的な文化に固有のものである傾向がある。さらに公平を期して言えば、それは業界の性質やビジネスモデル（特に防衛や金融、医療など、厳しい審査を受ける業界では）から生じる可能性がある。不安に対する答えは、無謀なリスクテイカーになることではなく、ガバナンスと破壊的イノベーションの間でバランスを取るための、統制の取れたアプローチを導入することである。こうした業界でも破壊的変化をもたらすスタートアップ企業が活動しているということは、規律のある破壊的変化が可能であることを示唆している。本当のリスクは、ボシュロムとリサーチ・イン・モーションに関するコラムで示されているように、こうした不安が変化の妨げになることだ。

Column

変化への不安は高くつく

変化の難しさを正しく理解するのは良いことだが、それを恐れるのは良くない。ここでは変化を回避しようとしたことが、逆効果になってしまった例を紹介しよう。

●**既存製品のカニバリゼーションへの不安**：レオナルド・ダ・ヴィンチは、コンタクトレンズを最初に考案した人物とされている（1508年に執筆されたとされる写本の中に登場する）。しかし科学者たちがガラス製のコンタクトレンズを作るようになったのは、1800年代後半になってからであり、最終的にプラスチック製のコンタクトレンズとなった。しかしハードコンタクトレンズは、酸素が角膜や結膜に浸透せず、眼に深刻な影響を引き起こすという大きな問題を抱えていた。ソフトコンタクトレンズの発明が画期的だったのはそのためだ。

1965年頃、ボシュロムはソフトコンタクトレンズ製造のライセンスを取得したが、ジレンマに陥ってしまった。ソフトコンタクトレンズの販促に力を入れ過ぎてしまうと、ハードレンズの収益が食いつぶされるリスクがあったのだ。そこにジョンソン・エンド・ジョンソンが参入したことで、ソフトコンタクトレンズが主流になるという路線が避けられないものであると明確になった。ハードコンタクトレンズ事業は低迷し、ボシュロムは慌てて業界のトレンドを追うこととなった。

●**コストへの不安**：2000年代の初め、リサーチ・イン・モーション（RIM）は、スマートな多機能電話の分野で世界を席巻していた。RIMは独自のオペレーティングシステム（OS）とハードウェアに基づいて、優れたパフォーマンスとセキュリティーを実現し、これまでにない信頼性の高い製品を顧客に提供した。そこに登場したのが、2007年のiPhoneである。

RIMをはじめとする既存の競合企業（ノキア、マイクロソフト、パーム）は、OS設計とタッチスクリーン機能の両方で、厳しい選択を迫られた。こうした競合企業のほとんどはOSへの投資に固執しておらず、方向転換する可能性があったが、RIMは違った。またRIMは、同社のこれまでの強みであるセキュリティーとキーボード・インターフェースに頼るべきか、それとも新しいユーザー体験のトレンドに従うべきかという、戦略的ジレンマにも直面していた。RIMにとって、OSの変更コストは非常に高いものであり、ユーザーが示していた方向へ移行するのに遅れてしまった。その結果、RIMの売り上げは2010年にピークを迎え、その後劇的に減少した。

惰性

不安を促す社会学的要因は、変化によって生じる影響に対して慎重でありたいという欲求が関係している。しかし惰性の場合、何のプラス面も存在しない。特にデジタル時代にはなおさらだ。自己満足と緊急性の欠如からもたらされる惰性は、やがて重大な影響をもたらす。クレイトン・クリステンセンの画期的な著作*The Innovator's Dilemma*（『イノベーションのジレンマ』、翔泳社）（コラム参照）は、個々の組織だけでなく、業界全体における慣性の背後にある要因を説明するのに役立つ。しかしここで同書を取り上げたのは、デジタル時代における惰性を説明し、その脅威に対する認識を高めるためであり、それを正当化するのが目的ではない。

Column

惰性によって続いた、エネルギー業界の古いビジネスモデル

クレイトン・クリステンセンによる1997年の著作 *The Innovator's Dilemma* は、組織を大きな成功へ導く戦略は、最終的な崩壊の種をはらむものであることを、リーダーたちに理解させることとなった。そして第4次産業革命は、このリスクをさらに差し迫ったものにしている。エネルギーのように、短期・中期的に破壊的変化に直面している業界では、自らのビジネスモデルが破壊されるかもしれないという脅威に対して、各プレーヤーがそれぞれ異なる反応を示している。優良企業の中には、代替エネルギーに大きく賭けようとしているところもある。

こうした変化は歓迎すべきものだ。大手エネルギー企業は数十年にわたり、政治や消費者への働きかけに多大な投資を行い、科学的に証明された気候変動に関する事実を否定するなど、石油ベースのビジネスモデルを維持してきたからである。そうした状況は、劇的に変わりつつある。すでに多くの地域で、陸上風力発電は最も安価なエ

ネルギー源だ。インドでは、太陽光エネルギーによって得られる電力が1ワット当たり65セントとなっており（これは米国のおよそ半分のコストだ）、これは石炭による発電の場合よりも安い。発展途上国では、それは携帯電話のような他の破壊的技術と同様に、一足飛びに市場に普及する機会をうかがっている。さらに、アフリカのサハラ砂漠以南の地域では、ケニアのM-KOPAのような企業がまったく新しいビジネスモデルを生み出している。そうしたビジネスモデルは、電力を使用する現場で太陽光エネルギーによる発電を行うことにより、コストのかかるエネルギーグリッドへの依存を回避する仕組みに基づいている。

古いビジネスモデルや慣行にどこまで立ち向かえるかによって、どの企業が将来のエネルギー業界大手になるかが決まるのである。

判断ミス

非常に頭の良い人物であっても、未来を予測する際には大きな間違いを犯すことがある。一例を挙げよう。2007年、当時マイクロソフトのCEOだったスティーブ・バルマーは、次のような自信にあふれた予測を行った。「iPhoneが市場で大きなシェアを獲得することはないだろう」。頭が良いにもかかわらず、トレンドを読み誤ってしまった人物は彼だけではない。コラムにおいて、他の面白い例をいくつか紹介している。
判断ミスの問題は、人間の頭は指数関数型の変化（1、2、4、8、16、32……）よりも、線形の変化（1、2、3、4、5……）の方が理解しやすいという事実に関係していることが多い。その典型的な例がコダックだ。彼らは1975年に最初のデジタルカメラを発明したが、当時はデジタル写真を推進するという道を選ばなかった。[2] その一方で、1981年にソニーが世界で初めてデジタルカメラの販売を始めた。当時のコダックの市場調査では、デジタルの影響が大きくなるまでには、少なくとも10年はかかると推定されていた。その予測は正しかったのだが、見逃されていたのは、その後のデジタル技術の急激な成長であった。10年が過ぎた後に始まった、指数関数型の急成長によって、コダックは他社に追い付けなくなってしまったのである。こうした指数関数的なトレンドに注意することが重要だ。

Column

予想を外した人々

「最初の半年が過ぎれば、テレビは獲得した市場を維持できなくなるだろう。人々は、毎晩ベニヤ板の箱を見つめることにすぐ飽きるはずだ」

――ダリル・ザナック（20世紀フォックス幹部）、1946年

「馬はこれからも使われるだろうが、自動車は目新しいだけの一時的な流行にすぎない」

――ミシガン貯蓄銀行の頭取（ヘンリー・フォードの弁護士だったホレス・ラッカムに対し、フォード・モーター・カンパニーへの投資を控えるよう助言する中で）、1903年

「米国人は電話を必要としているかもしれないが、私たちは違う。メッセージの配達を行うメッセンジャーが大勢いるからだ」

――ウィリアム・プリース卿（英国郵便局チーフエンジニア）、1876年

「コンピューターは世界全体の市場でも5台くらいしか売れないだろう」

――トーマス・ワトソン（IBM社長）、1943年

「個人が自宅にコンピューターを置きたいと思う理由はない」

――ケン・オルセン（DEC創業者）、1977年

これらの予想を行ったのは、いずれも非常に頭の良い人物であり、彼らは破壊的変化が起きるタイミングや、自らの競争相手の力量を見誤ってしまった。

不安、惰性、判断ミスを回避するための規律

ＤＸ後も優位性を維持しようと計画している企業は、年次の戦略策定作業をわずかに変更するだけで、これらのリスクにシステム的に対処することができる。本章の前半で、デジタルの破壊的変化に関する指標について解説した。これを年次の戦略策定プロセスに組み込まなければならない。具体的には、戦略を検討する過程において行う競争力評価の中に、デジタル・ディスラプション指数の詳細なレビューと、脅威に適切に対処するための計画策定を含めるべきだ。

デジタル・ディスラプション指数の値とその傾向を検討することで、どの程度早急に対応すべきかの規律が得られる。

本章のまとめ

- デジタル技術による破壊的変化をめぐる騒ぎと、実際に起きることを切り分けるのは難しい。破壊的な脅威にいつ、どこで、どの程度対応するかはジレンマだ。効果的に行動しないと、リソースを無駄にして混乱を招く恐れがある。

●デジタル・ディスラプション指数は、デジタル・ディスラプションのリスクを継続的に検知し、対処するための測定基準を提供する。これには次の4つの領域にわたる測定が含まれる。

▼**業界トレンド**：通常の指標に加えて、VCの投資動向も調べる。また、VCが使用するデータソースに投資して、適切な破壊的変化に集中できるようにする。

▼**顧客**：自社の顧客と、隣接する業界の顧客から、最高のデータが得られる。顧客満足度やカスタマー・エフォート・スコアなどの新しい指標は、ビジネスモデルが破壊される可能性を示してくれる。

▼**ビジネスモデル**：チャネルやパートナー、システムの進化など、現在のビジネスモデルを構成する部分を評価することで、脅威に関する有益な洞察が得られる。

▼**デジタルビジネスと組織**：デジタルビジネスとデジタルリテラシーへの投資状況を理解することは、デジタル技術による破壊的変化に対する過小反応のリスクを認識するのに役立つ。

●不安、惰性、判断ミスなどの社会的問題は、デジタルリスクに対する行動がしばしば不十分になってしまう理由を説明する。これについては、年1回の戦略策定を行う際に、デジタル・ディスラプション指標を追加するという規律が役立つ。

チェックリスト

「リスクを検知するためのチェックリスト」の質問を使ってDXを評価し、DXの5段階モデルが定義する、規律あるアプローチに従って行動してほしい。

【リスクを検知するためのチェックリスト】

1. デジタル技術による破壊的変化を察知・対応するために、年次の戦略策定プロセスにそれらに関係する作業を組み込んでいるか？
2. 自らの業界が、今後どの程度デジタル技術によって破壊される可能性があるかを推測するための指標はあるか？
3. 自社の顧客が、デジタル技術による破壊的変化の方向にどれだけ向かっているかを定量的に測定しているか？
4. チャネルやパートナー、システムの進化など、ビジネスモデルを構成する部分がデジタル技術によってどの程度変化しているかを把握するための特定の指標を設けているか？

5. 自社におけるデジタルビジネスとデジタルリテラシーへの投資状況を測定しているか？

［注］

（1）IBM, "The C-Suite Study," https://www.ibm.com/services/insights/c-suite-study ［accessed December 19, 2018］.

（2）Chunka Mui, "How Kodak Failed," Forbes.com, January 18, 2012, https://www.forbes.com/sites/chunkamui/2012/01/18/how-kodak-failed/#67b8a2fa6f27 ［accessed December 19, 2018］.

Part 3

DXで勝者となる

第13章

P&GのNGS変革

最後の2つの章は、私が抱く確信に基づいて書かれている。その確信とは、第4次産業革命の中で成功を収めようとした場合、準備を万端に整え、規律ある行動を取った者に幸運が訪れるというものだ。DXは、文字通り一生に一度の好機である。そのチャンスをつかみ、成功するのに十分な規律を保てるかどうかは、私たち次第だ。これまで紹介してきた、離陸して飛行を続けるための規律がどのように融合されるのかを解説するために、P&GのNGSではそうした「ジグソーパズルのピース」をどう組み合わせたのかを披露しよう。

グローバル・ビジネス・サービス部門の変革を目指したP＆G

2003年、ヒトゲノム計画は、人のDNAを構成するすべての塩基配列を解析した。そのコストは、25億ドルだった。しかしその後、コストは指数関数的に急落し、いまや私のメールアドレスには、100ドルであなたのDNAを解析しますというサービスの迷惑メールが届くまでになった。ITサービスのコストが、15年間で99パーセントをはるかに超える下落を見せるというのは、いつ以来だろうか？　そして、本質的にデータビジネスであるグローバルなビジネスサービス業界が、こうした指数関数的な技術進化の影響を受けない理由があるだろうか？

これは私が2015年にNGSに取り組み始めたとき、頭の中にあった疑問だった。P＆Gのグローバル・ビジネス・サービス部門（GBS）は業界最高クラスのパフォーマンスを発揮していたが、次の進化のS字カーブへと進む方法が必要だった。刺激を得てアイデアを生み出すために、私たちは100以上の組織（他のシェアードサービス組織や、コンサルティング会社、ITプロバイダー、ベンチャーキャピタル、スタートアップ企業など）に話を聞いた。その中の1つが、オーストラリアに拠点を置く、売上高5億ドルを誇るグローバルなソフトウェア企業だった。

私は彼らに、シェアードサービス組織を持っているかと尋ねた。答えはノーだった。同社が信じられないほど効率的な業務を行っていることを知っていた私は、給与計算、採用、業績管理などの人事サービスをどのように運営しているのか、粘り強く問いかけた。人事部門がこれらの業務を担当している、というのが答えだった。

そこで私は次に、10の国々でビジネスを行っている同社の、人事部門の規模を尋ねた。彼らの答えは驚くべきものだった――たった25人というのである。さらに信じられないことに、私が浮かべた驚きの表情を、その数が多過ぎたからだと彼らは考えていた！　そして少し言い訳をするかのように、自分たちは毎年人員数を倍増させているので、人事部門の半分は採用に専念しているのだと彼らは説明した。私はびっくりして外れてしまったアゴを拾いながら、重要なことに気付いた――次世代のシェアードサービスはすでに存在していたのだ。それはデジタルネイティブ企業が、社内業務を運営する方法だった。

業務を支えるデジタルバックボーン

次の数カ月間で、未来の業務を支えるデジタルバックボーンがなぜ望ましいかだけでなく、デジタルに精通した新世代の企業の中にすでに存在しているのかを説明してくれる事例が、次々と見つかった。これらの企業の収益に占めるITやシェアードサービスのコストは、大企業の半分以下だった。ニューヨークのある大手ウェルス&アセットマネジメント会社は、従業員の生産性を10年前の4倍に高めたという。本書で先に述べた事例（自動でスケジュール調整してくれるＡＩのx.aiや、株価やスポーツの結果に関する短い記事を書き上げるＡＩ、カメラ情報を使用してリアルタイムで発砲の位置を三角測量で特定するＡＩのショットスポッターなど）は、事業の「デジタルバックボーン」という概念を支持するものとして、突然現れた。

ほとんどの組織において、ＤＸは、①新しいビジネスモデル（例：従来の小売業からオンライン販売へ）、②テクノロジーを活用した新たな製品（例：自動運転車）、③社内業務のデジタル化（例：資産管理でのＡＩの活用）という3つの形態を取る。ＧＢＳの未来とは、そのＩＴ機能も含め、企業全体の業務の「デジタルコア」へと変貌することであった。

調査の結果、シェアードサービス業界の中には、「ＧＢＳがＰ&Ｇの事業のデジタルコアになる」という目標を後押しする、破壊的な変化の可能性がいくつも存在することが明らかになった。例えばグーグル、アドビ、ネットフリックスといったデジタルネイティブ企業の旅費精算ソリューションには、目を見張るものがあった。従来の企業の多くは、どこで航空機を予約し、どのホテルに宿泊するかに関する厳しい基準を設けている。社員は出張のたびに、すべての経費を報告書に詳細に記載しなければならない。これはほとんどの出張者が嫌う作業だ。

一部のデジタルネイティブな組織が採用したプロセスは、それとは根本的に異なっていた。出発する前に、出張者はシステムにログオンし、目的地と旅行の日付を入力する。するとコストに関する膨大なデータベースに基づいて、システムが旅費を計算し、提供してくれるのである。出張者は好きなサイトでチケットを予約でき、好きな場所に泊まれる。彼らのコーポレートカードには経費の詳細が記録されるため、経費報告書を作成するのに社員の追加作業は必要ない。さらに、システムが算出した旅費がすべて使用されなかった場合には、次の出張において高級ホテルに滞在したり、節約分を慈善団体に寄付したりするなど、出張者が使い道を柔軟に選択できるようにした。こうした取り組みは、企業のコストを削減させ（最大で30パーセント）、企業内のノンコアな活動（旅行代理店の管理やホテルとの交渉、経費の領収書と請求書の照合など）を排除しただけでなく、大人の対応を行うことで従業員の満足度も向上した。

私がNGSを率いていたその後の3年間で、10Xの可能性を持つ類似のプロジェクトを25件ほど実施した。これらのプロジェクトについてポートフォリオを組んで運営し、スピードや財務面での基準を満たさないプロジェクトは中止した。一方で、初期に予想されたパフォーマンスを上回るプロジェクトも現れた。ポートフォリオが全体として目標を達成している限り、問題はなかった。企業運営のデジタルコアを創造するアイデアは、次々に生まれてきた。ここではその例をいくつか紹介しよう。

●サプライチェーンの計画策定を、供給から需要までエンドツーエンドで、リアルタイムで実行できないか？　現在の世界における慣行では、資材所要量計画（MRP）内のすべてのプロセスが、需要予測、需要計画、製造実行計画、輸送計画などそれぞれ独立した形で実施されている。大規模なグローバル製造企業で、これらのプロセスを個々に最適化させてしまうと、何千人もの従業員がプロセス間の隙間を埋めなければならなくなる。しかしそれはもはや時代遅れだ。現代のテクノロジーでは、毎時何兆ものイベントを処理し、何千ものＡＩアルゴリズムを使用して、システム全体の計画をリアルタイムで最適化できるようになっているからである。

●すべての企業システムで「Siri」のようなインターフェースを採用できないか？　さらにそうしたインターフェースに、縦割りで構築された企業内システムを横断して、あらゆるニーズに対応するソリューションを提供するような能力を与えられないか？　例えば新入社員の入社手続きを計画する際に、いくつかの個別のシステム（セキュリティーカードの付与、給与の設定、設備類の準備、ＰＣとメールの設定、研修の設定など）にそれぞれアクセスする代わりに、「Hey, Siri、２０２０年3月1日に入社する新入社員、ジェーン・スミスの設定を行ってください」と呼びかけ、もう少し情報を付け加えるだけで、個々のシステムを横断して必要なプロセスが実行されるようにすることができるだろう。さらにこれと同じユーザー体験を、他の業務でも実現できるはずだ。

●売掛金の処理プロセスを劇的に改善するために、ＡＩを活用できないだろうか？　大企業では何百人という社員が、手作業でこのプロセスを行っており、例えば顧客企業から過払いの申し立てがあった際に、どれが有効なものかを判断したりしている。その代わりに、アルゴリズムに判断を任せられないだろうか？

●アルゴリズムを使って、サプライヤーから送られてくる契約書を自動で読み取り、その文面の中で自社のポリシーに反する箇所や、交渉の余地のある箇所をハイライトさせることができないだろうか？

●従来の予測システムと人間の手作業に代わり、アルゴリズムを活用することで、財務予測をより正確に実施できないだろうか？

●購買業務にＡＩを導入し、購買担当者が複雑な決定をすることを支援できないだろうか？　例えばサプライヤーや業界の変化に対応したり、リアルタイムで価格動向を把握したり、スポットで発注を行ったりできないだろうか？　あるいは新規のサプライヤーに関する情報を取り込むことで、サプライヤー間の競争を促せないか？　また契約書内の複雑な価格表と、請求書や支払いを突き合わせて、過払いを回避できないだろうか？

●コールセンターにおいて、音声をテキストに変換し、膨大なデータベースから複雑な問題に対する答えを探してくれるアルゴリズムを活用して、ユーザー体験に破壊的変化をもたらすことができないだろうか？　そしてユーザーにより多くのサービスと選択肢を提供できないだろうか？

●大規模なデータレイクを使ってＩＴの運用に関連する情報を収集し、それをアルゴリズムで分析して予測や自動対応を行うことで、企業内におけるＩＴシステム全体（電源供給からネットワーク、サーバー、データベース、データ品質、あるいはユーザー体験に至るまで）に関するトラブルを、90パーセント以上削減できないだろうか？　さらにそれを、世界中のサプライヤーを含める形で実施できないだろうか？

●国やサプライヤーをまたぐ、世界規模の複雑な海上・航空輸送を、より透明性が高くシンプルなものにし（特に貨物の所在地や輸送費に関して）、サプライヤーが請求書を送る必要すらなくしてしまうことができないだろうか？

●映像アルゴリズムを使って大量の映像を解析し、顧客の実際の行動に関するデータを提供することで、「こうではないかと考えられた」消費者行動ではなく、実際に「観察された」消費者行動に基づいて判断が下せるようにならないだろうか？　顧客の実際の行動を観察する方が、彼らにどのように行動するかを質問するよりも信頼できるが、現在、これを大規模に行うことは簡単な話ではない。

●企業における「マスターデータ」の同期という困難な課題（例えば適正重量を示す標準コードや、世界中の製品に対応したＳＫＵコードを揃えるなど）を、ついに解決できるのではないか？

このような機会が、企業の中には何百も存在しており、また実行可能なアイデアとなっている。しかし特定の組織内において、その中のどれが、あるいはすべてが実行可能かどうかは別の問題だ。実現が可能な最終の段階を特定することと、ＤＸを成功させることとは異なるのである。問題は、成功し、安定している現在の状態から、非常に好ましいが、不確実な将来の状態へとどのように移行するかということである。

移行の問題

現在から未来の状態への移行を成功させるにはどうすれば良いのかという問いは、ＤＸがなぜ失敗するのかという問いに、私たちを帰結させる。ＮＧＳでの経験から得た教訓は、ＤＸの５段階モデルの作成につながった。ここでは特に、ＮＧＳプログラムの開始時に重要な役割を果たした、３つの分野の事例に注目してみたい。

戦略の充足性

ＮＧＳが掲げた目標は、野心的なものだった。Ｐ＆ＧのＧＢＳをゼロからつくり直し、その過程でシェアードサービス業界全体に破壊的変化を起こそうとしたのである。それは戦略の充足性という問題を取り上げることにつながった。どうすればＰ＆Ｇ内の小さな組織にすぎないＧＢＳが、業界全体を変えられるのだろうか？　私たちにとって最善の策は、エコシステム効果を生み出すことだった。

まずはＮＧＳを、単なるＰ＆Ｇ内だけの動き以上の存在にする必要があった。どんなに強力な社内リソースを持つグループであっても、より広範なリソースのエコシステムがあれば、１つの企業が持つことのできる以上の変革能力を手にできる。私たちはNGSを、次の3つのグループからなるオープンなエコシステムとして定義することを決めた。

- P&Gが厳選した十数名によるグループ。10Xのアイデアをデザインし、それを実装する。
- EY、ジェンパクト、インフォシス、L&Tインフォテック、HCL、HPE／DXC、タタ・コンサルタンシー・サービシズ、WNSなど、6～7社のP&GのITパートナー。10Xのアイデアを製品へと発展させる。
- 世界のトップ・ベンチャーキャピタル10社を通じてNGSにもたらされた、スタートアップ企業による大規模なエコシステム。彼らは最新の破壊的な力を実現することができ、さらにその力は、ITパートナーによって補完および「企業向けに最適化」され、P&GのNGSリーダーによって実行される可能性がある。

第2に、エコシステムは参加者全員にとってWin-Winの関係が実現されるものでなければならなかった。P&GのITパートナーが掲げるバリュープロポジションは、「10Xのソフトウェア製品を開発するために必要なリソースと、製品開発予算をもたらす」というものだった。その見返りに、彼らは知的財産と、製品を外部の（P&Gと直接競合していない）企業に対して販売する権利を手にした。そこで開発された製品が、P&GのGBS（シェアードサービス業界で最高クラスの組織だ）から見て10Xの変革的な力を備えていた場合、それは他の組織にとっても魅力的な製品であるということになる。スタートアップ企業にとってのバリュープロポジションは、私たちが抱える魅力的な顧客へのアクセスを得る代わりに、私たちと共同でイノベーションを起こすことだった。そしてP&Gにとっての価値は、10Xの破壊的変化を、低コストあるいは無料で手に入れられることだった。

第3に、これら3つのグループによるエコシステムでさえ、破壊的変化を大規模に生み出せるほど大きくなかったため、より大きなコミュニティと集団による支えが必要だった。NGSのアイデアと実行能力の大部分は、それらから得られるだろう。「コミュニティ」には、P&G内の熱意のある人々や、その直接のパートナー（彼らは仕事の質の高さに魅力を感じ、その一部になりたいという意欲を持っていた）が含まれていた。また「集団」には、大学やスタートアップ企業のコミュニティ、カグル（分析やデータサイエンスに携わる人々が集まるコミュニティだ）のような専門家グループを通じたクラウドソーシングから得られる、無限のリソースが含まれていた。

反復実行

NGSの運営モデルは、非常に早い段階で、ハイリスクでハイリターンな反復実行であるように定義された。

まずNGSは、10Xの破壊的イニシアチブにのみ焦点を当てた。一方で中核組織は、日々の継続的な改善を引き受けた。

第2に、私たちはアルファベット（グーグル）に触発されて、NGSのオペレーションがプロジェクトのポートフォリオになるように設定した。組織のオーナーとしての私の役割は、そうしたプロジェクトを支援するベンチャーキャピタリストのようなものだと考えていた。そして10のプロジェクトごとに、5つが途中で中断され、4つが2Xの改善効果を得られ、残りの1つが10Xの破壊的な変化をもたらすように調整した。

第3に、作業の「クロック速度」を合わせて迅速な処理が行われるように、私たちは各段階の作業期間の大まかな目安について合意した。この作業期間は1－2－4－8－16のように、指数関数的な並びになっていた。これは市場評価に1カ月、設計に2カ月、仮説検証に4カ月、開発とすべての市場内テストを完了するまでに8カ月、すべての展開を完了するまでに16カ月をかけるという意味だ。

最終的には、アイデアとその実現・展開のための運用モデル自体を標準化し、デザイン思考とリーンスタートアップを活用した。

チェンジマネジメント・モデル

選択されたモデルは、中核組織の変化を推進するために選ばれた、信頼が厚く実践的なリーダーで構成される「エッジ」組織を設置するというものであったが、このエッジ組織は、各プロジェクトの初期段階で「文化的ファイアウォール」に守られる形で運営され、ハイリスクでハイリターンな実験を担当した。

NGSに配属される人物の人選は、チェンジマネジメントを念頭に置いて行われた。十数人のリーダーが、GBSのトップによって、技術やイノベーションに関する能力ではなく、主に中核組織内で大きな信頼を集めているという理由で選ばれた。彼らはNGS専任としてフルタイムで働き、価値が大きく（通常5000万ドル以上の可能性があるもの）、各組織の年間戦略計画の中でイノベーション上の重要な優先事項となっている実験に焦点を当てた。各プロジェクトの初期段階で、社内のさまざまな規則を守るよりも、スピード感を優先することができるように、チームは「文化的ファイアウォール」の後ろで活動することが許され、賢いリスクテイクを促進しながら、組織の免疫システムからチームを保護した。

NGSでの3年間が過ぎ、私の役割が終わる頃には、実際の成果は10-5-4-1モデルに極めて近いものになっていた。実施された25の実験（プロジェクト）のうち、10Xの成果を残したものが4つ、2X〜5Xが8つだった。1回の成功につき、2回かそれ以上の失敗が発生していた。またこの頃になると、「実践の中で学ぶ」ことに報いる文化が生まれていた。失敗というものはない——実験（プロジェクト）全体によって生まれるポートフォリオ効果が、財務上の目標を上回っている限り、そこにあるのは学びだけだ。

トランスフォーメーションをリードする組織をシリコンバレーではなく、シンシナティの本社に置くという決断は、素晴らしいものとなった。結局のところ、DXは技術的な能力よりも、人々の考え方を全体的に変えることが重要なのである。それはNGSの設立によってもたらされた最大の副産物かもしれない。NGSの活動は、変革が単に望ましいだけではなく、一人ひとりが実際に変革に貢献し、自らの役割の中で変革をリードすることができるということを、組織の他のメンバーへ示唆する結果となった。

本章のまとめ

- 意欲のある組織であれば、P&GのNGSの事例を参考にして、DXにアプローチできるだろう。
- DXには、まったく新しいビジネスモデル（例：物理的な店舗による小売からオンライン販売へ）、テクノロジー主導の新製品（例：自動運転車）、デジタルオペレーションという3つの形態がある。NGSのケーススタディは、新しいデジタルオペレーションの確立に関するものだ。
- ほとんどのリーダーにとって、課題となるのは、現在から将来の望ましい状態へと移行する方法だ。DXの5段階モデルが役に立つのはこの点である。

第14章 DXの成功に向けて

私はデジタル時代に関して、非常に楽観的だ。新しいデジタルツールは人、企業、社会を変革する力を秘めていると、私は信じている。私はデジタルの破壊的な力についても、現実主義的な姿勢を取っている。これまでの産業革命におけるすべての破壊的ツールと同様に、それは変化の痛みを生み出すだろう。問題は、DXが起こるかどうかではなく、それが起きたときに私たちがどのような役割を果たしたいかである。

ミゲル・デ・セルバンテスの言葉「勤勉は幸運の母」を共有したいというのが私の意図だ。そしてこの言葉は、特にDXに対して当てはまる。

ＤＸが失敗する理由は、それを成功させるための青写真を与えてくれる。それはＤＸの旅に道筋を示し、５段階のＤＸモデルにおける各ステージを登っていくための、統制の取れたロードマップを提供する。

理想のステージ（つまりステージ５）を目指すことは、旅の始まりにすぎない。そこに到達するために、規律のあるアプローチに従うというのも、同様に重要なことだ。それこそが規律の役割である。私がそうした規律に価値を認めているのは、人々がＤＸの成功の鍵は、新しいビジネスモデルを考え出し、組織を変革する創造性にあると考えているためである。私は自分自身の経験から、それでは不十分だということを学んだ。ＤＸを成功させる本当の鍵は、規律なのである。本書『なぜＤＸは失敗するのか』が目指したのは、ＤＸを成功させるために、それを厳格に実行する規律を確立することである。

第４次産業革命で成功することは間違いなく可能だ。

エイブラハム・リンカーン、スティーブ・ジョブズ、ピーター・ドラッカーには共通点があると言われているが、それは彼らが「未来を予測する最善の方法は、未来を創り出すことである」という意味の言葉を口にしているためだ。誰が言い始めたのかはさておき、彼らは皆正しかった。デジタルがかつてないほどの速さで変化をもたらし続けている今、この言葉を現代版にするとすれば「ウーバーに自分たちを破壊されないための最善の方法は、自分たちがウーバーになることだ」となるだろう。

明確にしておきたいのは、変化を導こうとする動機は防衛的なものである必要はないという点だ。それどころか、あらゆる変化はチャンスになり得る。そして第4次産業革命によって生まれるチャンスは、これまで世界が目にしたことのないほどの規模になるだろう。

デジタルは歴史的チャンス

2011年にマーク・アンドリーセンが「なぜソフトウェアが世界をのみ込むか」というタイトルの記事を『ウォール・ストリート・ジャーナル』に掲載したとき、古いリーダーたちはアマゾン、ピクサー、アップル、ネットフリックスで起きていることを、自分たちの会社の将来と同一視するのは難しいと感じていた。無理もない。ビル・ゲイツが述べているように、「私たちは常に、これからの2年間で起きる変化を過大評価し、10年間で起きる変化を過小評価する」からである。

アンドリーセンの記事が公開されてから10年たっていないが、彼が示唆していたものが突如として明確になりつつある。デジタル技術による破壊的変化は、もはやテクノロジーやメディア、エンターテインメント業界だけのものではない。ソフトウェアがあらゆる業界を混乱させることは、もはや当たり前の話となり、今ではどの業界が最もその影響を受けていないかを列挙した記事が掲載されているほどだ。しかしそうした記事が比較的影響を受けていない分野として挙げる行政や司法機関ですら、デジタル化の波が押し寄せようとしている。

そうしたトランスフォーメーションは、私たちに歴史的な規模でチャンスを提供しようとしている。ソフトウェアは世界をのみ込もうとしているが、それはパックマンのようにすべてを破壊してしまうわけではなく、植物が二酸化炭素と光を消費して酸素を生成する過程に近い。私たちの周りにはそうした「デジタル光合成」の兆候が見られる。ナノテクやドローン、自然エネルギーといった分野を問わず、デジタルは破壊的変化をもたらす他の要因の能力を倍増させる。そうした例はいくつでも挙げることができる。現在可能になっていることの幅広さと、その変化の速さには息をのむものがある。そうした例のごく一部を共有したい。

- PwCによると、2018年の時価総額で世界の上位10社のうち5社は、テクノロジー企業である。これには「消費者サービス」に分類されるアマゾンやアリババは含まれていない。
- 8年前、同じランキングで上位10社に入ったのは、マイクロソフトだけだった。
- ほんの数年前まで、自動運転車はSFのように思われていたが、2035年までに約500億ドルの売り上げを占めるようになると予測されている。今日生まれた子どもたちは、運転免許を取る必要がなくなるかもしれない。
- 倉庫作業では従来、手作業が多くを占めていたが、現在では大幅に自動化されている。人間の作業員が歯ブラシやデオドラント、リップスティックを探して棚の間を行き来し、注文の品を揃えるという時代は終わった。現在では、そうしたピッキング作業を行う担当者は移動せず、ロボットによって棚の方が運ばれてくる。

●3Dプリンティングのような「付加製造」の手法は、今後10年間で全製造の10パーセントを占めることになる。中国ではすでに、6階建ての建物を3Dプリンターでつくるという例が出ている。国際宇宙ステーション（ISS）では数年前から、道具や予備の部品を3Dプリンティングによってつくってきた。

●アルゴリズムベースのサプライチェーンプランニングは、サプライチェーンにおける製品在庫とリードタイムを大幅に削減している。ファッション小売業者のZARAは数年前から、デザイナーがアイデアを生み出してから小売店に在庫が揃うまでを、2週間で完了できるようになっている。

●大量生産型の製造工程は、アジャイルでカスタムメイドの製造に取って代わられるだろう。すでに中国のスマートフォンメーカーであるシャオミは、毎週新しいスマートフォンを出荷しており、各バージョンは前のものよりも性能が優れている。また売り上げの70パーセントがオンライン経由であり、その中には予約注文も含まれる。予約注文では、スマートフォンが売れてから原材料を購入することができる。

●2030年までに、金融サービス分野の全雇用の40パーセント近くが、ソフトウェアロボットによって置き換えられるだろう。

●2030年までに、製造業、運輸業、小売業の全雇用の40～50パーセントは、ハードウェアもしくはソフトウェアのロボットによって置き換えられるだろう。

●製造業のロボットでさえ、今後10年のうちに、3Dプリンティングに取って代わられるだろう。自宅でパソコンやスマートフォンのプリントができれば、工場のロボットは不要になる。

●これらの業界で働く人々の税引前収入の平均額は、生産性の上昇によって増加するが、すべての労働者グループ間で均等に分布するわけではない。

●AIを活用した資産運用アドバイスは、今後数年間で爆発的に増加するだろう。2025年までに、運用される全資産の10パーセントが、AIと人間の組み合わせによって管理されることになる。さらにそのうち16パーセントは、ロボットのみで管理されることになる。

●すでに一部の報道機関では、スポーツや金融市場に関する短い、定型的なリアルタイムのニュース記事の90パーセントを、ソフトウェアロボットを使って生成している。AIは人間のジャーナリストの助けを借りて、15年後にはすべてのニュースの90パーセントを生成すると考えられている。

●すでに音声認識技術は、タイピングによる文章入力よりも3倍速く、より正確に機能する。近い将来、自然言語処理（NLP）ボットは、家庭や職場での日常的なタスクのほとんどを理解し、実行するようになるだろう。

- アンビエント・コンピューティングが爆発的に普及するだろう。これはあらゆるデバイスにコンピューターが埋め込まれるというトレンドであり、やがて私たちは、コンピューターを「箱に詰められた装置」と考えるのをやめてしまうだろう。
- 自動運転車などで使用される、最先端のＡＩ技術であるディープラーニングは、やがて暗号アルゴリズムの生成にも使われるようになるだろう。それはデバイス間の通信をハッキングすることを非常に困難なものにする。
- 人間が読唇術をする場合、精度は平均で50パーセント程度だが、ディープラーニングではすでに、90パーセント以上の精度で唇の動きを読み取ることができる。
- ディープラーニングは、事前に教えられたりプログラムされたりせずに、コンピューターゲームをプレイする方法を見つけることができるようになっている。であるなら、研究開発部門がＡＩ主導型で製品開発を行うという未来は、手が届くところにあると言えるだろう。
- ２０２７年までに、マシンリテラシー（コンピューターが基本的な人間の持つ以上のリテラシーを備える能力）は、２４００万人の米国市民の能力を超えるだろう。
- ２０３０年までに、12億人のインド人がスマートフォンを持つようになる。30年前には、この国では固定電話すら珍しかった。
- 20年から30年後には、家庭でエネルギーを生産するコストは、電力網からエネルギーを購入するコストの何分の１にもなるだろう。

- さらに重要なのは、安価な電気がもたらす結果の方が、よりエキサイティングなものになるだろうという点である。安価な電気は安価な飲料水を意味する。エネルギーは海水を含むあらゆる種類の水を処理することができるためだ。
- バイオエネルギーからグラフェン、マイクロスーパーキャパシタに至るまで、数多くの新しい電池技術が、従来のリチウムイオン電池技術に新たな命を吹き込むだろう。中期的には、リチウム‐空気、リチウム‐硫黄、バナジウムフローといった技術が、私たちを再生可能エネルギーに完全に依存する未来へと20年以内に到達させる可能性が高い。
- 医療の改善により、２０５０年の米国人男性の平均寿命が83〜85歳、女性は89〜94歳になる可能性がある。
- けがや病気の診断は、セルフサービス型の産業になるだろう。例えばスマートフォンの機能を拡張させて、A-fib（心臓の心房細動）から遺伝性疾患まで、あらゆるものを自宅で診断できるようになる。
- 今後5年以内に、嘘をついているかどうかを表情で判断できるアプリが登場するだろう。それが司法制度に何をもたらすか想像してみてほしい！
- スマートシティはセンサーとデジタル機能を使って、交通、公共事業、警察、医療といったさまざまなコミュニティサービスを管理する。世界にはすでに、２５０以上のスマートシティプロジェクトが存在している。

●インドは100のスマートシティを建設することを計画している。
●実験室で育てられた培養肉は、従来の肉よりも優れた代替品となっており、消費エネルギーを50パーセント、温室効果ガス排出量を80～90パーセント削減できる。これは素晴らしいことだ。食肉産業は温室効果ガス排出量の18パーセントを占めているからである。
●ロボットやドローンは、将来の農場（中小規模の農場を含む）労働者になる可能性が高い。発展途上国ではすでに、500ドルでロボットが製造されており、この価格はすぐに100ドルを切るだろう。
●すでに「バーチャル・バーテンダー」が登場している。ロイヤル・カリビアン・インターナショナルが運航するクルーズ船「アンセム・オブ・ザ・シーズ」では、カクテルをミックスして、メニューにはない自分だけのカクテルを作ることができる。
●ブロックチェーンは現時点で不正を防ぐことのできる唯一の技術だといわれているが、これを使って、ついに安全なオンライン投票が可能になるかもしれない。
●ブロックチェーンは、金融取引を完了させる際の仲介業者の必要性を消し去るだろう。世界経済フォーラムによれば、2025年までに、世界のGDPの10パーセントはブロックチェーン上で行われるようになる。
●完全な信頼性、透明性、およびセキュリティーの組み合わせは、将来の製造サプライチェーンを「デマンドチェーン」へと変えるだろう。

- 発展途上国の市場では、低コストのブロックチェーンを利用することで、制度上の弱点に対処することができる。例を挙げると、地域の交渉力を上げるためのシェアリング・エコノミーの拡大、マイクロファイナンスの拡大、汚職への対抗、安全な身分証明書と所有権証明書の発行といったものだ。
- 今後10年間で、アメリカの近代的な製造業は350万人分の新しい雇用を創出するだろう。最大の課題は、グローバル化による脅威よりも、既存の労働者を再訓練することである。最大200万人というハイテク製造業の雇用ニーズが埋まらない可能性がある。
- 米国におけるデジタル広告への支出は、2017年にはすでにテレビ広告を追い抜いており、企業広告の機能は、データおよびアルゴリズム主導のパーソナライズされた顧客エンゲージメント機能へと進化するだろう。
- 企業の人事部門は、ポリシー、プロセス、および人材管理サービスの提供から脱却するために改革を必要としている。これらはHR技術を使って自動化されるだろう。人事部門は、革新的かつ機敏で、デジタルに精通した人的資本を提供するように進化する。

チャンスをつかむ競争

先見の明のある指導者たちにとっての問題は、こうした前例のないチャンスを、適切な行動へと変えるにはどうすれば良いかということである。ウィリアム・ギブスンの「未来はすでに到来している――均等に行き渡っていないだけだ」という言葉は常に真実だったが、出現しつつある未来が現在の延長線上にはないものであるため、変革リーダーは変革の抵抗勢力に対して、圧倒的に勝利を収めやすい立場にある。これは個人だけでなく、組織にも当てはまる。

確かに、DXが失敗する理由の1つは、既存の企業内で変革を推進するのが難しいことにある。レガシーな組織や文化における変化を管理するという問題の他にも、大企業の財務的なリスクと報酬のシステムは、機敏なスタートアップ企業との競争において、自らが不利になるように積み重なっているように見える。

マックスウェル・ベッセルが『ハーバード・ビジネス・レビュー』誌の2017年9月号で発表した論文「Why Preventing Disruption in 2017 Is Harder Than It Was When Christensen Coined the Term（なぜ2017年に破壊的変化を防ぐことは、クリステンセンがこの言葉をつくった当時よりも難しくなっているのか）[1]」の中で指摘しているように、今日の既存企業にとって最も破壊的な課題は、大きな資産を必要とせずに破壊的変化を生み出すことのできるスタートアップ企業から生じている。ウーバーとGMの競争、あるいはエアビーアンドビーとヒルトンの競争を考えてみよう。

さらに大企業は通常、金融機関から借入を行うことでイノベーションに資金を提供しているが、スタートアップ企業は株式を使い、10〜30倍の資金を調達している。この安価で、大きな資産を必要としない破壊的変化の多くは、デジタル技術によって可能になっている。しかしスタートアップ企業だけでなく、大企業もこの状況を利用できる。

デジタルは競争を公平にする

既存企業の中には、勝率を上げる方法がある。彼らには資金的な余裕や業界知識、巨大なエコシステムや選りすぐりの人材などがあるのだ。さらに良いことに、大きな資産を必要としないデジタルのモデルによって推進される、こうした「変化の民主化」は、正しく適用されれば、既存の組織においても同様に実現可能なのである。デジタル時代について、1つ朗報がある。それはデジタルが、イノベーションのための巨大なエコシステムを可能にするということだ。それにより、競争の場は公平なものとなる。

デジタル時代において競争に勝ち抜くための方法の1つは、DXのリーダーになることだ。自社のDXへの取り組みを、有意義なものにしよう。本書が解説してきたのは、変化のコストとリスクを低減することによって、DXの勝率を上げる方法だ。

あとは皆さんの双肩にかかっている

私たちにとって、これまでの産業革命ではなく、第４次産業革命をリードする機会が得られたというのは幸運なことだろう。テクノロジーと、変化に向けたモデルがあるからだ。この時代を生き抜くための信念と心構えは、これまでの歴史と同様、個々の指導者が担うものになるだろう。皆さんが未来を変えることに挑むとき、私のささやかな願いは、過去の物語から学んでほしいということだ。デジタル技術による破壊的変化を乗り越えることはできる。ＤＸが失敗する理由は、予想以上の規律を必要とするからだ。ＤＸを成功させるには、十分すぎるほどの規律と、変革は成功するという前向きな姿勢が求められるのである。

［注］

（１）Maxwell Wessel, "Why Preventing Disruption in 2017 Is Harder Than It Was When Christensen Coined the Term," *Harvard Business Review*, September 4, 2017, https://hbr.org/2017/09/why-preventing-disruption-in-2017-is-harder-than-it-was-when-christensen-coined-the-term ［accessed December 19, 2018］.

謝辞

本書を書いたのは私かもしれないが、それを本にしてくれたのは編集者のスティーブ・ピエールサンティにほかならない。スティーブはまた、ベレット・ケーラーの創業者兼社長でもあるのだが、同社は世界で最も著者を支えてくれる出版社に違いない。スティーブが行ったのは、ただの編集作業ではない。彼は私が考えをまとめるのを助け、時には反論したり、鼓舞したり、考えを際限なく広げてくれたりした。本書はそうしたスティーブの支援から、多大な恩恵を受けている。借りができてしまったね、スティーブ。本当に！

ベレット・ケーラーのスタッフも、同様に印象的な人々だった。ジーヴァン・シヴァスブラマニアムは、時計のように正確に、作業を前へと進めてくれた。マイケル・クロウリーは優れたセールス&マーケティングチームを率いて、世界クラスのオペレーションを見せてくれた。私はかつて偉大なマーケティング会社で働いていたので、彼らの素晴らしさがよく分かった！　デザインディレクターのラッセル・ウィップルには、表紙を含め、素晴らしいデザインを行ってくれたことに心から感謝したい。デザイン&プロダクション担当ディレクターのエドワード・ウェイドにはプロダクションの支援をしてくれたこと、デビッド・マーシャルには編集とデジタル化の支援をしてくれたこと、マリア・ジーザス・アギロとキャサリン・ロングロンヌにはローカル版のライセンス管理において、この上ない仕事をしてくれたことに、レスリー・クランデルには米国での販売とサポートを支援してくれたことに、リズ・マッケラーには各国版の権利について見事な対応を見せてくれたことに、コートニー・シェーンフェルトには見事なオーディオ版を仕上げてくれたことに、それぞれ謝辞を申し上げる。優秀なコピーエディターであるジョン・フォードと、ダブテイル・パブリッシング・サービシズの素晴らしいページエディターであるジョン・ペックは、編集プロセスの支援をしてくれた。CSルイス・パブリシティのキャシー・ルイスは、PRの計画立案と実行について優れた働きを見せてくれた。唯一無二の存在であるジル・トーテンバーグは、彼女が業界で最高のPRエージェントの一人として知られている理由を証明してくれた。彼らはベレット・ケーラーの従業員と、そのパートナーである素晴らしい人々のほんの一部にすぎない。

P&Gという家族は、私の人生の半分の期間、私を育て、絶え間ない教育の機会と、かけがえのない友情を与えてくれた場であった（さらに言えば、この期間、私は1日24時間の半分以上を会社で過ごしていた)。何よりも、毎日が楽しかった! ボブ・マクドナルドは、フィリピンで過ごした初期の頃から、刺激的で励みになるリーダーだった。ありがとうボブ、それから素晴らしい序文を贈ってくれたことにも。P&G在籍中の最後の2人の上司が、フィリッポ・パッセリーニとジュリオ・ネメスであったことも非常に幸運だった。2人とも聡明で、先見の明があり、才能豊かで心の温かい人たちだった。

P&Gの「ネクスト・ジェネレーション・サービス(NGS)」チームは、常に単なる同僚以上の存在だった。まるで大きな家族のようだ。初日から私の右腕となってくれたのが、ブレント・デュエルシュだ。私のアシスタントであるキム・エルドリッジは一流のプロで、同時にチアリーダー、そしてこの家族をひとつにまとめる母親役でもあった。私の跡を継いだヴァサンティ・チャラサニは、このチームをさらに高いレベルに引き上げている。アセンダム、EY、ジェンパクト、インフォシス、L&Tインフォテック、HCL、HPE/DXC、タタ・コンサルタンシー・サービシズ、ウィプロ、WNSなどのパートナー企業は、専門知識以上のものを提供してくれた。彼らは情熱とコラボレーションの源となってくれたのである。

サリム・イスマイルは、私たちが旅を続ける間ずっとアドバイザーであり、さらに父親役を務めてくれた。非常に若いが、それでも父親のような存在だったのである。OpenExOチームは、この旅の途中で素晴らしい支援を提供してくれた。サマンサ・マクマホン、ミシェル・ラピエール、フランシスコ・パラオ・レイネス、エミリー・シドニー=スミス、どうもありがとう! ピボットファクトリーの創業者兼社長であるマイケル・レッドベターは、パートナー、友人、チーフサポーター、そして食通仲間だ。ありがとう、マイケル！

　私が本を書く方法や、それを出版する方法についてほとんど知らなかった最初の頃、さまざまな人々が大きな助けとなってくれた。伝説的な存在であるトライデント・メディア・グループに所属し、私のエージェントを務めてくれているドン・フェールは、私という未知の存在に本を書くチャンスを与え、指導してくれた。インスティテュート・フォー・ザ・フューチャー（ＩＦＴＦ）の研究者、ボブ・ヨハンセンには、私を指導し、ベレット・ケーラーに推薦してくれたことに感謝したい。私の親愛なる友人であり、作家、そしていくつもの企業を立ち上げた起業家でもあるヴェンカット・スリニヴァサンは、有益なアドバイスを提供してくれただけでなく、素晴らしい人々とのつながりをつくってくれた。ハーバード大学医学部で教員を務めながら、多くの著作を発表しているサンジブ・チョプラ博士は、出版界への扉を開いてくれた。ブラッド・オレンジのシモーネ・アフジャ、ゴールデンエッグのポール・バトラー、オレット・アンド・アソシエイツのダン・ロバーツ、ＣＩＯエウレカのホセ・イグナシオ・ソルドは、それぞれ執筆活動も行っており、作家として活動する際のコツを私に教えてくれた。

　ヴィニシャ・ペレス博士は私のあこがれの研究者だ。ベテランパイロットで、本物のナイスガイであるジョー・ローウェンシュタインは、喜んで航空分野の専門知識を提供してくれた。私がそれを身に付けようとしたら、数十年の飛行経験を必要としただろう。シャラド・マルハウトラは、私たちの旅の間、ずっとさまざまな知識を提供してくれた。写真マニア（そしてインド・ゴア州出身）のラジャンとアルカ・パナンディケールは、膨大な時間を私たちに費やしてくれた。彼らに大きな謝意を表したい。

私はエコシステムの力を大いに信じており、本書は膨大な数の専門家たちとコンタクトを取る良いきっかけとなった。ベレット・ケーラーの専門家ネットワークのメンバーであるトラビス・ウィルソン、マイク・マクナイアー、デビッド・マーシャル、ニック・アルバート、アミティ・ベーコン、ダグラス・ハンマーは、本書に関する詳細な情報を提供してくれたが、それが本書を執筆する上で大きな助けとなった。

私の尊敬する同僚たちが、多くの労力を費やして、本書の原稿を批評してくれた。そのおかげで、本書の完成に向けて大きく形を整えることができた。マイケル・リングル（またの名を「編集の達人」）、マーク・ドルフミュラー、グニズ・ルイ、サンジェイ・ジャンダニ、スーマン・サスマル、ゲルマン・ファラオーニ、ニコラス・カーリング、ブレント・デュエルシュ、ブラッド・コマーフォード、アンスル・スリバスタヴァ、ブラッド・ハンフリーズ、ガウラフ・マトゥール、パルティフ・シェス、ウダヤン・ダスグプタに対し、熱意を傾けてくれたことに感謝したい。

パオラ・ルセッティ、カルロス・アメスキータ、サンジェイ・シン、ヤズディ・バグリ、シュリーチ・マレー、キショア・カルッパン、マティス・カースン、クライド・ベイリー、アルフレッド・コラス、ケルシー・ドリスコル、ゴータム・チャンダー、マイク・テオ、オアナ・ラザの支援にも感謝したい。

ＥｘＯコンサルタントのエコシステムは、実際の経験に基づいて非常に役立つ洞察を提供してくれる、もうひとつの重要な専門家ネットワークだった。特にアン・ラルストン、ミハル・モニット、ロドリゴ・カストロ・コルデロ、アルミラ・ラジャブは、実際の経験を本書に取り入れるために重要な役割を果たしてくれた。

「ブック・エンドーサー」は、専門家としての意見を提供し、出版を支援するという重要な役割を果たしている。単純に感謝を表するだけでは不十分だ。私のエンドーサーの方々、皆さんはその信頼性で、私を大いに助けてくれた。

ここで最高の人間関係を表すために、何度か「家族」という言葉を使ったが、それは私が、生物学的な意味での家族が私に与えてくれたものについて、心からその素晴らしさを感じているからだ。両親であるアーネストとベロニカ・サルダナは、無私と無限の愛を体現してくれている存在だ。私の兄弟とその配偶者である、マリリンとアンブローズ、アイビーとチャーリー、フローリーとクリフィは、助けを求められたときには、限りない支援を提供してくれることを示してくれた。先日亡くなった義母のエルメリンダ・フェルナンデスは、どうすれば世界に教育を広められるだろうかと常に考えていた。

娘のララとレネは、彼女たちが考えている以上に、大きなインスピレーションと支援を私に与えてくれた。彼女たちは私と一緒に原稿を仕上げてくれた。彼女たちのコメント（「父さんの原稿は問題が多過ぎるから、私に手伝えるとは思えない」）や提案（「本を売りたければ、オウムに襲われている写真を表紙に使えばいい」）で、本書にミレニアル世代の味を追加してくれた。

最後に、私の妻であり、支えとなってくれているジュリアに感謝したい。彼女の愛、インスピレーション、そして本書の執筆の全過程で与えてくれた協力は途方もないものだった。彼女がいなければ、本書は決して完成しなかっただろう。

監修者による日本語版への解説

はじめに

本書の著者であるトニー・サルダナ氏（以下、著者）と私が初めて直接お会いする機会を得たのは2018年10月、香港でのことでした。ご自身のP&GにおけるGBSのサクセスストーリーをエネルギッシュに語っていただき、大変興味深くお話を伺ったことをよく覚えています。以来、我々が日本企業に対するGBS導入支援サービスを提供する中で、同氏からはさまざまな示唆をいただいてきました。

今回、本書の日本語版出版にあたり、EYによる監訳をご快諾いただき、翻訳の過程で数々のご協力、ご助言をいただいたことに、あらためて心より感謝申し上げる次第です。

日本においても近年、デジタルトランスフォーメーション（DX）はバズワード化し、さまざまな局面で使われています。しかしながら、その70％は失敗に終わっているともいわれており、昨今、その失敗研究に関するレポートも数多く目にします。

本書の主題であるDXの導入は「Journey」と言うべき長旅であって、その足の長いプロジェクトを着実に成功に導くためには、本書に述べられているような過去の事例と経験に基づいたプロジェクトのアプローチが必須です。

ここでは、日本国内の読者の皆様にDXに関連して疑問やご興味を持っていただけるよう、論点として、DXの活用対象組織（オペレーションモデル）としてのグローバル・ビジネス・サービス（GBS）、DX人材、テクノロジーの3つの観点から解説を加えます。

日本におけるGBSの動向と導入のポイント

まずは、著者が第2章で述べているシェアードサービスおよびその発展形であるGBSについて、日本における現状や、導入におけるポイントを述べます。

日本におけるシェアードサービス導入の現状

日本においては1990年代後半以降、景気・社会動向やIT技術の進歩を契機として複数回にわたるSSC（Shared Services Center；シェアードサービスセンター）導入のムーブメントがありました（図表1）。

2015年ごろ以降、少子高齢化に伴う労働人口の減少、働き方改革、事業のグローバル化、またRPA（Robotic Process Automation）をはじめとしたITツールの浸透などの背景から、あらためてSSCを検討・導入する日本企業が増えています。また、ライセンス期限切れ、もしくは老朽化に伴う基幹システム刷新のタイミングに合わせて業務改革、SSC化を同時に実施するケースも増えています。

しかしながら、日本企業においては自社内のSSC導入において以下のような理由により、SSC化の効果が限定的となっている、もしくは頓挫してしまったケースもあります。

1. SSC導入検討において、総論賛成・各論反対の状態が継続し、SSCの実現自体ができなかった。
2. SSCを立ち上げたものの、期待された業務を受けられない、品質が悪い、SSCのモチベーションが低い、コストが高い、などの理由から、途中で業務を戻しSSC自体を解体した。

図表1　日本におけるシェアードサービス進化の変遷

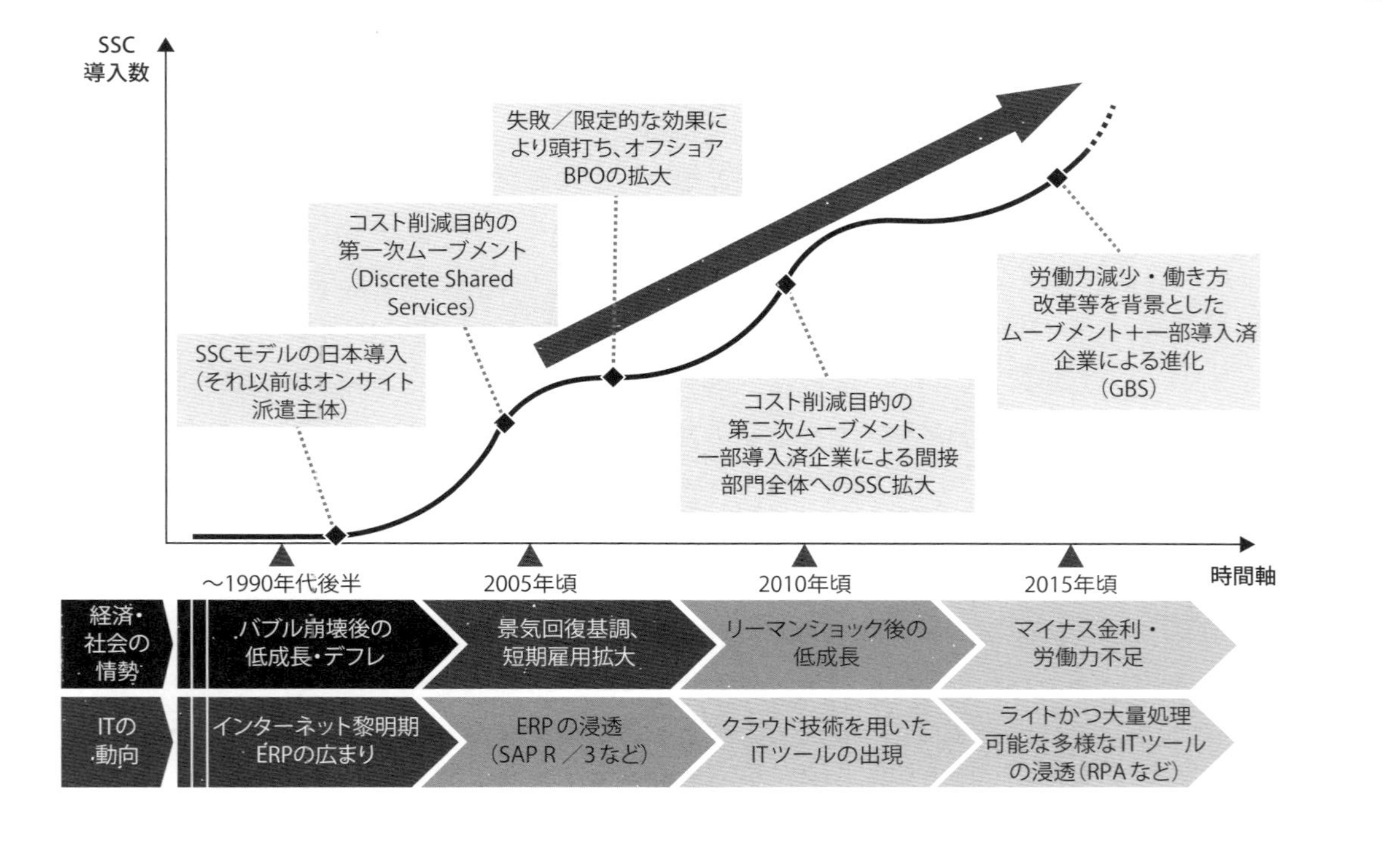

3．ＳＳＣを立ち上げ、継続しているものの、受託範囲はグループ全体の一部のみであり社内において効果的と認識されていない。

日本企業はこれらの課題を克服し、グローバルでのオペレーションの効率化、高度化をさらに推進し、本書で述べられているようなＧＢＳモデルへ転換していくことが求められています。

グローバルにおけるＳＳＣからＧＢＳへの進化

グローバルでは、２０００年代前半の効率化によるコスト削減を目的としたＳＳＣに加え、２０１０年代半ばからは事業の展開に合わせて著者が過去に推進してきたＧＢＳへの進化を加速させているケースが増えてきています（図表２）。従来のコスト削減目的だけでなく、Ｍ＆Ａにより買収した事業や新興国への展開に伴うバックオフィス業務などを迅速に提供する経営のインフラ基盤とするためです。日々スピードを増して変化し続ける事業環境に即応できるように、またグローバルにおける事業展開スピードをさらに加速させるために、ＧＢＳの重要性はさらに増していくと考えられます。

業務スコープに関し、従来型のＳＳＣでは「支払業務」「経費精算業務」など、個々の機能に対して集約化を行うという考え方でした。ＧＢＳでは、「ソーシング～調達業務～支払業務」といった一連の業務の流れを「End to End」で請け負う他、業務のより一層の効率化とプロセス

図表2　SSCからGBSへの機能の進化過程

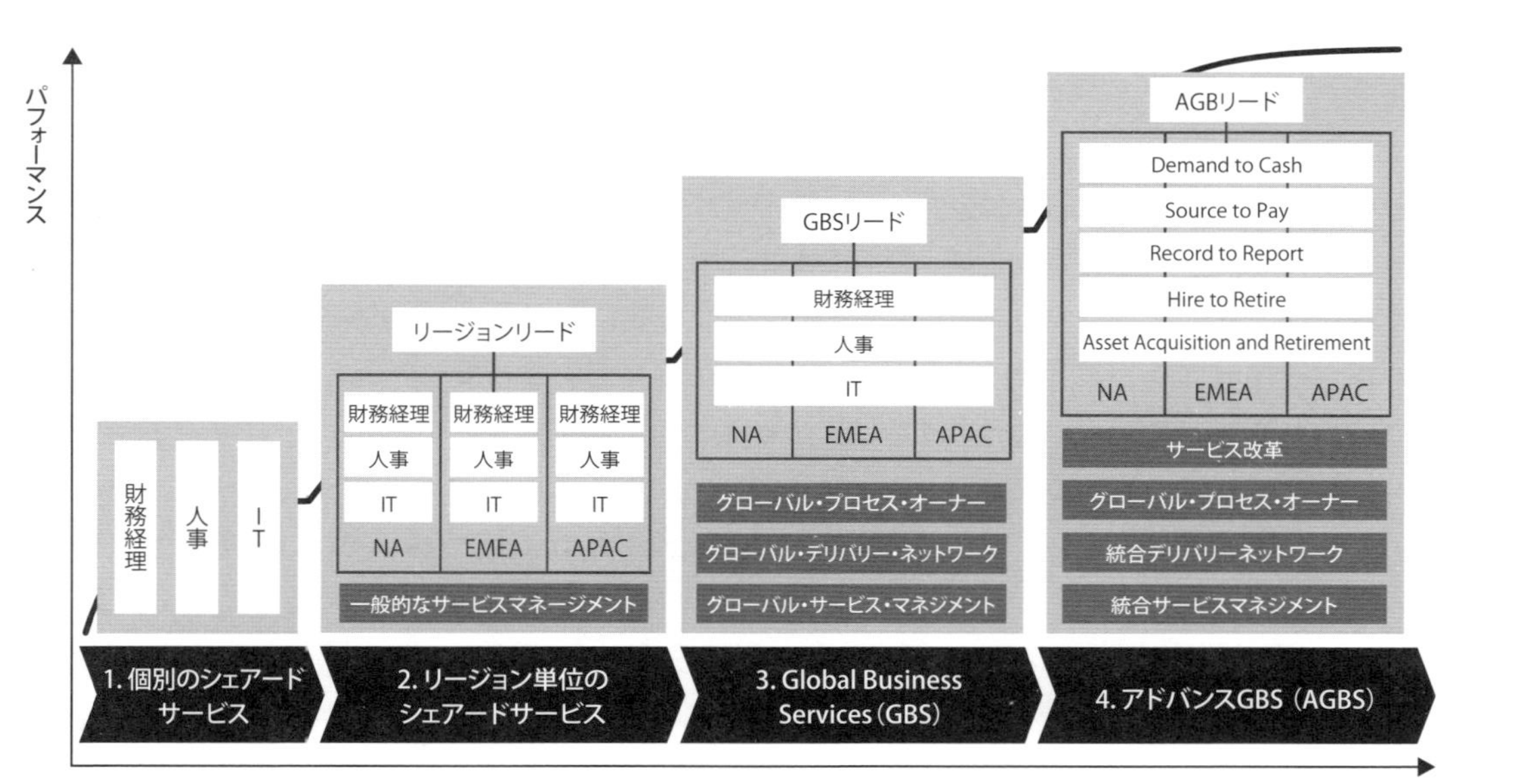

ガバナンス強化を背景として、日々の業務をコントロールする計画業務や分析業務、法務・税務などの専門業務にも対応するなど、スコープの幅が広がっています（図表3）。

日本企業においては言語の制約もあり、欧米の企業ほどの大規模なＧＢＳは例がまだ多くないといえますが、海外現地法人の集約や、日本の本社主導によるグローバル標準の業務を構築するために、日本語を含めた多言語のＧＢＳ導入を推進する企業が増えてきています。

ＧＢＳのガバナンス

①ＣＥＯ直下の組織構造

このように、ＧＢＳとＳＳＣにはいくつかの違いがありますが、ＧＢＳを成功させる鍵の１つがガバナンスモデルの構築です（図表４）。ＧＢＳ／ＳＳＣを検討する際に、機能ベースでコスト削減を主目的とするケースが多く、スコープに複数の機能が入っていたとしても、それぞれが別々のプロセスとして検討を進めているケースが大半です。この点、日系企業の多くが業務単位で組織が縦割りになっているなど、「組織の壁」が大きいことが阻害原因と考えられます。

また、ＧＢＳ／ＳＳＣ設立の背景として、著者が本書の中で語るような「積極的に変革を促すエージェント」としてではなく、グループ会社からの下請けのポジショニングとして設立されているケースが多いのも事実です。機能ベースでＧＢＳの議論を進めた場合、「End to End」の論点は出てくるとしても、誰がどう進めていくのか、具体的な施策にまではたどり着かず、結

図表3　GBSによる付加価値業務へのスコープ拡張

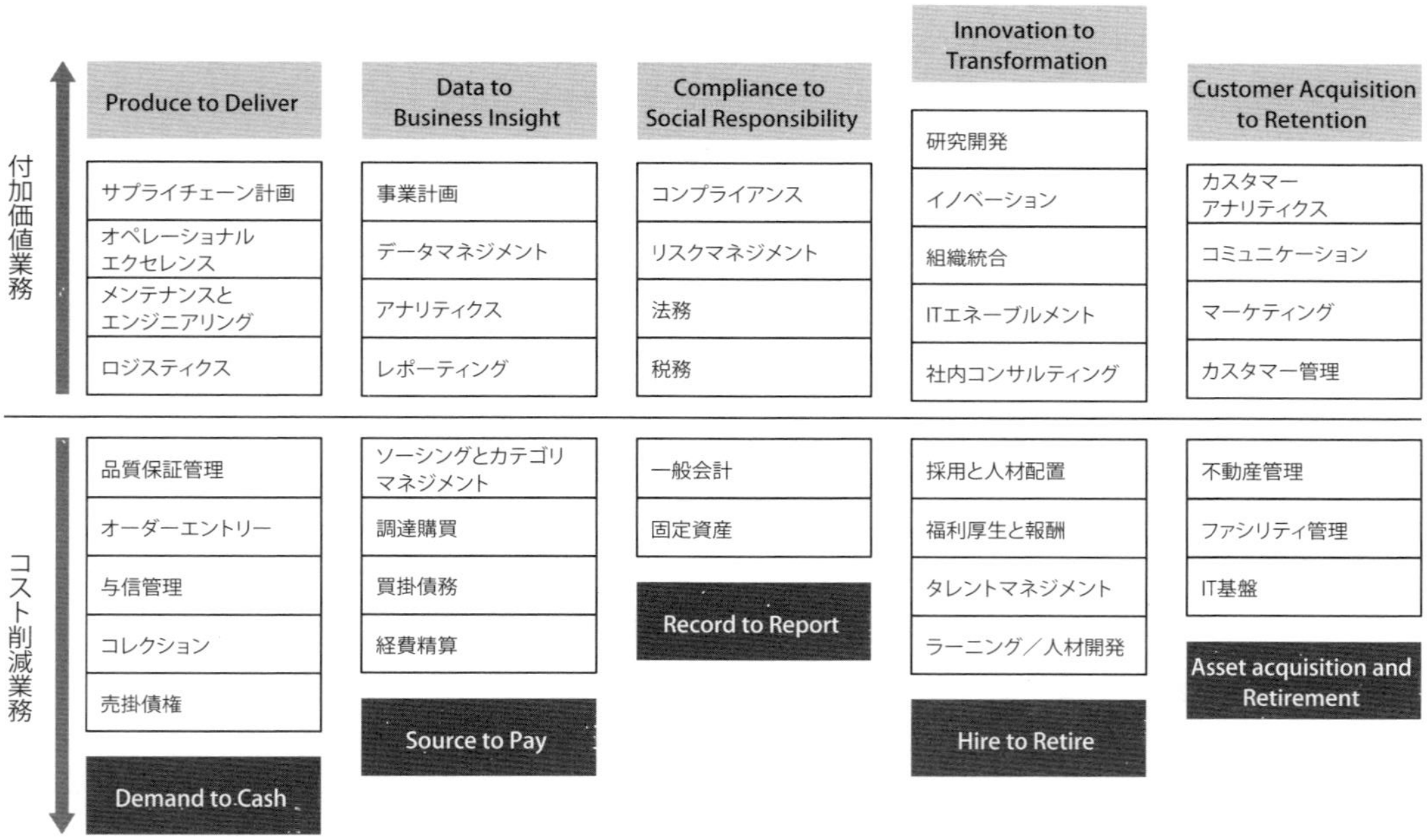

	Produce to Deliver	Data to Business Insight	Compliance to Social Responsibility	Innovation to Transformation	Customer Acquisition to Retention
付加価値業務				研究開発	
	サプライチェーン計画	事業計画	コンプライアンス	イノベーション	カスタマーアナリティクス
	オペレーショナルエクセレンス	データマネジメント	リスクマネジメント	組織統合	コミュニケーション
	メンテナンスとエンジニアリング	アナリティクス	法務	ITエネーブルメント	マーケティング
	ロジスティクス	レポーティング	税務	社内コンサルティング	カスタマー管理
コスト削減業務	品質保証管理	ソーシングとカテゴリマネジメント	一般会計	採用と人材配置	不動産管理
	オーダーエントリー	調達購買	固定資産	福利厚生と報酬	ファシリティ管理
	与信管理	買掛債務		タレントマネジメント	IT基盤
	コレクション	経費精算		ラーニング／人材開発	
	売掛債権				
	Demand to Cash	Source to Pay	Record to Report	Hire to Retire	Asset acquisition and Retirement

図表4　GBSのガバナンスモデル例

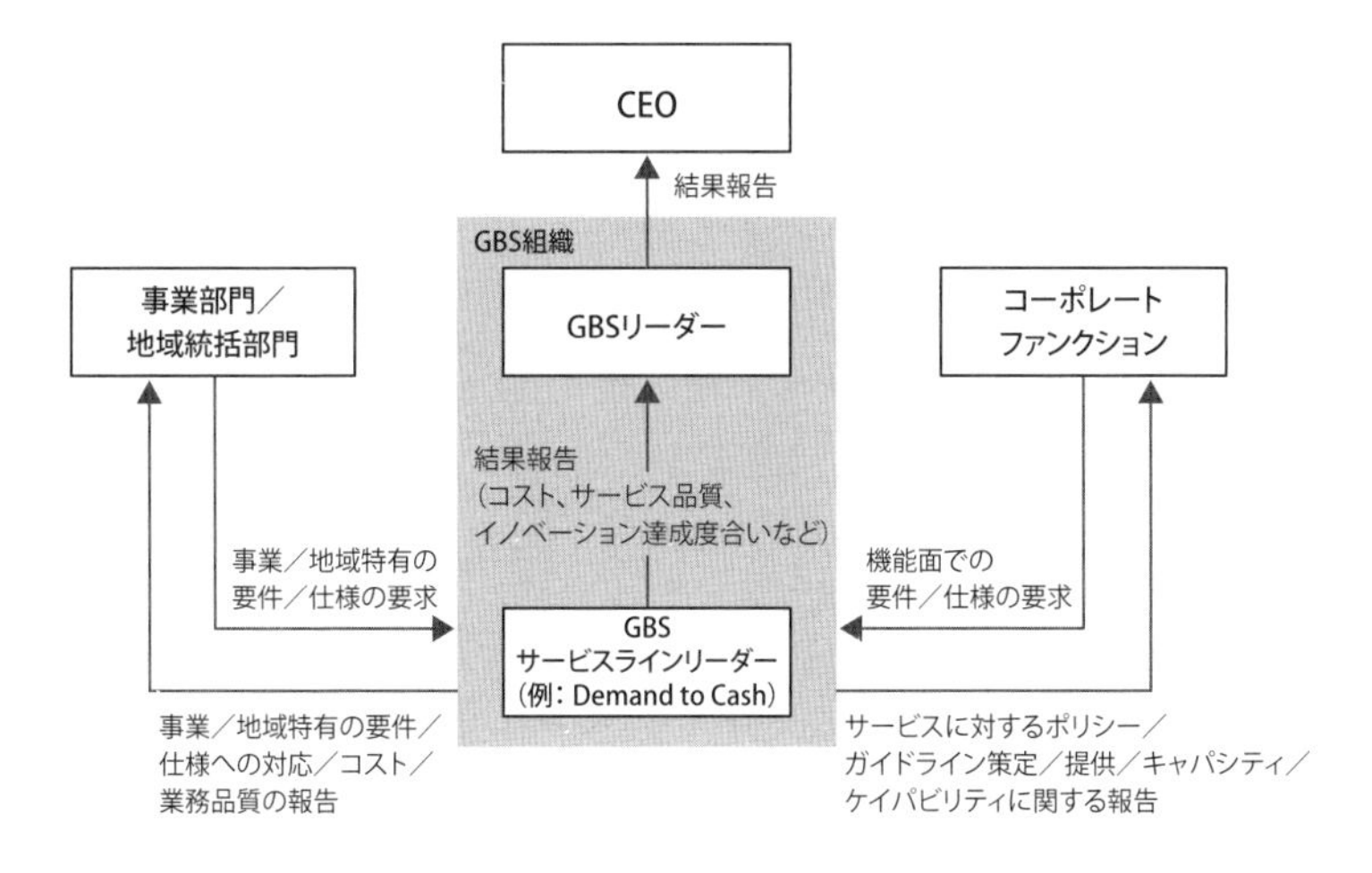

果、業務を機能ごとにそのまま請け負う従来型SSCの延長線に終わってしまうケースが多くあります。

グローバルの先進事例ではGBSをCEO直下の組織とし、「組織の壁」を取り払うことで、「End to End」のプロセスを実現しています。また、これらの組織では、「End to End」のプロセスだけでなく、エンティティとしてPL責任を持ち、自動化のためのIT投資や、提供するサービスに関する方針やガイドラインの策定なども自組織で行っています。付加価値の低い単純作業のみを切り出してSSC化するという考え方ではなく、全社的に業務そのものを変革する主体としてGBSを設立し、独立性を高めることにより、大きな効果を創出し機動性の高い組織を作っています。

②ＧＰＯの役割

また、ＧＢＳの中の組織には、ＧＰＯ（Global Process Owner）をアサインすることが重要です。ＧＰＯは、国や機能をまたいで、あるべき「End to End」のプロセスを考え、実現へ向けリードするメンバーです。機能ごとに相反する考え方や、国による格差を、いかに調整・是正し、あるべきプロセスを実現するかをリードしていくことが彼らの役割です。

どのＧＢＳ／ＳＳＣの事例でも、検討のスタート段階から、標準化の議論が始まりますが、多くの場合、「自分たちの業務は特殊なので標準化はできない。他国とは事情や前提が違うので合わせられない。結果としてＳＳＣも実現するのは難しいのではないか」との意見が現場から上がります。

留意しなければならないのは、「標準化ができない＝ＳＳＣ化できない」ではないこと、また標準化といっても、メンバー間で考え方がさまざまなので、何を目的として標準化を進めるのか明確にしておくことが大切です。例えば、システム運用費用削減のためにシステム機能を統一するのか、トップマネジメントが事業部間で同じ定義のＫＰＩ（Key Performance Indicator. 重要業績評価指標）を見たいのかで、標準化の方向性は変わってきます。

ＧＰＯに事業部門やコーポレートファンクションの部門長と同等の権限を与え、総論賛成、各論反対になりがちな標準化の議論を、ＧＰＯが全体最適の観点でかじ取りをしながら、複数の機能や組織と調整をして推し進めていくことが必要です。

GBS/SSCのトレンド

①With/After CoronaにおけるGBS/SSC

グローバルでは、新型コロナウイルス感染症（COVID-19）によるパンデミック発生直後、オペレーションの遅延や、一部の業務を委託元に一時的に戻すなど、トラブルや課題が見受けられました。その後、業務移管や運用自体もリモートで実施し、GBS/SSCでありながらWork from Homeを実現するという、パンデミック以前には見られなかった兆候も表れています。国内においても、リモートワークを実現するために業務を見直した結果、GBS/SSCのスコープ拡大のきっかけになった企業もあります。

一方で、暫定的に考案された業務プロセスにより一部の業務には著しい非効率を招く、実態とセキュリティーポリシーの乖離が発生する、メンバーの勤怠やパフォーマンスが見えづらくなるなど、課題もいまだ多くあります。そのため、突然始まったWork from Homeを恒久的なオペレーションとするべく、電子帳簿保存法への対応、セキュリティーに関するポリシーやPC・ネットワークの変更などを急ピッチで検討・対応している企業が増えています。

また、運用を開始する前の、業務移管に関しても変化が起きています。従来型の業務移管は、将来の業務チームリーダーが業務を行っている委託元の職場に出向いて業務に習熟し、その後、GBS/SSCのオペレーションセンターに戻って新規メンバーに業務を教えるというステップを踏んでいました。新しい形の業務移管は、委託元の職場には行かず、スクリーンをシェアしながら、チームリーダーだけでなくメンバー全員が業務に習熟するようになっています。これにより、業務移管にかかる工数、期間、コストのいずれもが削減され、業務移管そのものが拡大化し、また加速化しています。

②ワークフォースの変化

コスト削減に加えて今後の労働力不足への対応の一環としてGBS/SSCを導入するケースも多くなってきていますが、こうした問題に対し、どう取り組むべきでしょうか？　導き出される答えは1つではありませんが、属人化している業務を可視化/マニュアル化し、個人のスキルや経験への依存を極小化してリスクを最小限に抑えることが先決と考えます。

またグローバルでは、従来型のフルタイムワーカーによるオペレーションの実施に加え、単発で仕事を請け負うギグワーカーやクラウドソーシングの活用、スキルの高い外部専門家へ業務委託するマネージドサービスなども多くなってきています。今後、業務を提供することに対し、物理的な制約条件が薄まる中、ワークフォースはますます多様化していくでしょう。今までは、子育てや介護といった家庭の事情などで職場を離れたメンバーもフレキシブルに復帰できるようになります。そうなると、ピーク時の業務などに柔軟に対応することができるようになり、結果として、チーム体制の考え方も変わってきます。

こうして人材の流動化が加速する中で、グローバルではリテンションへの対応が注目されています。前述のように、労働力が多様化し、物理的な制約が従来よりも弱くなるため、労働力の移動も容易になり、反対に会社への帰属意識は薄まります。従来のGBS／SSCでは当たり前のように思われていた、あるロケーションに集まって業務を行う考え方が、パンデミックにより一変しました。もはや、Work from Homeは一部の知識労働型のメンバーだけのものではなくなりました。

こうした中、バーチャルな組織におけるコミュニティの醸成、オンラインカウンセリング制度、e-Learningやバーチャルトレーニング、複数のリモートコミュニケーション手段や機能、Work from Homeに対する新しい手当や評価制度の確立など、変化に対応するための新しい取り組みが必要です。

③エマージングテクノロジーのGBS／SSCへの影響

著者が語っているように、新しいテクノロジーによるGBS／SSCへの影響は計り知れないものがあります。その中で、自然言語処理や自動翻訳は、特に日本にとっては影響の大きいものになるでしょう。現時点で、日本語を取り扱える海外の都市・地域は、中国の他、フィリピンやマレーシアなどの一部の地域に限られます。また諸外国において日本語スキルを持ったメンバーには言語プレミアムを付けた賃金を支払わなければならないため、英語および欧州や南米の言語によるＧＢＳが広く展開される一方で、日本語をＧＢＳの対象にした事例は限られています。

一方でＡＩによる自動翻訳は、人間による翻訳とほとんど遜色ないレベルまで来ているといえます。そのような中、従来から実施されていた、文字を「記号」として捉え、その言語の意味を分からなくとも業務を実施するオペレーションは、今後はその言語を習得していなくとも、テクノロジーの活用により「意味」を理解し、業務を行うことができるようになるでしょう。その結果、ＧＢＳ展開の足かせとなっていた「日本語」という特殊要件が取り払われ、日本も含めたＧＢＳが一気に加速するものと考えます。

ＧＢＳ／ＳＳＣ導入へ向けたアプローチ

著者がＰ＆Ｇ社において推進してきたＧＢＳは、主に外資系企業で活発に推進されてきましたが、近年日系企業においてもその導入が加速しています。一方で、日系企業が抱える課題として以下のようなケースがあります。

1．過去にＧＢＳ／ＳＳＣを検討したことがない、あるいは検討したものの実現できていなかったが、以下のような理由から改めてＧＢＳ／ＳＳＣ化を推進したい。

●間接部門の効率化、コスト削減が経営課題となっている

●グループ各社における間接部門要員が高齢化しており要員不足に陥ることが想定される
●グローバルにおけるガバナンスやコンプライアンス、内部統制強化が必要になっている
●今後の事業成長を見据え、間接部門業務の変更に対してグローバルで即応できる体制、仕組みが必要になっている

2. グループ内にSSC子会社があるものの、コスト高となっている、あるいは業務委託範囲が限定的となっていて有効に機能していないため、現行SSCの評価を実施して今後の改革案の策定、および実行を推進したい。
3. M&Aにより企業を買収したが、自社にも買収会社にもGBSが存在しており、それらのマイグレーションが必要となっている。
4. グループ内業務をBPOベンダーへ委託しているが、契約満了とともに自社GBSを設立して業務運用を戻したい。
5. グループ内業務をBPOベンダーへ委託するのがいいか、自社内でGBSを設立するのがいいか、あるいはそれらのハイブリッドがいいか、方針を検討したい。

国をまたいだオペレーションを「End to End」で見直し、コスト削減に加え付加価値提供のできるモデルを構築していくためには、各国で主体的に推進するメンバーのアサインメントに

図表5　GBS／SSC導入における方法論

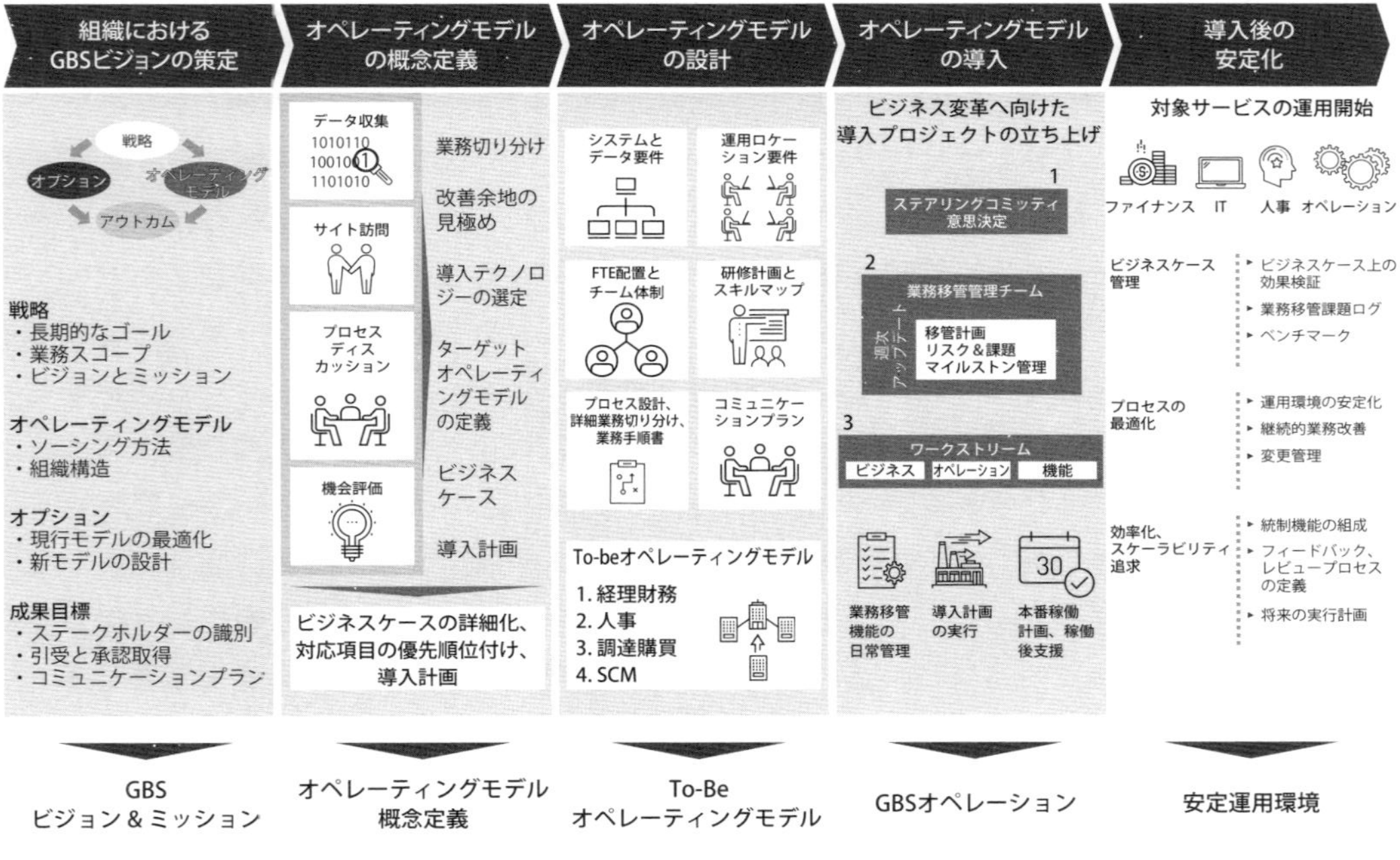

組織におけるGBSビジョンの策定

戦略
オプション
オペレーティングモデル
アウトカム

戦略
・長期的なゴール
・業務スコープ
・ビジョンとミッション

オペレーティングモデル
・ソーシング方法
・組織構造

オプション
・現行モデルの最適化
・新モデルの設計

成果目標
・ステークホルダーの識別
・引受と承認取得
・コミュニケーションプラン

提供価値：GBS ビジョン＆ミッション

オペレーティングモデルの概念定義

データ収集
1010110
1001011
1101010
サイト訪問
プロセスディスカッション
機会評価

業務切り分け
改善余地の見極め
導入テクノロジーの選定
ターゲットオペレーティングモデルの定義
ビジネスケース
導入計画

ビジネスケースの詳細化、対応項目の優先順位付け、導入計画

提供価値：オペレーティングモデル概念定義

オペレーティングモデルの設計

システムとデータ要件
運用ロケーション要件
FTE配置とチーム体制
研修計画とスキルマップ
プロセス設計、詳細業務切り分け、業務手順書
コミュニケーションプラン

To-beオペレーティングモデル
1. 経理財務
2. 人事
3. 調達購買
4. SCM

提供価値：To-Be オペレーティングモデル

オペレーティングモデルの導入

ビジネス変革へ向けた導入プロジェクトの立ち上げ

1 ステアリングコミッティ 意思決定

2 業務移管管理チーム
週次アップデート
移管計画
リスク＆課題
マイルストン管理

3 ワークストリーム
ビジネス　オペレーション　機能

業務移管機能の日常管理
導入計画の実行
本番稼働計画、稼働後支援

提供価値：GBSオペレーション

導入後の安定化

対象サービスの運用開始

ファイナンス　IT　人事　オペレーション

ビジネスケース管理
- ビジネスケース上の効果検証
- 業務移管課題ログ
- ベンチマーク

プロセスの最適化
- 運用環境の安定化
- 継続的業務改善
- 変更管理

効率化、スケーラビリティ追求
- 統制機能の組成
- フィードバック、レビュープロセスの定義
- 将来の実行計画

提供価値：安定運用環境

加え、図表5に示すような明確なビジョンとミッションの定義、あるべきオペレーティングモデルの設計、着実な導入、そして運用安定化まで、GBS導入のためのケイパビリティと実績ある方法論が必須となります。

日系企業におけるGBS導入事例

グローバルに事業展開する国内大手製造業A社では、日本国内においてSSC会社を立ち上げ国内グループ向けにサービスを提供してきましたが、グローバルでのさらなる事業の安定成長、収益拡大へ向けて、それまで各国各様となっていた間接業務の標準化、集約化を推進することで、①コスト削減、②内部統制強化、③業務高度化を実現すべく、グローバルにおける各国グループ法人を対象とした間接業務（経理財務、人事、調達購買など）に対する自社GBS導入を決定しました。

A社は国内において一定の経験があったもののグローバルにおいては初の取り組みということもあり、すべての関係者を巻き込み、GBSビジョン策定、ゴール設定から以下のアプローチでプロジェクトを遂行しました。

- GBSビジョン策定、ゴール設定
- GBSロケーション選定

●各国対象業務の業務調査、および「To-Be」業務定義
●業務移管計画策定、および実行
●ビジネスケース試算、継続的管理
●GBSにおけるサービス管理導入

対象となる地域は、北米、欧州、アジアパシフィック、南米であり、グローバル全体で英語をベースとして運用する中心的なGBSセンターをインドに設立することとなりました。また、現地言語対応のハブとして、中国、東欧、南米のそれぞれに将来的にセンターを構える計画としました。

各国のグループ会社内の対象業務に加え、一部国別にBPOベンダーへアウトソースしている業務、また企業戦略として買収した会社における業務もGBS対象としています。全体で想定されるボリュームは数百～千FTEが予定され、業務の出し手となる各国現地法人とのコミュニケーションを丁寧に取りつつ、約5年間でグローバル統一する計画で段階的に集約化を実現しています。

DXの成功に向けた人材マネジメントと組織風土のあり方

近年、DX推進の動きは日本でも加速しています。デジタルテクノロジーの導入、テクノロジー基盤の刷新、そして新しいサービスの開発に向けた集中的な投資を行うなど、その動きは一層活性化しています。しかしながら、必ずしも成功している企業は多くないというのが実態のようです。

これまで本書で述べてきた通り、DXの成功に向けて越えるべきハードルや準備しなければならないことは多々あります。ここでは、本書で定義しているDXのステージにおいて、主にステージ4からステージ5の段階で極めて重要な意味を持つ人材マネジメントおよび組織風土に焦点を当てて、日本企業におけるDX推進、成功に向けたポイントを概説します。

人材マネジメント上の諸課題と求められるデジタル人材の類型

「DXを推進したいのだが、担当できる人材が社内にいない」「社員にデジタルスキルを身に付けさせたいが、何から始めたらいいのか分からない」という声を、よく耳にします。DXを推進するには、既存の人材とは異なる新たなスキルセットを持つ人材、いわゆる「デジタルタレント」が求められます。しかしながら、そうした人材が必要だという認識は一致していても、そもそも具体的にどういう人材が求められるのかが明確でないケースが多くあります。

また、ある程度イメージがあっても、いかに自社に引きつけ、獲得するか、そしていかに育成し、パフォーマンスを発揮してもらい、報いていくかという、デジタル人材を活用し、DXを推進していくための基盤が脆弱であることも同様にありがちな事例ではないでしょうか。このように、既存社員との業務特性(および市場価値)の違いから、人材マネジメントサイクルにおけるあらゆる領域で新たな課題が顕在化しつつあります(図表6)。

課題領域が広範にわたるため、人材マネジメント全体のデジタル対応とアップデートが求められますが、まず取り掛からないといけないのは、人材要件の明確化です。採用するにしても社内で育成するにしても、そもそもどういう人材を必要とするのかを整理しないまま、やみくもに進めていくのは得策ではありません。

人材要件は、「何をしたいか(目的)」に即して整理する必要があります。DXといっても、企業により捉え方や位置付けはさまざまですが、デジタルを「テコ」に新しい収益の柱として事業を創造するケース、既存のビジネスをデジタルの力で圧倒的に強化するケースの2つに大別できます。

本書の第8章で、「70-20-10モデル」に触れていますが、多くの企業にとって、既存のビジネスを変革する方がより成功率が高いため、新規事業創出と既存事業変革のバランスをうまく取っていくことが肝要です。DXにおけるこうしたプロジェクト・ポートフォリオを踏まえたデジ

図表6　人材マネジメントにおける諸々の課題

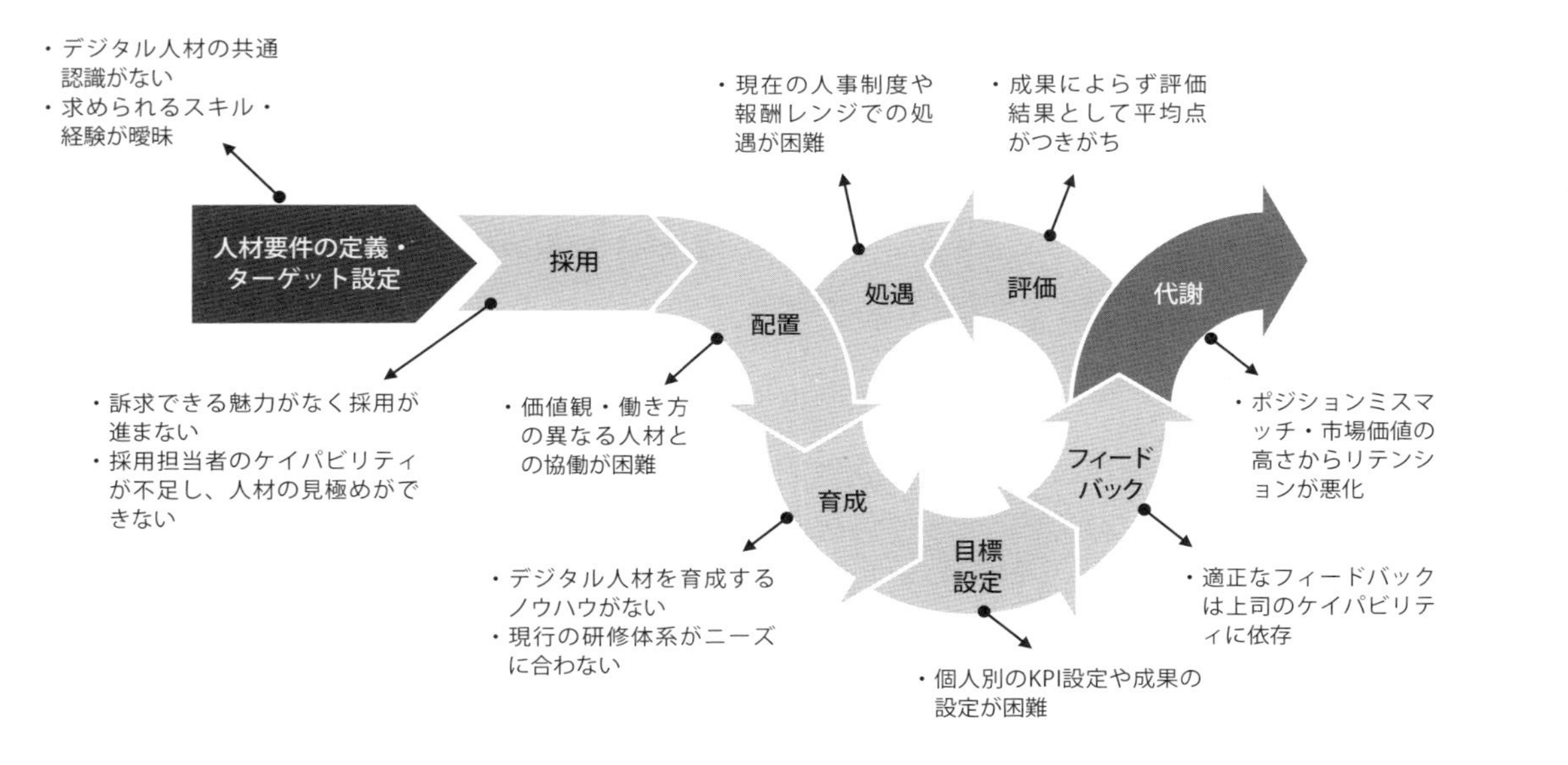

タル人材の構成は、およそ次のようなものになるでしょう（図表7）。大きく、①デジタルコア人材、②チェンジリーダー、③チェンジフォロワーに分けて解説します。

①デジタルコア人材

一般的にデジタル人材と聞いて想起されるのが、DXの企画・推進をリードし、デジタルスキルを武器にサービス開発や新規事業構想を行う、ゼロからイチを生み出すような人材です。人材市場における希少性が高く、社内において充足しているケースはまれです。また、そのスキルの専門性により社内育成は難易度が高いため、採用や契約による外部調達を見据えるのが良いでしょう。

②チェンジリーダー

デジタルを活用した業務改革や変革の推進を担うのがチェンジリーダーです。基本的には既存事業を対象とし、課題設定・課題解決力を武器に社内の関係者を巻き込みながら変革を実現していきます。デジタルに関する一定以上の知識・スキルは求められるものの、社内に潜在層はいることが多く、適切に選抜し、育成することで、社内充足は十分可能であるといえます。

図表7　デジタル人材の構成と充足方針

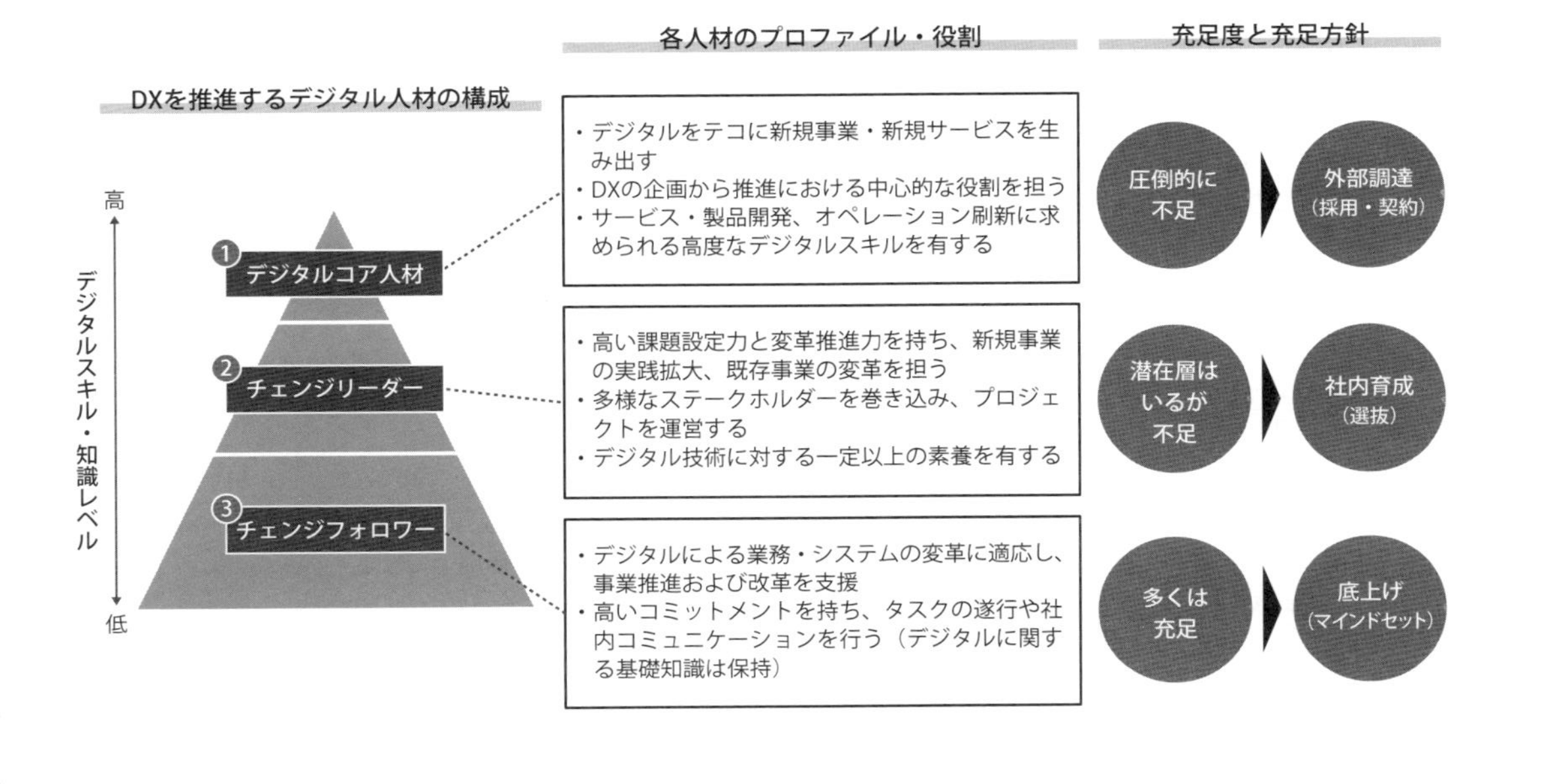

③チェンジフォロワー

デジタルによる業務・システムの変革に適応し、既存事業の改革と運営に携わるのがチェンジフォロワーです。既存業務の中心的人材であり、社内に基本的には充足しています。組織・部署内の変革を定着させる役割を果たすため、デジタルに関する専門知識というよりは、適応力やコミュニケーション力がより求められるため、意識向上や底上げにより社内充足が見込めます。

これらのデジタル人材構成は、「70－20－10モデル」とほぼ連動しており、そのため、人材マネジメントにおいて考慮すべきなのは、多数を占めるチェンジリーダーやチェンジフォロワーとなるでしょう。デジタルによる変革を推進する際に中心的な役割を果たすこの人材群を、社内で正しく定義した上で発掘・育成し、活躍させることが成否を分けることになり、先に述べた人材マネジメント上の課題を克服する必要があります。破壊的イノベーションを担うデジタルコア人材は基本的には社外調達が想定され、短期的には外部パートナーの活用を視野に入れつつ、採用ブランディングの全面的な見直しや海外を含む適切な人材プールへのアクセスを通じて、長期的な社内充足を計画することになります。

デジタル人材と親和性の高い「ジョブ型」人材マネジメント

デジタル人材の具体的な役割・スキルを明らかにし、適切に育成、評価、処遇していくための人材マネジメントの在り方に関する対応策の1つとして、「ジョブ型」人材マネジメントが挙げられます（図表8）。

日本では、伝統的に「メンバーシップ型」と呼ばれる人材マネジメントが主流であり、ポジションや役割を明確に定義しなくとも、人材の採用や処遇をフレキシブルに行うことができました。しかしながら、デジタル人材に関しては人材要件や役割定義が欠かせないため、必然的にジョブ型人材マネジメントへの移行が選択肢となります。欧米では一般的なマネジメント手法です。デジタル化の波やビジネスの一層のグローバル化を背景に、昨今日本でも導入の機運が急速に高まっており、日立や富士通をはじめとする多くの企業が導入を進めています。

ジョブ型のベースとなるのは、ジョブディスクリプション（JD、職務定義書）と呼ばれる役割定義です。これは、人材の類型をベースに、同種のスキルが必要とされるいくつかのサブカテゴリーに分類し、求められる役割を具体的に記述したものであり、目標設定・評価・処遇と連動させて運用するものです。それぞれの役割には、求められる職務内容の詳細な記述、果たすべき責任、必要な教育や資格、職務遂行に必要なスキルや知識、経験が定義されます。この運用を通じ、必要な人材の量と質を見極め、採用や育成を行うと同時に、適切にフィードバック・評価、処遇を行うことができるようになります。

図表8　ジョブ型人材マネジメントの活用

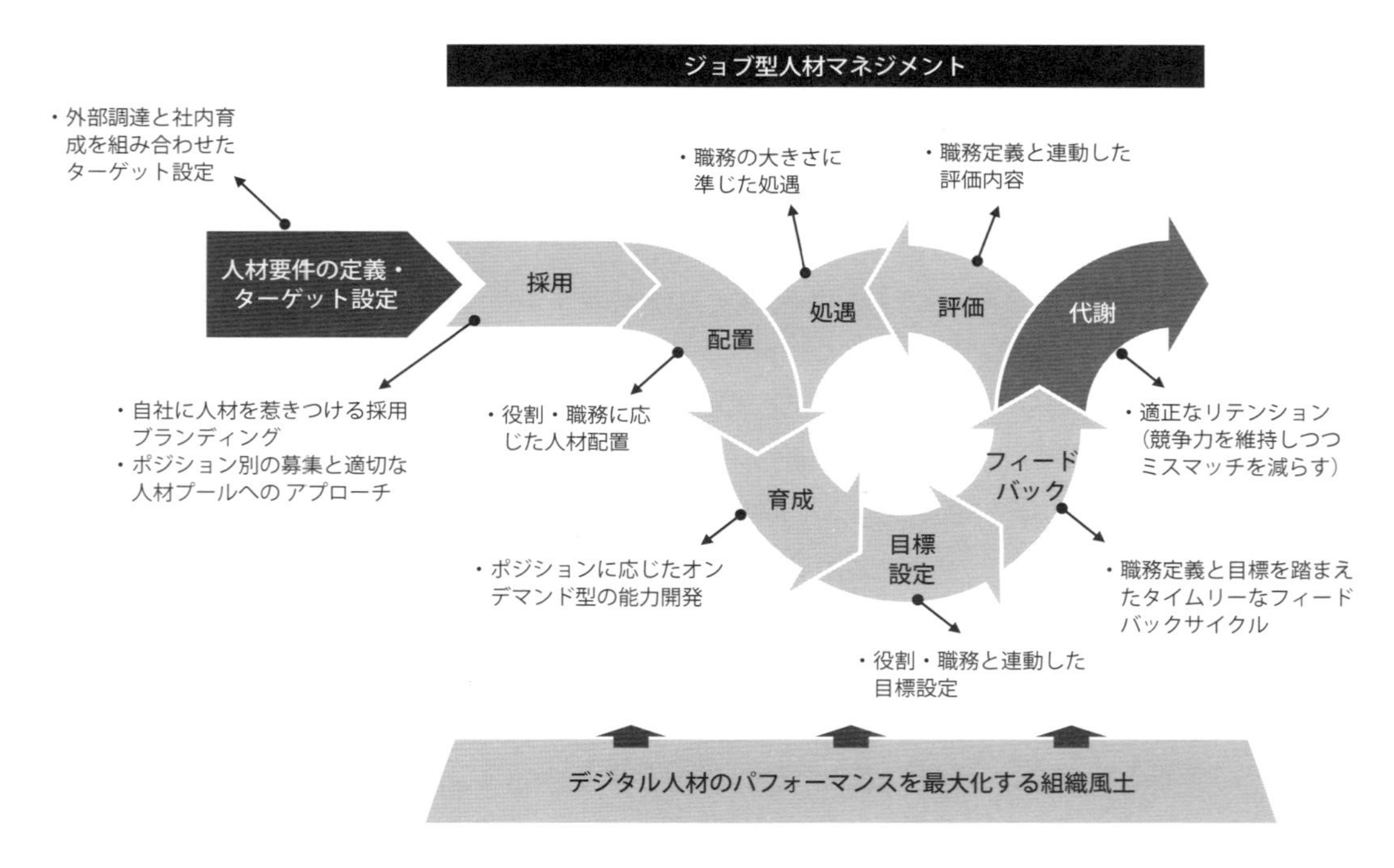
ジョブ型人材マネジメント
・外部調達と社内育成を組み合わせたターゲット設定
人材要件の定義・ターゲット設定
採用
配置
処遇
評価
代謝
育成
目標設定
フィードバック
・職務の大きさに準じた処遇
・職務定義と連動した評価内容
・自社に人材を惹きつける採用ブランディング
・ポジション別の募集と適切な人材プールへの アプローチ
・役割・職務に応じた人材配置
・適正なリテンション（競争力を維持しつつミスマッチを減らす）
・ポジションに応じたオンデマンド型の能力開発
・職務定義と目標を踏まえたタイムリーなフィードバックサイクル
・役割・職務と連動した目標設定
デジタル人材のパフォーマンスを最大化する組織風土

ジョブ型への移行は、人材マネジメントのさまざまな領域に変革を求めることになります。例えば、ポジションベースでの採用活動、役割に応じた目標設定とフィードバック、職務定義と連動した評価と報酬、各ポジションに対応した一律でないオンデマンド型の能力開発などが挙げられます。

このように、ジョブ型の人材マネジメントは、デジタル人材との親和性が高く、DXを推進していく上でのドライバーとなり得ます。一方で、いくら人材マネジメントの在り方を変えたとしても、デジタル人材の活躍を左右するのは職場環境、そして組織風土といえます。引き続き、デジタル時代に求められる組織風土への進化について解説をしていきます。

デジタル時代に求められる組織風土への進化

本書の第2章で、「デジタルになる」ということに触れられています。これは、デジタルテクノロジーの進化は恒常的なものであり、サービスを開発したり新製品を出したり（"Doing Digital"）して終わり、という類いのものではなく、常に変化していくデジタル環境に、柔軟かつ速やかに適応し続けていく企業力を具備すること（"Being Digital"）が求められる、ということを意味します。その意味で、DXは単なる一過性の取り組みではなく、デジタルエンタープライズへの進化を迫るものといえます（図表9）。

デジタルが企業組織に与えるインパクトは小さくありません。まず、従来の顧客においては、

図表9　デジタルエンタープライズへの進化—"Being Digital"

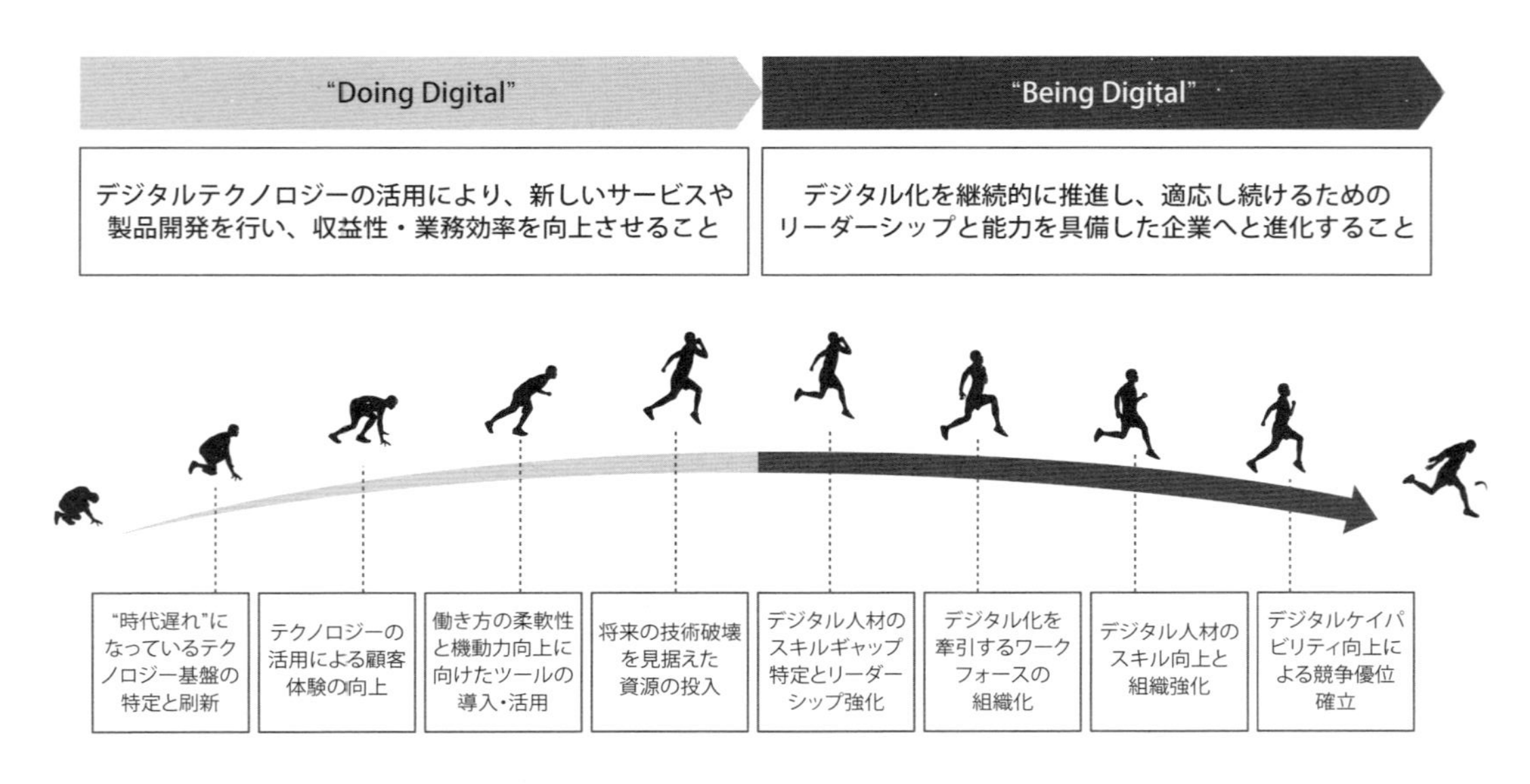
"Doing Digital"
"Being Digital"
デジタルテクノロジーの活用により、新しいサービスや製品開発を行い、収益性・業務効率を向上させること
デジタル化を継続的に推進し、適応し続けるためのリーダーシップと能力を具備した企業へと進化すること
"時代遅れ"になっているテクノロジー基盤の特定と刷新
テクノロジーの活用による顧客体験の向上
働き方の柔軟性と機動力向上に向けたツールの導入・活用
将来の技術破壊を見据えた資源の投入
デジタル人材のスキルギャップ特定とリーダーシップ強化
デジタル化を牽引するワークフォースの組織化
デジタル人材のスキル向上と組織強化
デジタルケイパビリティ向上による競争優位確立

既存の製品やサービスに対する期待値が変わり、変化を求めるようになります。そうした変化への対応にはこれまで以上にスピードが求められます。一方で、従業員のモチベーションの源泉が、単なる報酬・処遇だけではなく、より良い従業員体験になるのと同時に、リモートワークやフレキシブルな働き方を背景に、コラボレーションの在り方が変わってきています。こうしたインパクトは、恒常的なイノベーションが求められるデジタル化の潮流にあって、絶えず組織に変革を迫るものであり、従来型の組織風土へのチャレンジであると言うことができます。

では、デジタルエンタープライズとして具備すべき組織風土にはどういった特徴があり、これまでの「従来型」の組織風土とどのような違いがあるのでしょうか（図表10）。

ポイントは、デジタルによるインパクトをうまく自社の強みへとつなげていくことです。自社の製品やサービスに固執し過ぎずに顧客、マーケットと真摯に向き合い、大胆にリスクを取って先進的な取り組みを前に進め、新しい顧客体験を生み出すこと。そのために既存の組織上の枠組みにとらわれないコラボレーションと迅速な意思決定を行うこと。そして何より、失敗を恐れず、むしろ奨励すること。これらはいずれも、ＤＸを強力に推進するにあたって必要不可欠なものといえます。

しかし一方では、ＤＸの成功を阻害する要因にもなり得るものです。いくら経営層がＤＸの意義や重要性を説き、テクノロジー基盤に潤沢な投資を行ったとしても、組織運営基盤ともいえる組織風土が従来型にとどまるならば、デジタル人材の活躍、ひいてはＤＸの成功はおぼつ

図表10　デジタル時代の組織風土

「従来型」の組織風土	「デジタル時代」の組織風土
・「製品・サービス」中心	・「顧客・マーケット」中心
・リスクとコストの低減にフォーカス	・体験・経験の変革にフォーカス
・伝統と慣習を重視	・イノベーションと先進性を重視
・変化が比較的少ない	・常に変化し、速やかに適応
・ヒエラルキーを意識した働き方	・部門横断的な働き方
・サイロ型の意思決定	・価値提供を意識した意思決定
・失敗を叱責する	・“Fail Fast”—失敗を奨励する

かないでしょう。とはいえ、従来型の組織風土を変えていくには、声がけやスローガンだけではなかなかうまくいきません。しかるべきステップで、着実に取り組んでいく必要があります（図表11）。

まずは、現状の組織風土を正しく知ることから始めることが肝要です。組織風土は目に見えないものなので、ワークショップやサーベイ・アセスメント、さまざまな行動データの分析を通じて、自社の組織風土にはどういった課題があり、またどういった良さがあるのかを把握し、経営層で共有します（ステップ1）。

その後に、目指すべき価値観や、その価値観を体現する行動を具体的に明文化します（ステップ2）。スローガンやキャッチフレーズのようなものではなく、目指すべき組織風土においてはどういう行動が求められるのかをできるだけ丁寧に書き下ろすことが必要です。

そして、そういった行動変容を実現するにはどのような打ち手が有効であるかを施策群としてリストアップします。あわせ

図表11　組織風土変革の6つのステップ

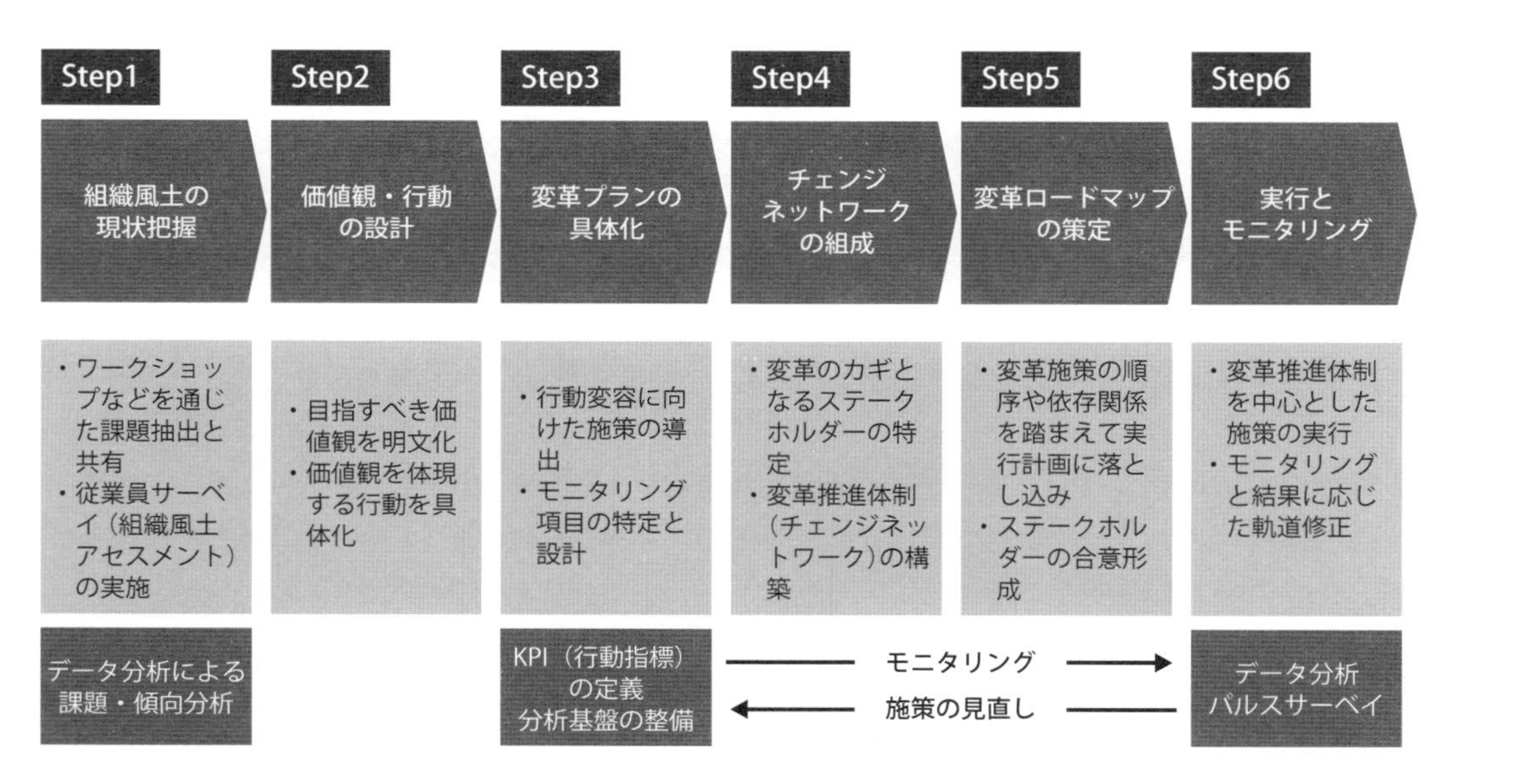
Step1
組織風土の現状把握
・ワークショップなどを通じた課題抽出と共有
・従業員サーベイ（組織風土アセスメント）の実施
データ分析による課題・傾向分析
Step2
価値観・行動の設計
・目指すべき価値観を明文化
・価値観を体現する行動を具体化
Step3
変革プランの具体化
・行動変容に向けた施策の導出
・モニタリング項目の特定と設計
KPI（行動指標）の定義
分析基盤の整備
Step4
チェンジネットワークの組成
・変革のカギとなるステークホルダーの特定
・変革推進体制（チェンジネットワーク）の構築
Step5
変革ロードマップの策定
・変革施策の順序や依存関係を踏まえて実行計画に落とし込み
・ステークホルダーの合意形成
Step6
実行とモニタリング
・変革推進体制を中心とした施策の実行
・モニタリングと結果に応じた軌道修正
データ分析
パルスサーベイ
モニタリング
施策の見直し

て、求められる行動が正しくとられていることを確認するためのＫＰＩ（モニタリング項目）を設計します（ステップ３）。このＫＰＩは、組織風土変革の実現・浸透度合いを把握し、軌道修正するために活用するものですが、定性的なものにとどまらず、行動データをログとして取得し分析する方法も同時に設計しておきます。

次に、立案した施策群をやみくもに実行するのではなく、「チェンジネットワーク」を組成します（ステップ４）。これは、個々の部署やチームにおいて、「この人が変われば全体が変わる」という影響力が強いステークホルダーを識別し、変革推進側に引き入れる、という取り組みです。そして、チェンジネットワークが果たすべき役割を明確にしつつ、実行計画を策定します（ステップ５）。

計画の実行に際しては、各施策の進捗度合いに加え、目指すべき行動が実際に行われているかどうかを、ＫＰＩとして定義した行動データの分析や、パルスサーベイなどを用いた従業員意識の定点観測などによりモニタリングします。そして、分析結果を受けてタイムリーに計画を軌道修正していきます（ステップ６）。

本書では、組織風土をステージ５までに整備することを推奨していますが、これまで見てきた通り、多くの日本企業にとってはそう容易ではないハードルになります。組織風土の醸成は長期間にわたる取り組みであり、企業規模や歴史により難易度も異なります。そのため、確実な実行に向けて、小さく始めて速やかに拡大する（“start small, scale fast”）というアプローチが有効です。例えば、DX推進組織を中心にパイロットとして風土変革を進め、一定の効果と定着を確認し、その後で全社に徐々に広げていくというやり方も一案です。
大切なのは、DXにおける組織風土の重要性を理解し、何を変え、何を残し、何を新しく始めるべきなのかを意識して、デジタルエンタープライズに向けた第一歩を踏み出すことといえるでしょう。

DXの推進にあたり、デジタル、テクノロジーへの理解と投資が重要であることは言うまでもありませんが、推進を担うデジタル人材をいかに自社に引きつけ、あるいは育成し、活躍してもらうか、そして自社の組織風土をデジタル時代に即して進化させていくかは、同じくらい重要であるといえます。DX、デジタルトランスフォーメーションの究極の目的は、まさにデジタルエンタープライズに向けた企業の変革（トランスフォーメーション）であり、人材マネジメントおよび組織風土の変革は、DXの失敗を回避するための有効な処方箋となるはずです。

指数関数型テクノロジーがもたらすDX
～サプライチェーン領域へのブロックチェーン適用

本書では、デジタルテクノロジーを使ってどのように企業や組織の変革（DX）を進めていくのか、5段階のロードマップを基に、各段階で取り組むべきことが著者のP&Gでの実体験や豊富な事例と共に紹介されています。

具体的なテクノロジーの活用については、ステージ1において、SAPなどのERPを導入することで、会計、購買、人事といった基幹業務プロセスの自動化を進めDXの基礎を整備すること。ステージ2では、個々の業務や事業部でテクノロジーを駆使して新しいビジネスモデルを個別に生み出すこと。その後、ステージ3、4と組織内での連携範囲が広がり、最終段階のステージ5では組織カルチャーとしてDXがDNA化していくことが記されています。

一度ソフトウェアを開発してしまえば複製コストはゼロに近い、またGAFAのように一度大きな市場シェアを獲得すると、収集したデータを活用してさらに新しい魅力的なサービスを利用者に提供して独占的な地位を確立していくといったように、デジタルテクノロジーやそれを活用したサービスは、指数関数的な特徴を有しています。どのように指数関数型テクノロジーがDXのイネーブラーになっていくかを図示しているのが、図表12となります（第6章に掲載の図表6−2の再掲）。

ステージ2の「梃子の選択」においては、このような指数関数型テクノロジーの例として、AIや、機械学習、ナノテクノロジー、3Dプリンティング、IoTなどが挙げられていますが、具体的にそれらのテクノロジーがプロセスやエコシステムの変革にどのように貢献するのかまでは述べられていません。ここでは具体例として、ブロックチェーン技術を題材に、特にサプライ

図表12　テクノロジー・プロセス・エコシステムの相乗効果（図表6−2の再掲）

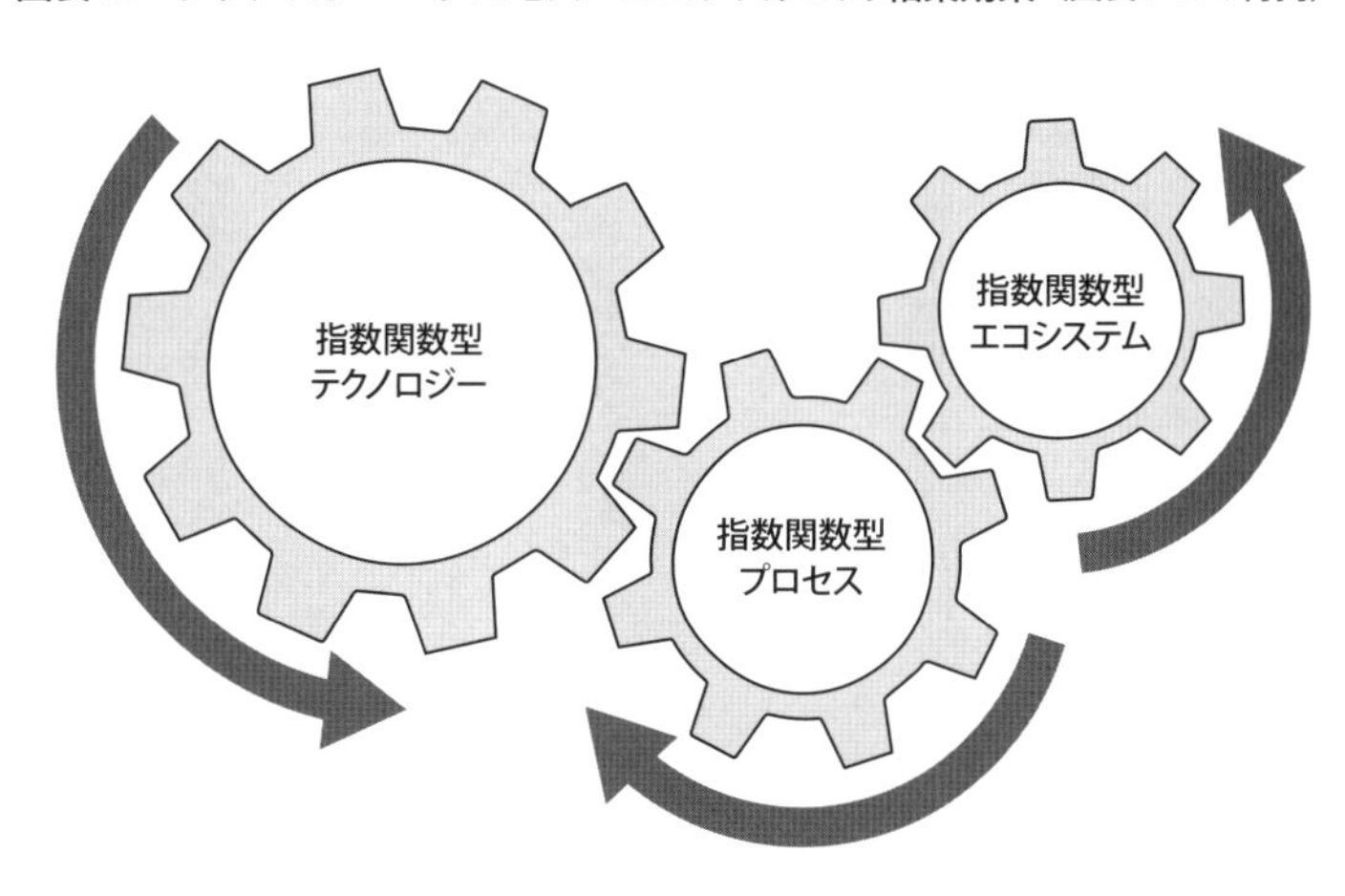

チェーンの領域においてどのようにＤＸを加速させるのかをご紹介していきます。

ステージ1における日本企業の実情

ここでは、日本におけるステージ１の実情を考察した上で、ステージ２でのブロックチェーン活用の話へ進みます。

ステージ２のＤＸ推進を支援するにあたり、クライアントをシリコンバレーのラボに招待したり、海外の事例企業を視察したり、デザイン・シンキング・ワークショップを開催したことがあります。そこでの成果を踏まえて、テクノロジーを駆使した革新的なサービスを検討しＰｏＣ（Proof of Concept）を実施するところまではよく進むものの、その先へ進んでいくケースは極めて少数であるのが実態でした。経営層のオーナーシップの欠如など、本書に記載されている失敗原因の数々が当てはまりますが、取り組みがスケールしない最大の原因の1つは、実はステージ1で基礎を固め切れていない点にあると考えられます。

ＥＲＰを導入していても、Ｐ&Ｇのようにグローバルで単一のシステムとして導入されているケースはまれで、実態としては、同じＥＲＰパッケージを導入していても地域ごともしくは事業部ごとに別システムとして運用されているケースが大半です。かつ、パッケージに業務を合わせるのではなく、現行業務に合わせて製品にカスタマイズを加えており、定期的なバージョンアップや機能追加もままならないのに保守費用はかさみ、パッケージソフトを利用しているメリットを享受できていません。

Ｐ&ＧのようにＥＲＰを正しく導入しＤＸ推進の基礎とすることができている日本企業は残念ながら少数であり、ＥＲＰがかえって阻害要因になってしまっているケースも多く見られます。ＤＸにおいては、データ活用が基礎になりますが、この基礎部分の整備が十分行われていない日本企業の多くは、その時点でハンディキャップを負っているともいえます。

ブロックチェーンのエンタープライズ領域での活用

ブロックチェーンというと、ビットコインやフェイスブックが推進しているDiem（旧Libra）もしくは中国などで実験が進む中央銀行が発行するデジタル通貨（CBDC：Central Bank Digital Currency）といった金融や決済分野での利用が大きな注目を集めています。しかしながら、分散型台帳やスマートコントラクト、トークンといったブロックチェーン技術はエンタープライズ領域でも活用が進んできており、実際私たちも国内で複数のプロジェクトを進めています。

ＥＲＰをうまく導入できている企業においても、原材料の調達から生産、保管・輸送、販売まで一連のサプライチェーンを単一のシステムで実現できている企業は、まずありません。サプライチェーンには、原材料や部品のサプライヤー、配送事業者、外部倉庫、販売事業者など、多くの企業や、貿易などであれば税関や保険会社などのステークホルダーも関わることになります。

各システムやステークホルダーの間をＥＤＩなどで連携し処理の効率化を図っているケースもありますが、多くの場合、システムから印刷した紙の伝票やＦＡＸ、メールなど、人手でつなぎ合わせているのが実情です。このように現状分断されているサプライチェーンを、ブロックチェーン技術がどのようにつなぎ合わせていき、効果を創出できるのか見ていきましょう。

日本酒の海外向け輸出におけるブロックチェーン活用

コロナ禍により訪日外国人が激減する中、来日してもらえないのなら直接現地に輸出しようという動きが強まっています。政府レベルでも、２０２０年に1兆円に満たなかった農産物輸出額を２０３０年までに5兆円にまで拡大する目標を掲げるなど、この動きを促進する動きが強まっています。ここでは、日本酒を海外に輸出している蔵元を例に、ブロックチェーン適用の

図表13　日本酒流通でのブロックチェーン活用

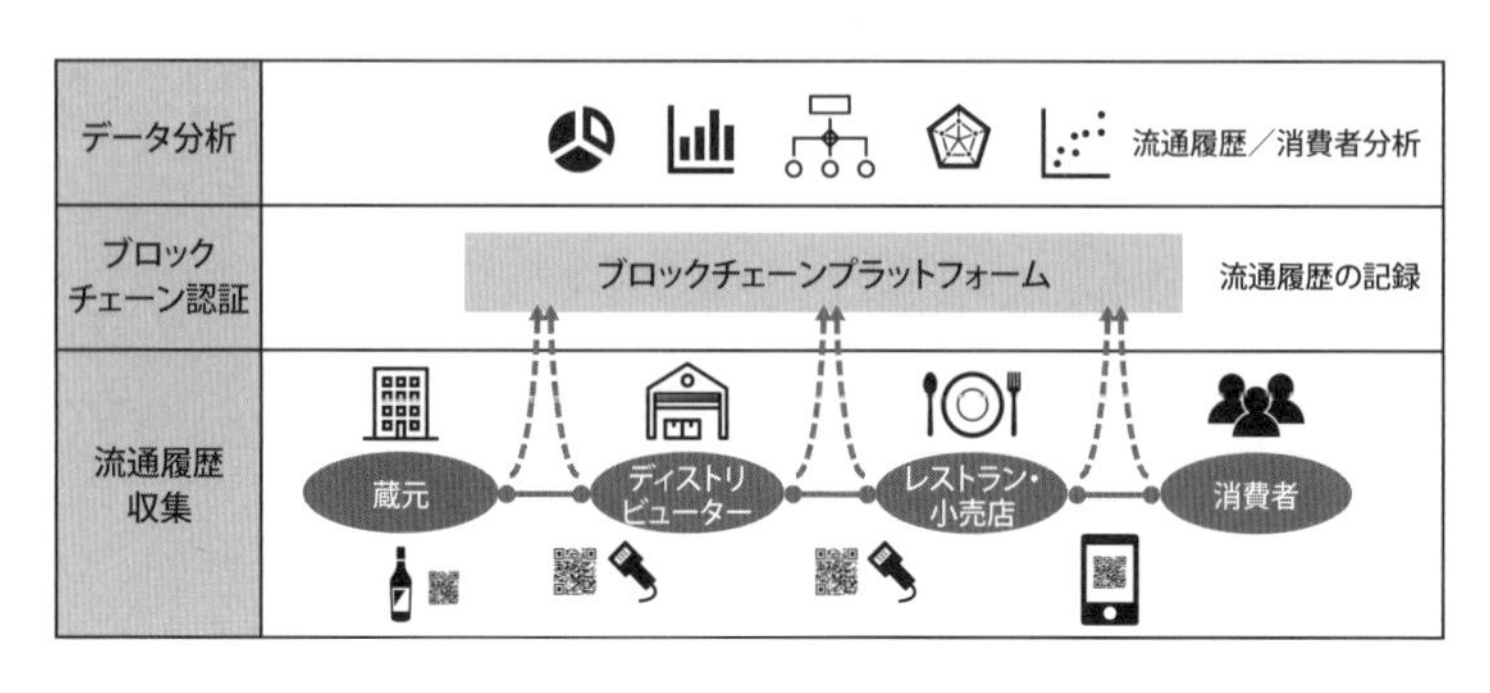

実際について紹介します（図表13）。

一般的に、蔵元が直接海外に販売会社を設立しているケースは少なく、現地のディストリビューターに商品を卸し、レストランや小売店に販売しています。蔵元からは、出荷したディストリビューターまでは流通状況が見えていますが、その先どこに販売され、誰にいつ飲まれたかを知る術は、これまでほとんどありませんでした。また出荷や入荷に関するやり取りも、紙の伝票やメール送付で行われています。

日本酒のサプライチェーンを管理するためには、まずボトルや化粧箱に固有のQRコードを印刷・貼付し、品目、製造年月、原材料といったラベル情報とひも付けます。これによって、当該ボトルの製造段階の情報とQRコードがひも付けられ、ボトル単位で流通履歴をトラック＆トレースしていく準備が整います。蔵元からの出荷時には、スマートフォンやスキャナーでボトルのQRコードを読み取った上で出荷先となるディストリビューターの住所情報を含めて登録します（大量の場合はケースやロット単位で出荷先を一括入力）。

その後も、ディストリビューターでの入荷時、レストランへの出荷時、レストランへの入荷時、購入者への販売時にブロックチェーン上に記録が書き加えられていくことで、蔵元は従来分断されていたこれらすべての流通履歴が見えるようになります。輸送時や保管時の温度もＩｏＴデバイスなどで取り込むことができれば、日本酒の品質に大きな影響を及ぼす温度についても、適切に管理されているかモニタリングすることが可能になります。

また、このように流通履歴が可視化されることにより、流通在庫の情報や販売実績などを蔵元はリアルタイムに把握することができ、販売計画、生産計画、マーケティングなどに活用することが可能になります。

デジタルツイン構築による価値創出のメカニズム

このような取り組みは、ユニクロを展開するファーストリテイリングに代表されるサプライチェーン全体を自社で統合管理するＳＰＡ（Specialty store retailer of Private label Apparel）であれば、自社内の取り組みとして実現可能です。しかし、そうでない大多数の企業においては、多くの取引先との連携なくしてサプライチェーン全体の可視化最適化を実現することはできません。

ブロックチェーンを活用することで、分断されていたサプライチェーンをつなぎ、あたかも単一企業のようにサプライチェーンの可視性を高めることが可能になり、どの商品がどこでどの

図表14　サプライチェーン領域での効果創出モデル

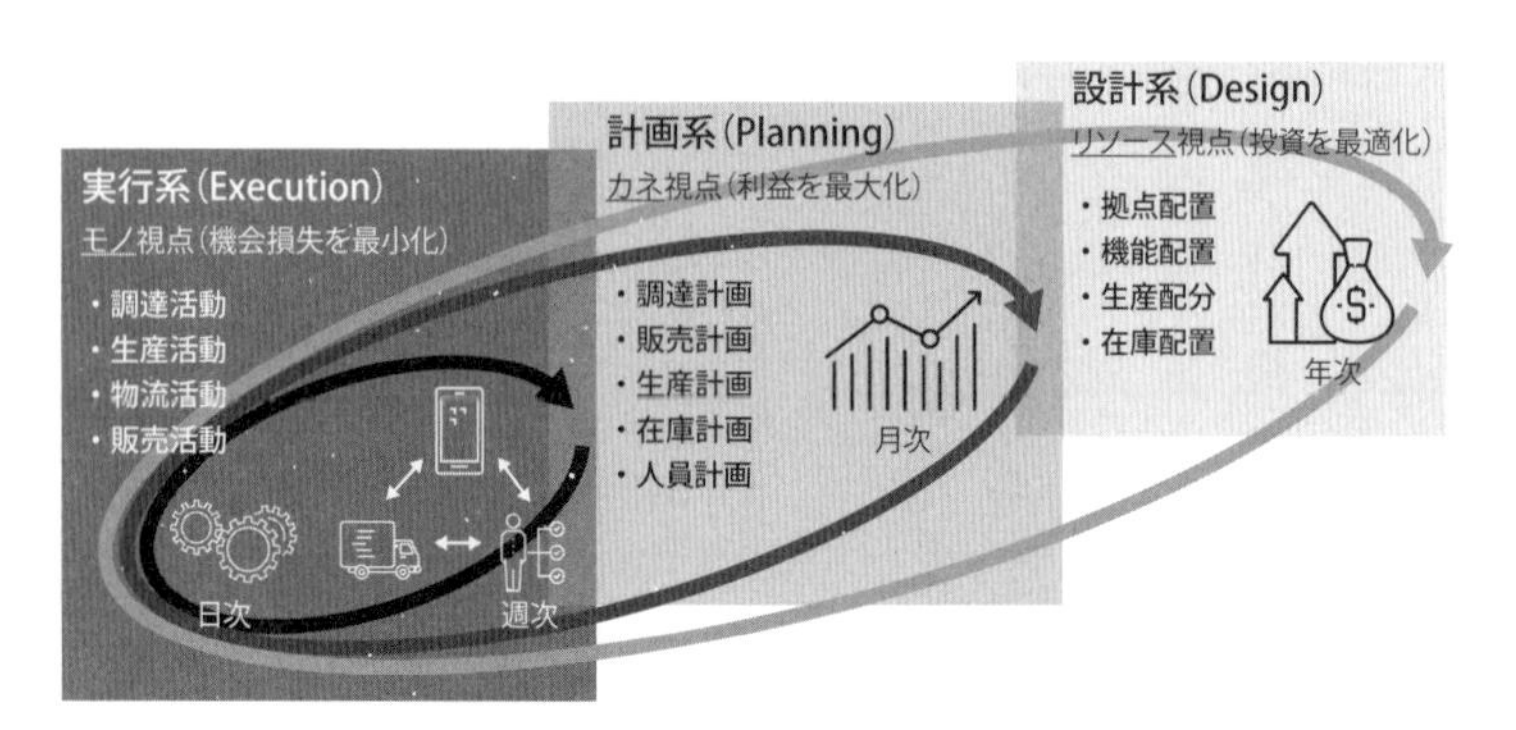

程度売れるのかを予測し、作り過ぎたり、在庫を持ち過ぎたり、欠品が発生したりする非効率を最小化することが可能になります。この効果発生のメカニズムを説明したのが、図表14です。

ブロックチェーンをサプライチェーンに適用する効果は、直接的には実行系におけるＰＳＩ（Production, Sales, Inventory）情報の可視化として現れます。ＰＳＩ情報がさらに蓄積されてくると、需要予測の精度が高まるなど販売計画や生産計画といった計画系の業務でも活用することが可能になり、さらに年単位で蓄積されると生産拠点を中国に新設するといったリソース配置の最適化にも活用されます。

このようにブロックチェーンを活用して「デジタルツイン」を構築することで、個別業務のＤＸを超えて、ステージ3、4と呼ばれるようなエコシステム全体で新たなサービスを生み出すことが可能になるのです。

以上、ＤＸを推進する組織としてのＧＢＳにおける現在のトレンド、ＤＸを活用するための人材に関する考察、そしてＤＸの具体的な適用としてのテクノロジーという３つの観点から解説を加えました。

ＤＸに従事しておられる読者の皆様は、その改革を成功に導くために、日々、大小さまざまな問題に直面していらっしゃるのではないかと推察します。本書において著者が提唱する５段階モデルが、そうした改革の最前線で奮闘されている皆様に対してヒントとなり、日本企業におけるＤＸの成功確率を高めるために少しでもお役に立つことを願っています。

ラックの運転手がスマートフォンを持っていれば、IoTセンサーとして活用できる。ほとんどの工場にある製造設備には、すでにさまざまなセンサーが組み込まれているが、多くは十分に活用されていない。

特殊機能テクノロジーの成熟度は？

特殊機能テクノロジーは各業界の破壊的変化の最先端にあるため、成熟度については別の角度から考えることが重要だ。成熟を待って世界に追い越されてしまうより、業界固有の破壊的技術に投資し過ぎて失敗する、という姿勢の方が望ましいかもしれない。

マートファクトリー、つまり「賢い工場」は事実上、それ自体が自らを運営することができる。スマートな交通手段は、サービスとコストを最適化することができる。スマートな小売業者は、顧客に合わせてサービスをカスタマイズできる。

物理的な空間とデジタルの空間を結び付け、大規模なネットワークを形成してさまざまなプロセスやサービスを実現するこうした能力こそが、第4次産業革命の一部として、私たちの生活に破壊的な変化をもたらすことになるだろう。

あらゆる業界に1つ以上の特殊機能テクノロジーが存在している

ここで取り上げたのは、特殊機能テクノロジーのほんの一部だ。重要なのは、こうした業界固有のテクノロジーが、皆さんのビジネスモデルを変革する最も直接的な力を持つということである。製造業では3Dプリンティング、先端素材、IoT、ナノテク、その他多くの新技術によって破壊的変化が起きるだろう。デジタル時代のビジネスモデルのために、業界固有の破壊的技術の適切な組み合わせを認識し、活用を模索することは、破壊を避けるための最善の策となる。

実用上のアドバイス

どこから手を付けるか？

ビジネス戦略と顧客ニーズを常に見直し、どのような特殊機能テクノロジーがそこに関係してくるのかを考えることから始める。新しい製品とサービスを開発するためにイノベーションを起こし、そこに破壊的なビジネスモデルを組み合わせる。そうした可能性とリスクを評価するのに十分な組織的能力を持つべきである。

そうした新しいテクノロジーは高くつくのではないか？

必ずしも高価というわけではない。最初は小規模で低コストのプロジェクトを繰り返してみることも、他人と協力することもできる。またすべてのテクノロジーに追加の投資が必要なわけではない。IoTセンサーを考えてみよう。トトースターからスマート駐車場、スマート健康モニター、リアルタイムのエネルギー最適化、スマート製造まで、さまざまな可能性を拓いてくれる。

どうすればあらゆるモノをスマートにできるのか？

1台のIoTデバイスは、特定の情報を計測・発信できる専用のセンサーのようなものと言えるだろう。そしてそれは、ある程度の判断が行える程度に賢くすることができる。ネスト社が開発したサーモスタットはそれを、温度、一酸化炭素、ビデオ画像といった情報に関して行う。これらのデータを利用することで、家庭のエネルギー消費量を劇的に削減することができる。

ではそのようなIoTデバイスが、多数存在していたとしたらどうだろうか。歯ブラシ、テレビ、ホームセキュリティーシステム、芝刈り機、自動車、掃除ロボット、トースター、コーヒーメーカー、冷蔵庫、洗濯機と乾燥機、コンピューター、ベッド、シャワーヘッドといった具合だ。そしてこうしたデバイスと、オンラインショッピングのアカウント、クレジットカードのデータ、音楽コレクション、連絡先、個人的な好みなどのデジタル情報が、シームレスかつインテリジェントに相互連携できるとしたら？

そうなれば、あなたが仕事で家を空けている間に、自宅の冷蔵庫が残り少なくなっている食料品を検知して注文し、芝刈り機と床掃除ロボットが自分たちの仕事をこなし、セキュリティーシステムは自宅を訪れた宅配業者に不審な点がないかを判断し、洗濯機は洗濯洗剤が不足していることを検知して注文を出す。そして自宅に帰ると、セキュリティーシステムがあなたを認識してドアを開け、音楽システムがお気に入りの曲を再生し始め、オーブンが食事を温め、ごみ箱がいっぱいであることを検知して通知し、スマートフォンがリアルタイムの交通情報に基づいて、正確な時間に空港に到着できるようウーバーを手配する手助けをしてくれる。

ここで、多数のスマートホームが他のセンサーとネットワーク化され、スマートシティを形成することができたらどうなるか考えてみよう。その場合、セキュリティー、環境、渋滞、公共サービス、医療、金融サービスといった問題に、より効率的に対処することが可能になるだろう。

最後に、こうした技術が企業に適用される可能性について考えてみよう。ス

先端素材の破壊力

着ている服がエネルギーを生み出すことができたらどうだろうか？　高度な繊維を組み合わせて、運動や、繊維に埋め込まれた太陽電池からエネルギーを回収するのだ。コンクリートのひび割れが、ひとりでに修復したら？　科学者たちは、コンクリートに休眠状態の細菌を埋め込み、亀裂が発生すると細菌の目が覚め、石灰岩を生成して亀裂を埋めるという研究に取り組んでいる。自宅のスマートレンガが汚染物質を「消化」し、同時にエネルギーを生成することができるとしたら？　この革新的なレンガには、プログラム可能な合成微生物を備えた微生物燃料電池が含まれている。この微生物は活性化されると、水を浄化したり、リン酸塩を回収したり、発電したりすることができる。これらは、伝統的な材料工学の分野を急速に変化させている、新しい素材のいくつかの例だ。

「先端素材」とは、これまで使用されてきた従来の素材よりも、大きく進歩した性能を持つ素材全体を指す言葉である。先端素材に関して特徴的なのは、大きなコンピューティング能力を安価で使えるようになったことで、新しいブレイクスルーが生まれるペースが加速しているという点だ。この効果は、医学に対してゲノミクスがもたらしている破壊的な影響に似ており、もはや無視できないものになっている。

「よりスマートな世界」の可能性

もうひとつの注目に値する指数関数型テクノロジーが、スマート（賢い）デバイスだ。私たちはこれまで、世界には2種類のモノがあると考えるように訓練されてきた。「賢いモノ」と「賢くないモノ」の2種類である。例えば自動運転車は賢いが、道路は賢くない。しかしこの前提を覆せるとしたらどうだろうか？　もし道路が自動車と同じくらい賢くなったら？　これはIoTすなわち「モノのインターネット（Internet of Things）」ならぬ「あらゆるモノのインターネット（Internet of Everything）」の可能性を示すものだ。

IoTは、物理空間とデジタル空間をこれまでにない形で相互接続している。IoTとは本質的に、デバイスの相互接続ネットワークで、データを収集したり交換したりすることができる。それを遠隔操作で行うことが可能で、スマート

ビジネスのどの領域が影響を受けそうか？

物理的な動きや移動が関係する分野で、コストや時間、リスクの削減に最もつながる、あるいはサービスレベルの向上をもたらす機会を探してみよう。

新しいユースケースをどのように特定するか？

スタートアップ企業の活動に目を光らせよう。ベンチャーキャピタリストの情報源や、クランチベースのようなデータベースは、スタートアップ企業を追跡する簡単な方法だ。

法律による規制や、承認プロセスはどうなっているか？

信じられないほどの速さで整備されつつある。以前は、ドローンを操縦するためには航空機の操縦士免許が必要だった。現在では、150ドルと十分な教材さえあれば、簡単なドローン操縦士の資格を取ることができる。

5　特殊機能テクノロジー

これまで解説してきた4つの指数関数型テクノロジーは、大部分の企業に広く適用できるものだが、個々の業界内には固有の指数関数型テクノロジーが存在している。例えば仮想現実（VR）や3Dプリンティング、モノのインターネット（IoT）、ナノテク、エネルギー貯蔵、バイオテクノロジー、先端素材などの技術だ。そうした特殊機能テクノロジーを詳細に網羅したリストを作ろうと思ったら、ここでは紙面が足りなくなってしまうだろう。ただこの技術を判断するポイントは、特定の業界において破壊的変化を起こす可能性があるかどうかだ（機器製造業における3Dプリンティングや、エネルギー伝送事業におけるエネルギー貯蔵技術など）。こうした技術については、DXの計画において特別な注意を払う必要がある。

シリコンバレーに拠点を置く、未来志向のシンクタンクであるシンギュラリティ大学は、こうした特別な指数関数型テクノロジーの持つ意味について、間違いなく最高の情報を保有している。残りのページにおいて、あまり知られていない2つの分野における、驚くべきテクノロジーを簡単に紹介しておこう。

ユースケースの例

物理的に見る、感じる、補助する、動かす、測定する、届けることを必要とするあらゆるタスクは、ロボットの適用先となり得る。さらにこうしたタスクを遠隔操作で行わなければならない場合には、ドローンを利用することも考えられる。当然ながら、新しいユースケースが毎日のように登場している。すでにロボットやドローンを使っている業界の簡単なリストを表B-3に示す。

表B-3　ロボットとドローンのユースケース

ロボット	ドローン
製造業	農業
物流・倉庫	撮影
配送	ジャーナリズム
医療	パイプライン等の遠隔監視
ホームアシスタンス	森林や環境のモニタリング
介護	捜索・救助
小売	軍事
セキュリティー	小包配送
軍事	輸送
建設	倉庫管理
石油・ガス	橋梁などのインフラ調査
災害時の救援活動	不動産の測量
警察と行政サービス	遠隔地への重要な製品の配送
ホテル・レストラン	セキュリティー監視
自動運転車	ユーティリティー系設備のメンテナンス
エンターテインメント	保険（現場検証）

実用上のアドバイス

ロボットやドローンの開発は、現在どのような段階にあるか？

多くの人々が想像するよりも進んでいる。AIよりもずっと先だ。

ブロックチェーンの可能性をより良く理解するためにはどうするか？

オンライン上には、潜在的なブロックチェーンのユースケースをまとめた資料がいくつも公開されている。それを自社のニーズに基づいて検証してみよう。また、このテクノロジーに関して組織内で十分な経験を積んだら、新しいユースケースを開発することを検討してみよう。

注意点や限界は？

多くの制約事項があるが、乗り越えられないものはない。ブロックチェーンを含む新しいテクノロジーに過度に依存しないことが重要だ。小さく始めてみよう。また他の指数関数型テクノロジーと同様、何をしているのかを理解することも重要になる。アウトソーシングしてはいけない。自分が理解していないものは、決してアウトソースしてはならないのである。

4　ロボットとドローン

このセクションと次のセクションでは、物理的な、もしくは特定の機能を持つ指数関数型テクノロジーを扱う。皆さんのビジネスにおいて、物理的な側面が関係する場合（例えばモノの製造や輸送、小売、監視など）、ロボットやドローンが有効活用できる可能性は非常に大きい。

ロボットやドローンは、すでに面白そうなオモチャから深刻な破壊的変化をもたらす存在へと変わっている。2017年初めの時点で、ドローンは500ポンド（約227キログラム）以上を持ち上げる力を持っている。そして進化は指数関数型で急速に進んでいる。ロボットはすでに、ラストワンマイル配送（最終的な届け先への配送）、ホームアシスタンス、倉庫運営、セキュリティーサービスを担当できるようになっている。病院への輸血用血液の配送といった、より革新的なユースケースのいくつかは、従来のインフラに頼ることが難しい発展途上国において生まれており、そうした国々の状況を一足飛びに最先端なものにしている。企業は単にこうした技術をテストするだけでなく、ドローンやロボットの導入を積極的に進めている。

表B-2　ブロックチェーンのユースケース

金融取引	公的記録	サプライチェーン	セキュリティー	途上国市場
仮想通貨	土地の所有権	トレーサビリティ	自動車／ホテル／自宅／ロッカーの鍵の管理	コミュニティ内のマイクロローン
商取引と記録	パスポート	貨物管理	安全な支払い	太陽光発電のシェア
貿易	出生証明	請求と支払い	賭博に関する記録	支払い
ローン記録	電子投票	契約管理	特許・商標	農業に関する記録
マイクロファイナンス	政府の透明性	サプライヤー管理	DRM（デジタル著作権管理）	非営利団体に関する記録

実用上のアドバイス

ブロックチェーンは過大に宣伝されているだけか？

答えは「イエス」だが、それは多くの破壊的技術が通る道だ。売り文句が過剰だからといって、無視する理由にはならない。ブロックチェーンはビジネスを一変させるほど強力な存在だ。

ブロックチェーンはハッキング不可能だというが、ビットコイン交換所のマウントゴックスがハッキングされたではないか？

確かに。ブロックチェーン自体は安全だったのだが、この通貨にアクセスするウォレットキーが安全でなかったのである。金庫に物を入れたものの、鍵の取り扱いに注意していなかったようなものだ。この事件は、ブロックチェーン自体を取り巻くインフラストラクチャーに、強固で安全な基盤が重要であることを示す良い教訓だ。

どこから手を付けるか？

セキュリティーを必要とするトランザクションと、複数の当事者間で分散して行われるトランザクションが交わる部分に注目してみよう。またAIの場合と同様に、すでに他人が作成したユースケースを再利用することから始めてみよう。

これは大げさな主張かもしれないが、根拠がないわけではない。インターネットが情報へのアクセスを一変させたように、ブロックチェーンはトランザクション管理（銀行振込など）に関連する行動を一変させる可能性がある。

ブロックチェーンを取引のデジタル台帳、つまりスプレッドシートのようなものと考えてみてほしい。そのコピーがネットワーク上に何千と設けられ、常に同期が行われているところを想像してみよう。そこで得られるのは、アクセスは簡単だが、実質的に改ざんが不可能な記録だ。それは常に無数のコピーに基づいて、自らを監査しているためである。このような理由から、少なくとも今のところ、ブロックチェーンはハッキング不可能と考えられている。

ブロックチェーンの可能性

ブロックチェーンはデータを分散型で管理しており、複数の当事者がアクセスしやすく、一方で安全性が高いため、あらゆる取引において中間管理者を不要にするツールとなっている。これは金融業界がブロックチェーンに注目している理由の1つだ。今日における彼らの仕事の大部分は、当事者間の中間に立って取引を成立させることだからである。証券取引の分野で言うと、全トランザクションのおよそ10パーセントに、取引を完了させるために手動で対応しなければならない誤りが含まれている。このことは、現金決済の手数料で考えた場合、数十億ドルを節約する機会となる。

もうひとつ有望な利用先が「投票」だ。複数の国々が、ブロックチェーンを基盤とした電子投票の可能性を検討しており、すでにいくつかの企業やコミュニティがそこに関与している。アブダビの証券取引所は、年次総会に電子投票を導入した。エストニアでは、住民向けサービスにおける各種の証明や、企業の株主総会での利用事例がある。

ユースケースの例

潜在的なユースケースは無数にある。驚くことではないが、そうしたユースケースは、高度に分散化された取引や、多くの当事者への容易なアクセスの提供、そして極めて高いセキュリティーの組み合わせが、あらゆる取引活動システムを一変させる可能性があることを示している。表B−2では、インスピレーションを得てもらうためにいくつかの例を取り上げている。

実用上のアドバイス

どこから手を付けるか?

大勢の従業員（社内のスタッフか、アウトソーシング先かを問わず）が行っているルーティンワークを調査してみよう。

どのくらい大きな話になるのか?

かなり大きくなる。多くの大規模な実装において、1000台以上のロボットの使用が目標とされており、それぞれが複数の人間の作業を自動化できるようになっている。

業務プロセスの見直しやAIと組み合わせることで、RPAの価値を倍増できるか?

出来の悪いプロセスを自動化してはならない。それをきれいに修正してから自動化を広げるようにし、そこに人間が判断するタスクを追加するようにしよう。

どのような種類の組織に最も適しているか?

デジタルネイティブ企業よりも、従来型の企業の方がこの技術のありがたみを感じるだろう。従来型の企業では、知識労働者の日常的なタスクに大量の従業員を投入する傾向がある。そうした部分は、スマートプロセスオートメーションの投入によってすぐに価値が得られるだろう。

注意点や限界は?

まずは社内の状況を知る必要がある。その際、ビジネスプロセスやITの専門家をフルに参加させる必要はない。ただし、このタスクを外注しないこと。第2に、業務を継続するための計画を策定しておく必要がある。業務プロセスが変更された際に、誰がロボットの変更を担当するのか?

3　ブロックチェーン

ブロックチェーンは、もともとビットコインと共に、画期的な基礎技術として発明された。ビットコインはまだ投機的な存在で、企業での利用は推奨されていないのに対し、ブロックチェーンはインターネット以来最も革新的な技術の1つと考えられている。

い）とスピードという利点を副産物として得ることができるのである。

スマートプロセスオートメーションの例

AIと同様に、RPAは人間が日常的かつ反復的な作業を行う場所であれば、どこにでも適用できる。インスピレーションが得られるように、事例のリストをまとめておこう。このリストは基本的な自動化（SAPやセールスフォース、オラクル、マイクロソフトなどのエンタープライズ・ソフトウェア群）がすでに使用されている領域を示すものであることに注意してほしい。こうした「既製品」である製品は、企業内の自動化ニーズの50〜90パーセントしかカバーしておらず、人手による作業や電子メール、Excelを使った作業などの補完メカニズムによってカバーされなければならない部分が残っている。そうしたギャップは、スマートプロセスオートメーションの主要なターゲットだ。

- **注文処理、出荷、請求**：これらはいずれもルーティンワークで、オフショアのセンターで処理されることも多い。ただ注文を完結させるためには、複数のシステムをまたいだ作業が必要になる。
- **請求と引受**：特に保険や銀行、製造などの部門で発生する業務で、ルーティンワークとして情報の検証を行う人材が必要になる。
- **顧客／患者登録**：これらの活動はさまざまな後続業務を発生させ、複数のシステムをまたぐ形で行われる。このプロセス全体を自動化できる。
- **クレジットカード申請**：スマートプロセスオートメーションは、構造化された要求の処理に広く適用できるが、クレジットカードの申請プロセスはその好例だ。この業務には、複数の情報ソースをまたぐ形での適格性の検証と承認が含まれる。
- **レポート作成とデータ管理**：複数のソースから情報を引き出し、予測可能な形で情報を処理する作業。
- **従業員の採用と入社手続き**：複数のITシステムの更新や、研修や備品の手配、給与計算など、新規採用に起因する各種業務の自動化。
- **顧客／クレーム対応**：複数の部門にまたがる顧客接点に対して、構造化された処理を行う。
- **ステータス変更処理（住所変更など）**：あるエンティティの情報の一部を変更するようなルーティンワーク。

AIは仕事にどのような影響を与えるか?

- あらゆる自動化と同様に、AIも間違いなく社員やスキルのあり方を再定義するだろう。ビジネスプランを設計する際には、そのことを念頭に置かなければならない。

AIは人類を滅ぼすか?

- おそらくそのような事態にはならないだろう。賢い人々によって、AIにどう制限を設けるかという議論が始まっているからだ。しかし自社のビジネスに必要なAI能力に投資しないことは、間違いなくその破滅をもたらすだろう!

2　スマートプロセスオートメーション

これはソフトウェアロボットを使用して、従来の業務システムでは実現できなかった部分まで、企業内のビジネスプロセスを自動化する技術だ。スマートプロセスオートメーションの一例が、ロボティクスプロセスオートメーション（RPA）である。RPAには、コンピューター上のあらゆる反復的タスクを自動化するためのソフトウェアが含まれている。これはちょうど、非常に賢いExcelマクロだと考えると良い。それはコンピューター上のどのようなソフトウェアに対しても実行することができる。また別の例として、人間による判断が発生する業務を支援するAIがある。これらを組み合わせることで、企業内の構造化されたタスクと、人間の判断を伴うタスクの両方を自動化することができる。

ソフトウェアロボットやスマートプロセスオートメーションは、あらゆる組織の労働力の一部として台頭してきている。ソフトウェアロボットは24時間365日稼働し、休憩を取ることはない。また単純にコピーするだけで「従業員」を増やすことができる。欠点は、反復的で構造化されたタスクに使われるように設計されているという点だが、AIが加わることで、人間の判断が必要なタスクにも適用できるようになる。

スマートプロセスオートメーションを導入する、より重要な理由がある。この技術は転換点に達し、生産性の向上だけでなく、ビジネスサイクルの高速化を実現している。この技術を破壊的なものにしているのは、比較的迅速で高いリターン率だ。プロセスの複雑さにもよるが、多くのスマートプロセスオートメーション・プロジェクトは数週間で完了し、数カ月以内に元が取れて、拡張性（ロボットをコピーするだけで良

表B-1　AIのユースケース

製造	ビジネスプロセス	マーケティング	販売	R&D
予防保全	シェアードサービスセンターの自動化	ターゲティング広告	正確な需要予測	研究論文の分析
歩留まり向上	不正監視	コンテンツ生成	営業支援	アイデアのテストと検証
効率的な物流	パーソナライズされた顧客サービス	顧客のセグメンテーション	最適経路選択	構造設計のためのニューラルネットワーク
サプライチェーン最適化	サービスの信頼性向上	顧客インサイトとオファリング	棚割とマーチャンダイジングの最適化	イメージング用AI
品質向上	人材の最適化	価格の最適化	販売におけるROIの向上	テスト用の候補のターゲティング

実用上のアドバイス

ユースケースをどう把握するか?

- 最高のビジネスエキスパートとデータサイエンティストを集めて、ユースケースを特定しよう。しかしそうした専門家でさえ、頻繁に実験を繰り返すことが必要だろう。ユースケースをアンケートで調べようと思ってはならない。実験あるのみだ。

AI能力をどのように構築するか?

- この点については、とにかく取り組むしかない。何名かのデータサイエンティストを雇おう。最も重要なのは、自分のビジネスに関係するあらゆる種類のデータを集めることだ。データがなければAIは実力を発揮できない。

AIは古い業界でも有効なのか?

- 古い業界でも有効だ。ほぼ例外なく、古いものと新しいものを組み合わせることが既存のビジネスモデルを破壊することにつながる。アマゾンのAIも、同社のロジスティクス能力がなければその価値は半減してしまうだろう。古い世界の資産を、新しい世界の能力で補うのだ。

重要なのはユースケース

幸いなことに、AIの専門家でなくても、既存のビジネスモデルを支援したり逆に破壊したりするようなユースケースを理解することができる。ここではAIに関して役立つヒントをいくつか紹介する。

- 「インターネットする」だけでは十分ではないのと同様に、「AIする」だけでは何にもならない。重要なのはユースケースだ。
- 従って、AIを万能薬またはプラットフォームとして販売しようとしているベンダーには注意が必要だ。これはユースケースの競争であり、AIの競争ではない。もちろん、皆さんがAI開発者であれば話は別だが。
- AIアルゴリズムの大部分はオープンソースだ。AIプラットフォームを販売しているベンダーは、多くの場合、無料のものをパッケージ化して有料で販売している。アルゴリズムを選別し、パッケージ化したものにはある程度の価値があるが、考えられているほどではないことがほとんどだ。
- 大企業には文字通り、何千ものユースケースがある。そのうちのいくつかは、将来のビジネスモデルにとって重要なものだ。それに集中し、利益を生み出すものを追うようにしよう。
- これに関連して、将来のビジネスモデルがこうした少数のユースケースに依存しているのであれば、持続可能な競争優位性を確保するために、知的財産を開発したいと思うだろう。そのために十分なAIとデータサイエンスの能力を社内に構築しておこう。

ユースケースの例

人間の判断が関与するところであれば、AIはどこにでも利用される可能性がある。表B-1では、一般的な企業の機能に関係するユースケースの中から、いくつかのカテゴリーを選択して例を挙げている。

クレジットカードや銀行の取引がブロックされたことがあれば、それはおそらく、AIが詐欺の疑いを検知したためだろう。アマゾンやネットフリックスあるいは同様のサービスプロバイダーに、プロフィールに基づいて製品を推薦してもらったことがあるなら、それもAIだ。自動運転車もAIを活用している。あまり知られていない例を挙げると、ヤフーやAP通信などのニュースサイトで皆さんが目にしている、スポーツや企業の財務情報に関する無数の短い記事の多くは、AIツールによって自動生成されている。

AIの可能性と限界を理解する

このように、AIは私たちの周りにすでに存在しているかもしれないが、万能ではない。その巨大な可能性を解き放つ鍵は、「ユースケース」（これはIT業界でよく知られている、無害で強力な用語だ）にある。ユースケースとは、特定のツールを、特定の問題に対して適用することを意味する。クレジットカード詐欺の検知と、ニュース記事の自動生成はAIの2つのユースケースだが、AIが急成長した理由は、大きなコンピューティングパワーが安価で利用できるようになったことで、ユースケースの数が転換点に達したためである。この現象はすべての指数関数型テクノロジーに当てはまり、AIに注目が集まっているのは、単にAIがこのサイクルのピークにあるためだ。

20年前、インターネットがそうした指数関数型テクノロジーの1つだった。インターネットは膨大な数のユースケースを生み出した。実際、ドットコムブームの大部分は、イノベーターたちがインターネット上で新しいユースケースを作り出すことに関係していた。インターネット初期のユースケースの大部分が、オンライン上での製品の購入、銀行口座のチェック、米国の自動車管理局関連の手続きなど、「アクセス」に関するものだった。

ドットコム時代が終わると、第2世代のユースケースが生まれ、それ自体がさらに多くのユースケースを構築するためのプラットフォームとなった。クラウドコンピューティングはその一例だ。これは基本的に、コンピューティングサーバーの能力を、インターネット接続が可能な人なら誰でもオンラインで利用できるようにするというもので、その結果、PCやサーバーに物理的にインストールしなければならないアプリケーションよりも劇的に優れた、新世代のクラウドベースのソフトウェアアプリケーションが誕生した。AIも同様に、ユースケースが爆発的に増加している。

指数関数型テクノロジーのリストは目まぐるしく変化しているが、現時点でリーダーが無視してはならない5つのテクノロジーがある。私はそれらを「エクスポネンシャル・ファイブ」と呼んでいる。これらは現在、企業にとって最も破壊的な変化をもたらし得る存在だ。この付録では、それらが何であるかについてのハイレベルな入門編を提供し、過剰な宣伝と実際の力を区別してみたい。

次の5つのテクノロジーがエクスポネンシャル・ファイブだ。

1. 人工知能（AI）
2. スマートプロセスオートメーション
3. ブロックチェーン
4. ロボットとドローン
5. 特殊機能テクノロジー（仮想現実、3Dプリンティング、IoT、ナノテク、エネルギー貯蔵、バイオテクノロジー、先端素材等）

1　人工知能（AI）

指数関数型テクノロジーのどれか1つにフォーカスしなければならないとしたら（それはまったくの間違いだが）、それは人工知能（AI）になるだろう。AIは本質的に、コンピューターや機械による人間の知的行動の模倣だ。これは、コンピューター・インテリジェンスの最も幅広い考え方である。他の関連用語は通常、AIの一部分を示している。例えば機械学習はAIのサブセットで、データを取り込んで特定のタスクを学習する仕組みを指している。ディープマインドの「アルファ碁」プログラムが囲碁の世界チャンピオンを破ったときに有名になったディープラーニングは、機械学習のサブセットだ。これは人間の意思決定を模倣するニューラルネットワークを用いて、複雑な問題を解く方法である。

皆さんはすでに、生活の中でAIを利用している。SiriやCortanaなどのパーソナルアシスタントを使ったことがあれば、それはAIを使った経験があることを意味する。

DNA化 （ステージ5）	アジャイルな文化	1. 現在進行形の変革を持続させせることを目的とした、DXの離陸を支えるアジャイルな文化は組織内に定着しているか？ 2. 組織全体に顧客中心主義が定着しているか？　そしてデジタルプログラムがそれをさらに拡大しようとしているか？ 3. 中核組織や関連組織の中に、早いステージで失敗してもそこから学ぶことで賢明なリスクテイクを可能にする文化を定着させているか？ 4. 永続的な変革を支援するために、組織全体で共通の目的をつくり、伝えたか？ 5. 絶え間ない進化の精神を生み出したか？　つまり変化こそが唯一変わらないものであることを、組織全体が認識しているか？
	リスク検知	1. デジタル技術による破壊的変化を察知し、対応するために、年次の戦略策定プロセスにそれに関係する作業を組み込んでいるか？ 2. 自らの業界が、今後どの程度デジタル技術によって破壊される可能性があるかを推測するための指標はあるか？ 3. 自社の顧客が、デジタル技術による破壊的変化の方向にどれだけ向かっているかを定量的に測定しているか？ 4. チャネルやパートナー、システムの進化など、ビジネスモデルを構成する部分がデジタル技術によってどの程度変化しているかを把握する、特定の指標を設けているか？ 5. 自社におけるデジタルビジネスとデジタルリテラシーへの投資状況を測定しているか？

全体連携 (ステージ4)	デジタル再編成	1. リーダーや従業員のデジタルリテラシー、ヒューマン／マシン・インターフェースの方針、流動的な組織構造、デジタルセキュリティーなどの観点から、デジタル時代に向けた人材の再教育に取り組むための戦略と具体的な計画を策定しているか? 2. 企業内のさまざまな「デジタル/IT」機能を、デジタルリソース機能を実現するために統合する戦略を策定しているか? 3. デジタルリソース機能は、より柔軟で拡張性の高いテクノロジー・プラットフォームの導入を計画しているか? 4. デジタルリソース機能は、実行における敏捷性や新技術の専門性を高め、エコシステムを統率する新しい能力を備えるように、人材能力をアップグレードしたか? 5. デジタル化された環境で成功する際に必要なスキルセットに対応するために、ベンダーのエコシステムをアップグレードしたか?
	知識の アップデート	1. 組織がデジタル技術に関する知識を最新に保つための戦略を策定したか? 2. 経営陣がデジタル技術に関する方向性を定めるのに役立つ、経営幹部向けの集中的なデジタルリテラシー・プログラムはあるか? 3. 自社の業界における最新の破壊的変化を理解するために、VCやスタートアップ企業を十分に活用しているか? 4. ベンダー、パートナー、およびテクノロジーに精通したユーザーを招いて、継続的な教育の機会が無料で提供されるようにしているか? 5. 革新的なユースケースを、社内・社外で多数生み出すために、オープンなエコシステムの構築について十分に検討したか(APIを通じて開発者向けにデータを開放するなど)?

		4. 最も大きな変化をもたらすデジタルの可能性を把握するために、指数関数型テクノロジー、指数関数型プロセス、指数関数型エコシステムの3つの可能性を確認したか？ 5. 新しい革新的なアイデアを生み出すために、デザイン思考のような、従来の延長線上ではない発想を促す手法を使ってみたか？
部分連携 （ステージ3）	適切な 変革モデル	1. チェンジマネジメントは、テクノロジーを変革するよりも10倍は困難であるという認識が、リーダーや中核組織の間に広がっているか？ 2. 変化の緊急性と組織内の文化を把握して、特定の変化の状況に対処する努力を行ったか？ 3. チェンジマネジメントのための適切な戦略（自然発生的変化、エッジ組織、強制的変化）を、意識的に選択したか？ 4.「フローズン・ミドル」になりそうな役職と人物を特定したか？ 5.「フローズン・ミドル」を変革に向けた取り組みに参加させるために、新しい報酬制度を設計したか？
	戦略の充足性	1. 中核組織において、十分な数のDXプロジェクトを継続的に生み出す仕組み（イントラプレナーシップ）を設計できているか？ 2. パイロットテストからいくつかの大規模で破壊的なアイデアを選んで、それを迅速にスケールアップできるような仕組みはあるか？ 3. リスク管理や報酬体系など、少なくとも取り組みの50パーセントを早期に中止して、その失敗から学ぶ仕組みを設けているか？ 4. 社内のリソースを、70（中核事業に関する活動）・20（中核事業の継続的な改善）・10（破壊的イノベーション）の割合に配分したか？ 5. イノベーション劇場ではなく、DXが具体的な成果を生むことが促進されるよう、成功を測定する適切な評価基準を設定したか？

	反復実行	1. プロジェクトを実行する際、リーン・スタートアップのようなアジャイル手法を使用しているか？ 2. ハイリスクとローリスクのプロジェクトの割合を最適化したポートフォリオでプログラムを組んでいるか？ 3. DXにおいて、「イノベーションの速度」を目標としているか？　また速度に関する指標はあるか？ 4. NGSの「1-2-4-8-16」のような、プロジェクトやイノベーションの速度を上げるためのメカニズムはあるか？ 5. 「2つの世界」問題に対処し、中核事業を担う組織よりも低いコストと速いスピードで変革が進められるような手段を講じているか？
個別対応（ステージ2）	権限強化	1. 明確なMTP（野心的な変革目標）が設定されているか？ 2. 変革リーダーが、変革を進めるに当たって、どのような上空援護を受けられるかについてコミュニケーションしているか？ 3. 関係するステークホルダーおよび変化の影響を受ける人々は、変革の推進における自分たちの役割について知らされているか？ 4. リーダーは変革に対し、個人的関与をすべきであると認識し、それを約束しているか？ 5. リーダーは変革プロジェクトに勢いを付けるために、いくつかのイニシアチブを実施しているか？
	デジタル・レバレッジポイント	1. 新しいビジネスモデル、新製品、破壊的なオペレーショナル・エクセレンスの創出など、デジタルを活用する可能性のある分野をすべて検討したか？ 2. 同業他社やサプライヤー、顧客など、組織の外部にあるレバレッジポイントの可能性を検討したか？ 3. ビジネスモデル・キャンバスまたは類似のフレームワークを用いて、デジタル技術による破壊的変化のアイデアを、最も インパクトのある戦略的選択と比較して検討したか？

付録A　規律のチェックリスト

表A-1は、DXを離陸させ、飛行を続けるための規律のテンプレートを解説している。

表A-1　規律のチェックリスト

段階	規律	問い
	目標設定	1. 計画中のDXは、次のうち2つ以上を使用しているか?——指数関数型テクノロジー、成果ベースモデル、指数関数型エコシステム 2. 変革の目的が、現在の延長線上にある進化ではなく、根本的な再発明になっているか? 3. 次のうち1つ以上を目標としているか?——新しいビジネスモデルへの移行、新技術を利用した製品の近接性、10倍以上のパフォーマンスの実現 4. 永続的な変革を追求する文化を定着させることが、変革の狙いになっているか? 5. 計画中のDXは、正式な戦略に基づいて、企業全体を対象としたものであり、トップが主導するものになっているか?
基礎 (ステージ1)	献身的な オーナーシップ	1. リーダーがデジタル戦略に対する個人的なオーナーシップを、完全かつ目に見える形で示しているか? 2. リーダーが自ら新しい行動様式のあり方を示す兆しや、計画はあるか? 3. リーダーがビジネス目標をDX戦略に変換し、継続的に関与することを確実にする仕組みがあるか? 4. ステークホルダーがDX中の問題を理解し、常に障壁を打破する行動を取るようなメカニズムがあるか? 5. スポンサーやシニアリーダーは、変革を推進するのに十分なデジタルリテラシーを持っているか?

岩崎 哲也（いわさき てつや）

Global Business Services シニアマネージャー

外資系コンサルティングファームにてシステム開発／運用を経験した後、事業会社で品質管理・組織運営を実施。その後、外資系コンサルティングファームにて国内外のクライアントに対するGBS／BPO案件の導入／移行／運用／組織運営に全体管理責任者として従事。EYへ参画後は金融機関／製造業／サービス業を中心にGBS／SSCの業務診断／導入計画／移行／運用支援などEnd to Endのコンサルティングを実施。

水野 昭徳（みずの あきのり）

ピープル・アドバイザリー・サービス パートナー

外資系コンサルティングファームを経て、現職。組織・人事コンサルティングで20年以上の経験を持つ。自動車、製薬、小売業、消費財メーカーなど、さまざまなクライアントに対し、グローバルHRトランスフォーメーション、組織設計、テクノロジープラットフォームの構想・導入、人事業務の効率化・高度化・デジタル化、人材育成、チェンジマネジメントなど、幅広いプロジェクトをリードしてきた経験を有する。

松尾 康男（まつお やすお）

Digital & Emerging Technologies アソシエートパートナー

外資系コンサルティングファーム、欧州ERPベンダーを経て、2019年1月より現職。

IoT、Analytics、ブロックチェーンなどのテクノロジーを駆使したデジタルトランスフォーメーションを、さまざまな業界のクライアントにおいて推進している。

訳者紹介

小林 啓倫（こばやし あきひと）

1973年東京都生まれ。筑波大学大学院修士課程修了。システムエンジニアとしてキャリアを積んだ後、米バブソン大学にてMBA取得。外資系コンサルティングファーム、国内ベンチャー企業などで活動。著書に『FinTechが変える！——金融×テクノロジーが生み出す新たなビジネス』（朝日新聞出版）など、訳書に『シンギュラリティ大学が教える飛躍する方法——ビジネスを指数関数的に急成長させる』（日経BP社）などがある。

ナティ大学、インディアナ大学ビジネスインテリジェンス・プログラム、テキサス大学でITアドバイザリーボードのメンバーを務めた経験がある。またクラウデラ、ボックス、ハイ・ラディウスの各社で顧客アドバイザリーボードのメンバーも務めている。非営利団体に関しては、かつてグレーター・シンシナティのインターアライアンスの創設メンバー兼会長を務め、現在はコミュニティ・シェアーズ・オブ・グレーター・シンシナティと、リミネラライズ・ジ・アースの役員を務めている。

トニーと彼の妻ジュリアには2人の娘がいる。彼らはオハイオ州シンシナティに住んでいる。

監修者紹介

EYストラテジー・アンド・コンサルティング株式会社

EYストラテジー・アンド・コンサルティング株式会社は、戦略的なトランザクション支援を提供する「ストラテジー・アンド・トランザクション」と、変化の激しいデジタル時代にビジネスの変革を推進する「コンサルティング」の二つのサービスラインを担うメンバーファームです。業種別の深い知見を有するセクターチームとともに両サービスラインがコラボレーションすることで、より高品質なサービスの提供を目指すとともに、社会に長期的価値を創出します。

髙見 陽一郎（たかみ よういちろう）

ビジネスコンサルティングリーダー　パートナー

Big 4系監査法人にて、法定監査・株式公開支援に従事した後、日系投資業の在外子会社のコントローラー、CFOとして米国駐在約9年の間に、同社の財務経理部門全般の改善、高度化を実現。その後、外資系コンサルティング会社を経て、2010年にEYに参画し、経営管理・子会社管理改善支援、経理財務関連業務プロセス改善、IFRS導入支援等のファイナンス領域を中心に支援している。公認会計士（日本）。

永井 康幸（ながい やすゆき）

Global Business Services ディレクター

外資系コンサルティングファームにて、業務改革、システム導入に従事した後、外資系ITO／BPOベンダーにおいてBPO事業責任者としてオペレーション改革、中国を中心としたオフショアBPO展開に従事。その後、グローバルのGBS／SSCコンサルティングに従事し、2018年EYに参画。現在はGlobal Business ServicesのJapan Region Leaderとして主に日系企業向けに業界横断的にグローバルのオペレーション効率化、高度化支援等に従事している。

著者紹介

トニー・サルダナ (Tony Saldanha)

企業におけるデジタルトランスフォーメーション（DX）の成功と、その継続を支援するコンサルティング会社、トランスフォーマント（Transformant）の代表取締役を務める。

トニーは30年以上にわたり、グローバル・ビジネス・サービスおよびIT業界の最前線において、ビジネスとテクノロジーのリーダーとして世界的に知られてきた。本書はビジネスの実務、破壊的イノベーション、戦略に関する彼の経験の集大成である。

トニーはDXに深く関与してきた。P&Gでの27年間、彼は同社の有名なグローバル・ビジネス・サービス部門（GBS）とIT組織において、通常業務とDXの両方を担当してきた。最終的に彼は、P&Gのグローバル・シェアードサービスおよびITのバイスプレジデントを担当している。業界の著名なソートリーダーとして、彼はGBSの立ち上げと運営を指揮し、CIOを務め、買収と売却を担当し、大規模なアウトソーシングを管理し、業界全体でのイノベーション構造を創造し、新しいビジネスモデルを設計した。彼は『コンピューターワールド』誌により、2013年度の「プレミア100 ITプロフェッショナル」の一人に選ばれた。

トニーはDXがもたらす変革の力を、最前線で目にしてきた。1970年代から80年代にかけてインドで育った彼は、ソフトウェア・テクノロジーが個人、組織、社会にもたらした劇的な変化を個人的に経験した。DXに直接携わることは、その後の彼のキャリア（60カ国以上で仕事をし、6カ国に住んだ）を通じて続いた。トニーは1990年代に、アジアのP&Gの全代理店に注文処理ソフト付きのPCを無償で配布し、標準化による業務効率化を実現した。当時のPCは決して安くなかったが、P&Gが標準化によって得た見返りは、業務の効率化という点でコスト以上の価値があった。

2003年には、世界最大のグローバルITアウトソーシング契約（80億ドル）を管理し、アウトソーシング業界の発展に貢献した。2005年にはジレットのCIOとして、同社の100億ドル規模の業務を、P&Gのシステムに吸収した。2009年には、新しいデジタル・ビジネスモデルの開発に携わり、その一方でP&GのITおよびシェアードサービス部門を中欧、東欧、中東、アフリカで主導した。新しいテクノロジーを活用して実現された、販売と流通の新しい能力は、ナイジェリアのような国でも先進国全体より優れたパフォーマンスを提供することとなった。

第4次産業革命の破壊的な変革の力を利用して、P&Gのグローバル・ビジネス・サービスのデジタルケイパビリティを再構築するという最近の取り組みでは、業界全体レベルでの破壊的変化という大きな課題に対して、トニーは自身のDXに関する経験を総動員した。この途方もない難題に取り組むうちに、変革を成功させるには、70パーセントにも達するDX・プロジェクトの失敗率を乗り越えなければならないことが明らかになった。そのことに促され、彼はここ数年、テクノロジーだけに注目するのではなく、DXを成功させるために必要な人類学的・工学的な要素に注目してきた。

トニーは現在、さまざまな企業の取締役会と経営幹部に向け、DXのアドバイザーを務めている。また余暇を利用して講演活動を続けており、人気講師となっている。さらに、複数のスタートアップ企業やベンチャーキャピタリストに対してアドバイスも行っている。彼はIT業界が破壊的なソフトウェアを商品化するのを支援するために、ブロックチェーンを活用する企業を設立した。トニーはシンシなぜ、DXは失敗するのか?

「破壊的な変革」を成功に導く5段階モデル

2021年4月15日発行

著　者——トニー・サルダナ
監修者——EYストラテジー・アンド・コンサルティング
訳　者——小林啓倫
発行者——駒橋憲一
発行所——東洋経済新報社
〒103-8345　東京都中央区日本橋本石町1-2-1
電話=東洋経済コールセンター　03(6386)1040
https://toyokeizai.net/

カバーデザイン……橋爪朋世
本文デザイン・DTP……アイランドコレクション
印　刷……………ベクトル印刷
製　本……………ナショナル製本
編集担当…………藤安美奈子
Printed in Japan　　ISBN 978-4-492-39659-9